調 理 科 学 〔第5版〕

編著　森髙初惠・佐藤恵美子

共著　石原三妃・岡田希和子・楠瀬千春・佐川敦子
　　　髙澤まき子・山本淳子・吉村美紀

建帛社
KENPAKUSHA

　近年，手軽に食べ物が手に入り，店頭には口当たりのよい，おいしい食べ物が並んでいる。しかし，手軽で口当たりのよい食べ物ばかりを食べることで，生活習慣病の発症予備軍となったり，あるいは生活習慣病を発症する人が増え，社会的な問題となっている。また，日本では高齢者人口の割合が 20% を超えて，超高齢社会となっており，身体機能に対応した食事の提供も必要となっている。このように食べ物もまた社会変化の影響を受け，その変化に対応した食べ物を提供することが必要となる。

　2010（平成 22）年に「日本食品標準成分表 2010」が出され，日本食品標準成分表収載の成分と食事摂取基準で取り扱われる成分がようやく一致するに至った。これまでに発表されている「食生活指針」，「食事バランスガイド」，「食育基本法」などとともに，新しい情報に関する知識が必要となる。

　管理栄養士養成カリキュラムにおいて，調理学は「専門基礎分野」の「食べ物と健康」に位置づけられる。管理栄養士国家試験改定ガイドラインにおいては，「食べ物と健康」の出題のねらいとして，① 食品の分類及び成分を理解し，人体や健康への影響に関する基礎的知識を問う，② 食品素材の成り立ちを理解し，食品の生産から加工，流通，貯蔵，調理を経て人に摂取されるまでの過程における安全性の確保，栄養や嗜好性の変化についての理解を問う，③ 食べ物の特性をふまえた食事設計及び調理の役割の理解を問う，などがあげられている。他の科目との重なりも多少はあるが，調理学の領域は食文化と食生活，食生活と健康，食料と環境，食事設計の基礎，調理の基本，調理操作と栄養，献立作成などである。

　本書は，管理栄養士国家試験改定ガイドラインに沿った内容となっている。さらに，単に知識のみを羅列するのではなく，基礎から理解できるように掘り下げて解説している。そのために本書のページ数はやや多くなっているが，本書をしっかりと理解することにより，覚えた知識が表面的な理解にとどまらず，応用力も身につくようになっている。必要に応じて，関連するページを参照しながら読み進めていただきたい。

　さらに，具体例があげられているのでわかりやすく，また図や表あるいは写真などによって理解しやすいよう工夫されているので，興味深く学ぶことができる。記載されているさまざまな事柄をきっかけに知識を広げ，理解を深めてほしい。

　新進気鋭の若い先生方に執筆をご担当いただいたことにより，最新の内容に仕上がっている。大いに活用して学んでほしい。

さらに，本書は，管理栄養士の資格取得を目指す人だけではなく，フードスペシャリストの認定資格取得を目指す人，あるいは全国栄養士養成施設協会認定栄養士実力試験を受験する人にも対応できる内容となっている。本書が，これからの時代を担う管理栄養士，栄養士やフードスペシャリストの養成に役立つことができれば幸いである。

　最後に，本書を出版するにあたり，ご尽力，ご配慮を頂いた建帛社社長筑紫恒男氏ならびに編集部の方々に厚く御礼申し上げる。

　　2012 年 4 月

森髙　初惠
佐藤恵美子

第 5 版にあたって

　社会の要求に応えるために，日本食品標準成分表は，調理済み食品の情報の充実，炭水化物の細分化とエネルギー算出方法の変更および七訂追補（2016 ～ 2019 年）の検討結果の反映をポイントとして改訂され，2020（令和 2）年 12 月に「日本食品標準成分表 2020 年版（八訂）」として公表された。同時にその補完のために「日本食品標準成分表 2020 年版（八訂）アミノ酸編」，「同脂肪酸成分表編」および「同炭水化物成分表編」も新たに作成された。日本人の食事摂取基準においては，健康の保持・増進，生活習慣病の発症予防・重症化予防に加えて，高齢者の低栄養予防・フレイル予防も視野に入れて改定され，2019（令和元）年 12 月に「日本人の食事摂取基準（2020 年版）」として刊行された。

　本書では，これらの改訂・改定に伴い関連内容を書き改めるとともに，正確で使いやすい内容となるように見直し，「第 5 版」とした。まだ，不十分な点もあるかと思われる。読者諸賢のご指摘をいただければ幸いである。

　　2021 年 5 月

森髙　初惠
佐藤恵美子

第 1 章

食べ物と環境

　ヒトは健康を維持し，活動するためには食べ物を摂取しなければならない。食品はその土地，気候，風習に合わせて取捨選択され，調理方法も科学の進歩や社会の変化に伴い変化してきた。現在では，日常の食事も家庭で調理される食べ物のみではなく，外食が日常的に行われ，食事形態も外食，中食，市販惣菜の利用など多岐にわたっている。ヒトの栄養も戦後の不足の状態から，過剰の状態へと変化した。そのような中で，食べ物に対する考え方は，栄養素を摂取することのみから，嗜好性あるいは健康増進を目的とすることへと変わっている。

　ヒトの食べ物は生体系の中から得られており，環境とのかかわりを避けることはできない。食生活の視点から地球環境を考えることが必要となる。

1. 食べ物の機能

　食べ物には安全性，栄養性，嗜好性，生体調節性などの基本的特性がある。栄養素の補給・補完や生活習慣病予防のために健康食品が多く出回ったことから，食べ物の機能性に関する法律が整備された。

1.1　食べ物の機能

　食べ物の機能は，以下の3種類に分けられる。

1）一次機能

　一次機能とは，ヒトが生命現象を営むために必要不可欠なエネルギーや生体の構成成分として必要な栄養素の機能をさす。栄養機能ともいう。一次機能に関係する主な成分には，エネルギー源としての糖質，脂質，たんぱく質や生体機能を調節するビタミンや無機質などがある。

2）二次機能

　食品成分や食品組織・構造などがヒトの感覚器官を刺激して，おいしさを感じさせる機能をいう。この機能には味，におい，色，形，テクスチャー，音などの因子があり，味覚，嗅覚，視覚，触覚，聴覚から知覚される。二次機能は食生活に潤いをもたせ，満足感を与える機能であり，食べ物を選択する場合の大きな決め手となり，調理に深くかかわる部分である。

3）三次機能

　生体防御，体調リズムの調節，老化制御，疾患の防御，疾病の回復など，生体を調

節する機能を三次機能という。ポリフェノール，カロテノイド，食物繊維，ポリペプチド，オリゴ糖，高度不飽和脂肪酸などは生体調節機能を示す機能性成分である。

1.2　機能性食品

現代の食生活では一次機能や二次機能は満たされており，がんや循環器系疾患あるいは生活習慣病を予防することに関心が移っている。三次機能である生体調節機能が期待できる食品，あるいは機能が有効に発揮できるよう設計された食品を機能性食品という。

1）保健機能食品

保健機能食品は健康食品のうち一定の条件を満たした食品をいい，特定保健用食品と栄養機能食品，機能性表示食品に分類される。保健機能食品は食品衛生法と健康増進法によって定義されている。

① **特定保健用食品**　特定保健用食品（個別許可型）とは，健康の維持・増進に役立つまたは適する科学的根拠を国へ提出して表示の許可を得た食品である。特定保健用食品には一般的な特定保健用食品のほかに，条件付き特定保健用食品，特定保健用食品（規格基準型），特定保健用食品（疾病リスク低減表示）がある。条件付き特定保健用食品とは，特定保健用食品の許可に必要な科学的根拠のレベルには届かないが，一定の有効性が確認される食品を示す。特定保健用食品（規格基準型）とは，科学的根拠が蓄積したもののうち，個別審査を行う必要がないものについて，作成された規格基準に適合している食品のことである。特定保健用食品（疾病リスク低減表示）は，疾病リスクが医学的・栄養学的に認められ，確立されている食品のみに表示が許可されている。これには，「若い女性のカルシウム摂取と将来の骨粗鬆症になるリスクの関係」と「女性の葉酸摂取と神経管閉鎖障害を持つ子どもが生まれるリスクの関係」の2つがある。

② **栄養機能食品**　栄養機能食品とは，不足しがちな栄養素の補給・補完を目的とした食品で，一定の基準を満たす場合，表示が可能となる食品である（表1－1）。特定保健用食品と栄養機能食品ともに，注意喚起の表示が義務付けられている。

③ **機能性表示食品**　機能性表示食品は，「おなかの調子を整えます」などの機能性についてわかりやすく表示した食品の選択肢を増やし，消費者が正しい情報を得て食品を選択できるよう，2015（平成27）年4月から開始された制度である。機能性表

	保健機能食品			
医薬品（医薬部外品を含む）	特定保健用食品（個別許可型）	栄養機能食品（規格基準型）	機能性表示食品（届出型）	一般食品（いわゆる健康食品を含む）

図1－1　保健機能食品の概念

表1－1　栄養機能食品の対象となる栄養成分

ミネラル類	カルシウム，亜鉛，カリウム，銅，マグネシウム，鉄
ビタミン類	ナイアシン，パントテン酸，ビオチン，VA，VB_1，VB_2，VB_6，VB_{12}，VC，VD，VE，VK，葉酸
脂肪酸	n－3系脂肪酸

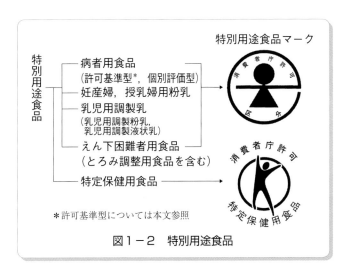

図1-2　特別用途食品

示食品は，安全性を前提に，科学的根拠に基づいた機能性が，事業者の責任において表示される制度であり，消費者庁長官からの個別の許可を受けた食品ではない。安全性や機能性に関する科学的根拠についての事項のほか，表示の内容，生産や製造，品質の管理体制，健康被害の情報収集体制などの事項については，販売予定日の60日前までに消費者庁長官に届け出なければならない。これらの情報は消費者庁のウエブサイトで公開される。

　生鮮食品を含んだすべての食品が対象となるが，特別用途食品（特定保健用食品を含む），栄養機能食品，アルコールを含む飲料，脂質・飽和脂肪酸・コレステロール・糖類・ナトリウムの過剰摂取につながる食品は除かれる。疾病に罹患していない者を対象としており，未成年者，妊産婦（妊娠を計画している者を含む），授乳婦は対象としない。

　疾病の治療・予防効果に関する用語，消費者庁長官に届け出た機能性関与成分以外の成分を強調する用語，消費者庁長官の許可を受けたと誤認されるような用語などの使用は禁止されている。

2）特別用途食品

　乳児，妊産婦，病者等の発育や健康の保持や回復のために用いることができる食品をいう。病者用食品（許可基準型，個別評価型），妊産婦・授乳婦用粉乳，乳児用調製粉乳・乳児用調製液状乳，えん下困難者用食品・とろみ調整用食品などがある。許可基準型の病者用食品には，低たんぱく質食品，アレルゲン除去食品，無乳糖食品，総合栄養食品，糖尿病用組合せ食品，腎臓病用組合せ食品がある。特定保健用食品も特別用途食品に含まれる（図1-2）。特別用途食品として表示する場合には，健康増進法に基づく国の許可が必要である。

1.3　調理の役割

　調理は，健康を維持増進するために，食品を安全なものとし，栄養素のバランスを保ち，食べやすくし，栄養効率や嗜好性を高めるために行われる。そのためには，食事計画を立て，食素材を選択・購入し，調理操作を行い，盛り付けをし，食卓・食事環境を整えることなどが対象となる。食素材は，安全性，栄養性，地域性，季節性，嗜好性，保存性，経済性などを考慮して選択し，調理操作には食べ物の機能性が効果的に発揮できるよう行うことが求められる。

2．食べ物の変遷

　　縄文時代は四季の変化に伴った採取生活が中心であった。エネルギー源として，栗，どんぐり，くるみやとちの実などの堅果類が栽培されていた。あわ，ひえ，そばなどの雑穀に加え，縄文後期には大麦，小麦，米も大陸から伝わったとされている。釣り針，漁網，弓矢などを使用して，獣鳥類や魚介類も捕獲して食されていた。この時代は生食が多かったが，土器が用いられるようになると，焼く，煮るなどの加熱操作が加わり，調理が多様化した。

　　弥生時代には，稲の栽培が本格化した。米，あわ，ひえ，大麦，そばなどが栽培され，重要な食料となった。農業以外にも，植物が採取され，狩猟法や漁法なども進歩した。米などの穀類を主食とし，いも類，豆類，野菜類などの植物性食品や畜肉，魚などの動物性食品を副食とする食事形態が確立した。煮炊き調理や蒸し調理も行われていたと考えられている。

　　古墳時代には，農法が高度化し，煮る，炒るなどの調理法も発展した。麹による酒の醸造法や酢の醸造法が伝来したとされる。

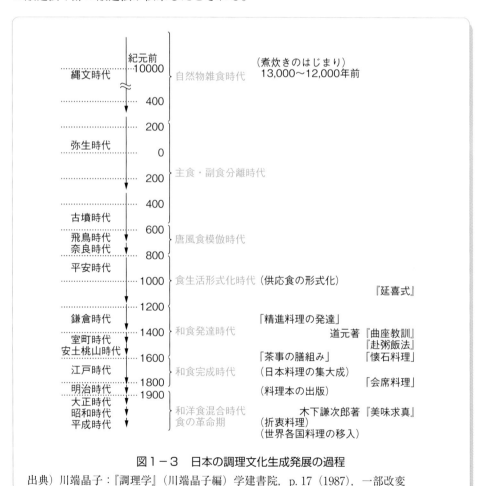

図1-3　日本の調理文化生成発展の過程

出典）川端晶子：『調理学』（川端晶子編）学建書院，p. 17（1987），一部改変

　飛鳥時代には，牛乳から作られる蘇や，みそやしょうゆの元となる醬が渡来した。

　奈良時代には，めんの原型とされる索餅や麦縄が伝えられた。豆腐が伝来し，塩納豆や野菜の漬物が作られた。食事は朝菜と夕菜の一日2回であった。

　平安時代には，初めてかまぼこが作られた。酒作りの技術も発展し，現在の清酒に近い「南都諸白」が作られた。貴族はさまざまな食材を用いて，多様な調理法による食事をとるようになった。この時代には，料理に直接味を付ける習慣はなく，食べる際に各自で塩，酢などを用いて，味付けを行った。この時代までは一日2回の食習慣が続いていたとされる。

　鎌倉時代には，みそをすりつぶしてみそ汁にすることが始まったと考えられている。茶が本格的に栽培されるようになり，茶を飲む習慣が広まった。また，抹茶を挽く挽き臼が伝来したことから，麦やそばなどの粉食が普及した。みそ桶の底にたまった液汁をしょうゆとして使用することも始まった。この時代には，労働量の多い武士や農民の間で，一日3回の食事が徐々に広がり始めた。

　室町時代には，うどんが現れ，砂糖を使った羊羹などの菓子類が作られた。一人前の料理を膳に並べる本膳料理がなされた。茶道から懐石料理が生まれ，禅寺で精進料理が発達した。つづく安土桃山時代には，南蛮船によりかぼちゃ，じゃがいも，ほうれんそうなどのさまざまな野菜が伝えられた。そばがきやそば団子が作られたが，めんのそば切りは江戸時代より始まる。板かまぼこ，焼酎，泡盛なども作られた。

　江戸時代には，精白米の利用が進み，脚気患者が多発した。そばに「つなぎ」を使うそば切りが生まれ，うどんやそうめんも多く食された。この時代に，日本で初めてパンが作られた。江戸時代では，さまざまな食品についての多彩な料理法が出現し，日本食の集大成が行われ，和食が完成したとされる。宴席に出される一汁三菜を基本とする会席料理が始まった。また，一日3回の食事が一般化し，食習慣が固定化した。

　明治時代になると，鎖国が解かれたために，西洋系の野菜類，りんご，いちごなどの果実類が輸入されて，栽培され始めた。うしや鶏卵が日常的に食べられるようになり，調味料として砂糖，油脂類，香辛料なども本格的に使われ始めた。また，カツレツ，オムレツ，コロッケなどの洋風料理が普及した。

　現在では，海外から多くの食材が輸入されるとともに，各国の料理法が紹介され，日常の食事に取り入れられている。食事形態も外食，中食，市販惣菜の利用など多岐にわたっている。半面，欧米化した食べ物の弊害が指摘されている。

3．食べ物と環境

　地球は人間の生活によって大気，河川や海洋などが汚染され，温暖化，酸性雨，砂漠化などさまざまな問題が発生している。2004（平成16）年に制定された「環境の保全のための意欲の増進及び環境教育の推進に関する法律」の一部が改正され，2011（平成23）年から「環境教育等による環境保全の取組の促進に関する法律」として施行されている。食素材を得ることや，調理する行為は環境に負荷を与える。できる限り環

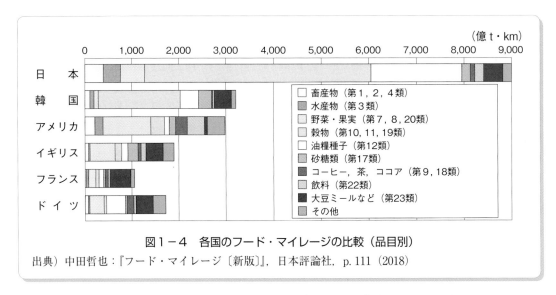

図1-4　各国のフード・マイレージの比較（品目別）

出典）中田哲也：『フード・マイレージ〔新版〕』，日本評論社，p. 111（2018）

境への負荷を低減させて，地球に優しい食生活を目指すことが課題となる。

3.1　フード・マイレージ

　食料を消費地まで移送することに伴って排出される二酸化炭素は，環境に大きな負荷を与える。環境に与える負荷についての尺度として，フード・マイレージがある。フード・マイレージは食料の輸送量（トン：t）に，輸送距離（km）をかけ合わせて求められる数値（t・km）である。輸送距離が長くなればなるほど，また輸送量が多くなればなるほどフード・マイレージは高くなる。日本は諸外国に比較し，フード・マイレージが高く，特に穀物と油糧種子で高い（図1-4）。環境への負荷を低減する視点で食素材を選択することも大切である。

3.2　地産地消

　地産地消とは，地域で生産されたものをその土地で消費しようとする考え方である。地産地消を行うことによって，トレーサビリティが容易となり，鮮度の高い食料を安心して入手することができ，地域の活性化にも役立つ。また，食料の輸送距離が短いことから二酸化炭素の排出量を減らすことができ，環境への負荷が低減できる。

3.3　スローフード

　スローフードは，1989年にヨーロッパで発表された概念である。近年，ファストフードが便利で手軽であることから，大いに普及した。しかし，ファストフードによる弊害が認められるようになり，その対極であるスローフードが見直されている。スローフードとはその土地の伝統的な食文化や食素材を見直そうとする運動である。消えていくおそれのある伝統的な食素材や料理，質の高い食材を守り，あわせて質の高い食素材を提供する生産者を守ろうとする考え方である。

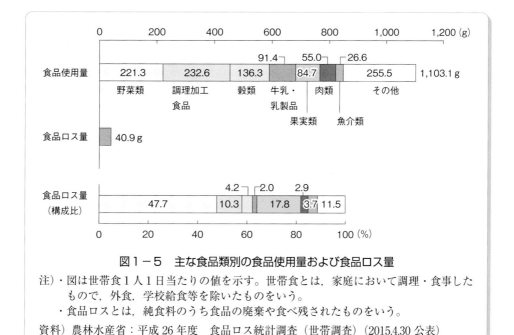

図1−5　主な食品類別の食品使用量および食品ロス量

注）・図は世帯食1人1日当たりの値を示す。世帯食とは，家庭において調理・食事した
　　　 もので，外食，学校給食等を除いたものをいう。
　　・食品ロスとは，純食料のうち食品の廃棄や食べ残されたものをいう。

資料）農林水産省：平成26年度　食品ロス統計調査（世帯調査）（2015.4.30 公表）

3.4　食品ロス

　日本の食料のカロリーベースでの自給率は40%程度であり，多くは海外からの輸入に頼っている。一方で年間1,950万トン程度の食品廃棄物が食品関連事業者から出されている。この中には本来食べられるものが含まれており，その量は632万トンにも及ぶ（2013（平成25）年度推計値，農林水産省）。これを食品ロスという（図1−5）。食品ロスとは，本来食べられる食品であるが，売れ残ったり，賞味あるいは消費期限が切れたり，食べ残したり，あるいは余った食品のことをさす。また，家庭では食べられる部分を過剰に除いて捨てたりもしている。家庭で最も多い食品ロスは，野菜，次いで調理加工品，果実類，魚介類である。

　食品ロス率は次式で算出される。

$$食品ロス率 = \frac{食品ロス量}{食品使用量} \times 100$$

　買い物の前に在庫を確認し，保存方法を工夫し，消費期限と賞味期限を確認するなどして，無駄のない量を購入し，必要量を調理することで，食品ロス率を低減することが可能となる。

3.5　生物濃縮と安全性

　生態系ではエネルギーあるいは栄養素獲得のために，被食生物と捕食生物とが存在する。エネルギーや栄養素の授受の関係を食物連鎖といい，食物連鎖は植物から出発する。ヒトは雑食性であり，植物から動物までを食する高次消費生物であることから，

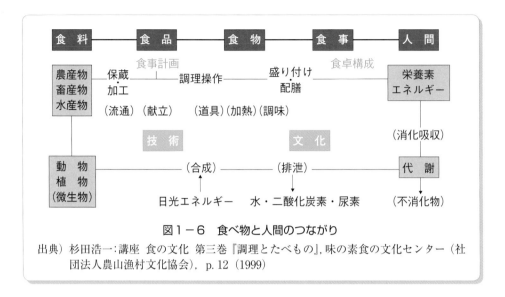

図1-6　食べ物と人間のつながり

出典）杉田浩一：講座 食の文化 第三巻『調理とたべもの』,味の素食の文化センター（社
団法人農山漁村文化協会）,p.12（1999）

食物連鎖の過程で生じる生物濃縮の影響をより強く受けることとなる。メチル水銀,
カドミウム，ダイオキシン，農薬などが，生物濃縮によるヒトの健康被害として知ら
れている。これらの物質が自然系の中に放出されないようにすることはもちろんのこ
と,地球の生態系を崩すことのないような配慮を行って生活する試みが行われている。

3.6　調理過程におけるエネルギー

　調理では，洗浄や加熱などの過程でエネルギーを使用し，環境へ影響を及ぼしてい
る。調理方法，器具の用い方や加熱方法により消費エネルギーは異なる。加熱中の鍋
には蓋をする，余熱を利用して加熱する，適切な火力で加熱するなど，さまざまな積
み重ねにより省エネルギー化を図ることが可能である。省エネルギーの認識をもって,
調理する姿勢が必要である。

文　献

・池田清和，芝田克己（編）:『食べ物と健康1』，化学同人（2010）
・大越ひろ，品川弘子（編）:『健康と調理のサイエンス』，学文社（2010）
・川端晶子，大羽和子，森髙初惠（編）:『時代とともに歩む　新しい調理学』，学建書
院（2010）
・中田哲也:『フード・マイレージ〔新版〕』，日本評論社（2018）
・杉田浩一:『調理とたべもの』，農山漁村文化協会（1999）

第 2 章

嗜好の要因と評価

　調理科学は技術と科学と文化を融合する学問であり，幅広い分野を包含している。「食べることは生きること」でもあり，人間は生命を有し，活動するために食べ物を摂取する。一方食品にも生命があるので，感謝していただく。調理科学は人間と食べ物を結ぶ接点となる学問領域であり，食品を人々の健康を守ることのできる食べ物に調製する事柄を化学的・物理的に究明し，法則性を見出し，食生活の実践に役立つことを目的とする。たとえばご飯を炊くときは電気釜のスイッチをオンにすれば，いつもおいしいご飯が炊きあがると当たり前に感じるのではなく，その中に潜む理由を考察する心を養い，経験から得られた先人の知恵を科学する心と深さを学ぶ。

　本章では，おいしさを感じるしくみを学びながら，食べ物のおいしさを構成する要素について食べ物の状態と食べる側の状態から考察し，人間と食べ物のおいしさとのかかわりについて学ぶ。

1. 嗜好性の要因

1.1　おいしさの構成要因

（1）おいしさの意味

　私たちは，生命を維持するために1日の食事摂取基準量に示された栄養量を点滴や丸薬で体内に供給したとしても満足感は得られない。数種の食品をバランス良く献立に取り入れて調理された食べ物から，精神的な満足感を得ることができ，バランスのとれた食べ物は人間の精神的・身体的な健康を保つ上で，重要である。

　「おいしさ」という言葉の意味には，「お」は接頭語，「さ」は接尾語，「いし」は良い，美しい，好ましさを丁寧に表現した口語で，味の良いという意味がある。さらに，「おいしさとは食べる行為に伴って引き起こされる，和らいだ，楽しく，喜ばしい感情である」とされる[1]。口から食べ物を摂取することは，その人の命の尊厳を考えるうえでも大切なことである。おいしいということは単に食欲を増進させ，満足感を与えるだけでなく，噛むことによって脳を活性化して活力を与え，生きる喜びを誘う[2]ことにもつながっている。調理学の大家 東 佐誉子[3]は，「人類の食べかたが物質面に偏し，精神面を全く閑却していることを知った—というよりも単なる物質と見える食品が，調理者と同じ波長の波動を招びだすことを知った」と述べている。作る人が心をこめた料理はおいしく感じられるのではないだろうか。苛立つ心では，おいしい食べ物は作れないだろう。

（2）おいしさと感覚要素

　第1章で述べたが（p.1），おいしさに関するのは，食品の二次機能である。二次機能は感覚機能であり，知覚応答機能ともいう。いわば食生活に楽しみと潤いをもたらす機能であり，食品の味，色，香り，温度，テクスチャー等がおいしさに関与する。

　おいしさを感じる感覚には，視覚，聴覚，味覚，嗅覚，温度感覚，痛覚，触覚などがある。食べ物のおいしさは，単一な味ではなく，食べ物の性状を化学的・物理的刺激により総合的に判断して感じられるものである。おいしさ・まずさというのは五感を使って，快感，不快感として表されることからも，独立した感覚ではなくさまざまな感覚情報が統合されて生じるものである。

1）味覚受容器

　人は食べ物をよく噛んで咀嚼し，多くの唾液が分泌され，唾液に味物質として溶解する。図2-1に舌乳頭と味蕾について構造を示した。舌面上には，舌乳頭があり，側面に味蕾がある。1つの味蕾の中に多くの味細胞が存在し，味細胞に呈味物質が吸着され，味覚神経に働き，大脳皮質に伝えられ味覚として感じられる。

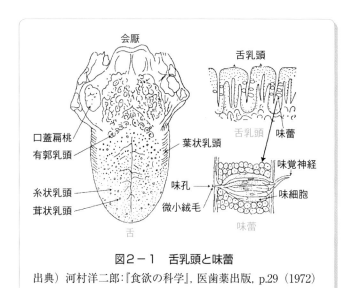

図2-1　舌乳頭と味蕾
出典）河村洋二郎：『食欲の科学』，医歯薬出版，p.29（1972）

2）嗅覚受容器

　香り（アロマ）には，外部から直接鼻腔で感じる香り（orthonasal aroma，オルソネザールアロマ）と，食物を食べた際に口腔から鼻腔に達して感じられる香り（retronasal aroma，レトロネザールアロマ）がある。図2-2に嗅粘膜の微細構造を示した。においを感じる部位は嗅上皮表面にあり，1,000万～5,000万個の複数のにおい物質に応じる嗅細胞が存在する。樹状突起先端は嗅小胞と呼ばれ，数本のシリア（嗅毛）が伸びており，におい物質を受容する。におい物質はその閾値（いきち）も低い揮発性物質であり，ppb（=10⁻⁹）以下のオーダーで感知される。口腔から感じられる香り（レトロネザールアロマ）は，

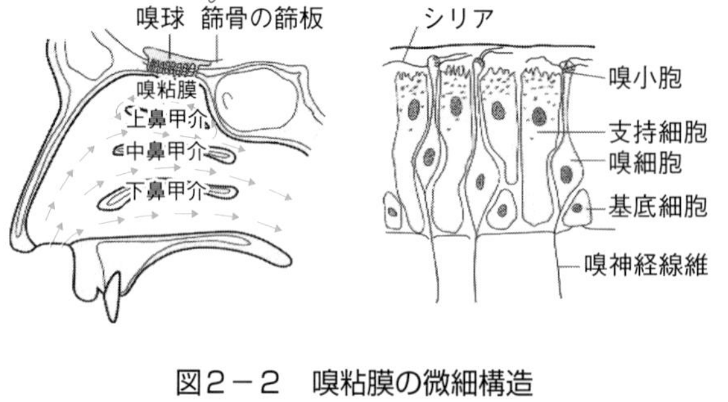

図2-2　嗅粘膜の微細構造
出典）山本隆：『おいしさの科学』（山野善正，山口静子（編）），朝倉書店，p.17（1994）

味覚と一体となった場合にはフレーバーと呼ばれる。

3）おいしさの知覚

図2-3に脳内の味覚情報の流れと各部位の役割を示した。食べ物を摂取したときに，まずは，大脳皮質の味覚野で味は識別，認知され，扁桃体にその情報は送られ，おいしい（快感），まずい（不快感）といった感情を伴った行動発現に関係する。情報は最終的には視床下部に送られ，食欲や食べるときの行動にかかわってくる。

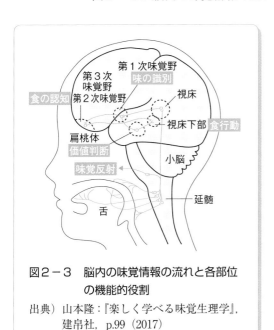

図2-3　脳内の味覚情報の流れと各部位の機能的役割

出典）山本隆：『楽しく学べる味覚生理学』，建帛社，p.99（2017）

（3）おいしさに関与する要因

食べ物のおいしさには数えきれないほど多くの要因があり，自分の好きな食べ物ひとつについても，その要因について述べることは困難である。五原味，香りなどの化学的要素と，色や温度，テクスチャー，組織，粒度感，構造などの物理的要素から構成されている。食べ物の成分には，食品固有の成分と，加熱調理等の過程で生じるものがある。ここでは，食べ物の状態からみたおいしさと食べる側（人間）の状態からみたおいしさについて考えてみたい。

1）食べ物の状態からみたおいしさ

図2-4には，食べ物の「おいしさ」について，食べ物のおいしさが成立する要素について示した。化学的な要素には基本味としての五原味，複合味と香りが含まれる。食べ物の化学的成分がそれぞれの呈味性や香りの基となっているためであり，味覚や嗅覚でとらえることができる。一方，物理的な要素には温度，テクスチャー（食感），外観，音などがあげられ，これらの要因は，触覚，視覚，聴覚でとらえることができる。

1.2　おいしさに関与する化学的要因
（1）呈味成分
1）基本味（basic tastes）

食べ物の味を構成している基本味は，甘味（かんみ），塩味（えんみ），酸味（さんみ），苦味（くみ），うま味の5つの味である。ヘニング（H.Henning）によって，4つの味で表すことができるとされたが，うま味が加わって，5つの味（五原味）と考えられている（図2-5）。

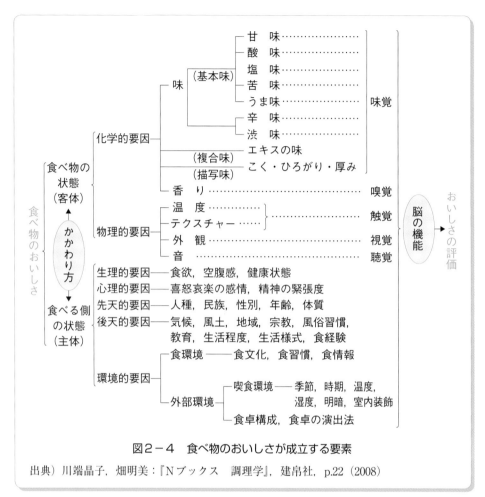

図2-4　食べ物のおいしさが成立する要素

出典）川端晶子，畑明美：『Nブックス　調理学』，建帛社，p.22（2008）

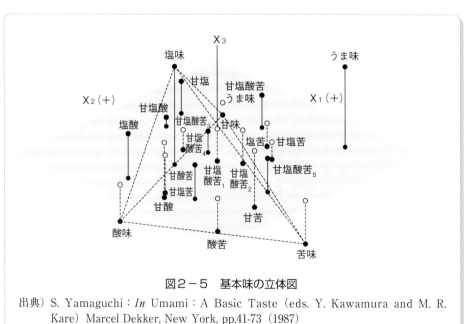

図2-5　基本味の立体図

出典）S. Yamaguchi：*In* Umami：A Basic Taste（eds. Y. Kawamura and M. R. Kare）Marcel Dekker, New York, pp.41-73（1987）

2）おいしさを構成している食べ物の味物質

食品は複雑な成分の集合体であるので，実際に含まれる味物質は複雑で，味の種類や濃度，成分間の相互作用などによってわずかに異なる。

① **甘味**（sweetness）　甘味物質は，調味料である砂糖（スクロース）に代表される味である。その他の単糖類（グルコース，フルクトース）や二糖類（マルトース）等も甘味を呈する。ほかにスクロース誘導体（オリゴ糖，パラチノース），糖アルコール（難消化性誘導体マルチトール，ソルビトールなど），非糖質甘味料（配糖体のグリチルリチン），アミノ酸系（アスパルテーム）等が利用されている。スクロース（ショ糖）は，α 型のグルコース（ブドウ糖）と β 型のフルクトース（果糖）が還元基間で結合した二糖類であるため，甘味度は安定している（甘味度 1.0 とする）が，150℃以上に加熱すると転化糖（甘味度 1.3 倍）に変化するために，甘味度はスクロースよりも高くなる。フルクトースは低温で β 型が増え甘くなるため，1.2 〜 1.7 倍の甘味度である。フルクトースは果実類に多く含まれているために，すいか，メロン，ぶどうなどは冷やして食べると甘味を強く感じる。アスパルテームはアスパラギン酸とフェニールアラニンの結合したジペプチドでスクロースの 200 倍の甘味を有する。

② **塩味**（saltiness）　食塩（NaCl），塩化カリウム（KCl），塩化マグネシウム（$MgCl_2$）などが代表的な塩類である。食塩は水溶液で解離してナトリウムイオンと塩化物イオンになる。ナトリウムイオンが塩味の主要因となるが，陰イオンも塩味の強さや味に影響を与える。塩化カリウムも塩味を感じるが，ナトリム塩を使用できない腎臓病食などに用いられる。塩化マグネシウムは，豆腐を製造する時の凝固剤でにがりの一種となる。

$$NaCl \rightarrow Na^+ + Cl^-$$

③ **酸味**（sourness）　酸味は，食べ物にさわやかな味としまりを与え，塩味を丸くし，うま味を引き立て，食欲をそそる。酸味は無機酸でも有機酸でも水素イオン［H^+］が存在すると感じるが，酸の種類によって酸味の質は異なる。しかし，酸味の強さは必ずしも水素イオン濃度に依存しない。一般に，有機酸の味が好まれる。

$$CH_3COOH \rightarrow CH_3COO^- + H^+$$

表 2 − 1 に有機酸の種類と特徴について示した。調味料として用いられるのは，食酢で酢酸が主成分であり，その含有量は約 4 ％である。すし飯の食酢は飯の 7 ％，ドレッシングは材料の 8 ％程度である。酸味は疲労回復作用等があり，健康食品としても注目される。

④ **苦味**（bitterness）　苦味は一般的に好まれる味ではないが，不必要な味ではなく，日本茶やコーヒー（カフェイン），ビール（イソフムロン）などには必要な味である。苦味は，柑橘類にも内皮の部分に苦味物質（ナリンギン）が含まれている。ぶどうのガロタンニン，コーヒーのクロロゲン酸等も苦味物質である。

⑤ **うま味**（umami）　うま味物質にはグルタミン酸（こんぶ，チーズ，一番茶，トマト），イノシン酸（煮干し，かつお節，しらす干し，食肉類，魚類），グアニル酸（干ししいたけ，

表2−1　有機酸の種類と特徴

種　類	酸味の質	所　在
ク エ ン 酸	穏やかで爽快な酸味	うめ，だいだい，みかんなど
酒 石 酸	やや渋味のある酸味	ぶどうなど果実
リ ン ゴ 酸	爽快な酸味，かすかに苦味	りんご，うめ，びわ，ぶどうなど
乳 酸	渋味のある穏和な酸味	漬物，ヨーグルト，清酒
L−アスコルビン酸	穏やかで爽快な酸味	レモン，なつみかん，野菜など
コ ハ ク 酸	こくのあるうまい酸味（異味を伴う酸味）	清酒，貝類
酢 酸	刺激的な臭気のある酸味	米酢，穀物酢
D− グ ル コ ン 酸	穏やかで爽快な酸味　まるみのあるやわらかい味	干しがき

出典）川端晶子，畑明美：『Nブックス　調理学』，建帛社，p. 24（2008）

まつたけ，えのきたけ，食肉類），コハク酸（茶やきのこ，貝類），テアニン（玉露）などがある。グルタミン酸は酸味を呈するが，グルタミン酸ナトリウムの形で最もうま味が強い。

⑥　辛味（hot taste）　辛味は香りを伴うものが多く，とうがらしのカプサイシン，しょうがのジンゲロンやショウガオール，わさびのシニグリン配糖体，こしょうのピペリジンなどがあり，食欲増進効果がある。からしやわさびは，乾燥粉末を微温湯で練ったり，生の根茎をすりおろしたりすると辛味が発現する。シニグリン（配糖体）に酵素（ミロシナーゼ）が作用し，辛味成分のアリルイソチオシアネートが生成されるためである。カプサイシンのヒリヒリとした感覚は痛覚によるものであり，アドレナリンを刺激し，辛味成分を使用した料理にはダイエット効果がある。

⑦　渋味（astringency）　渋味とは，渋柿を食べたときなどに感じる収斂味であり，舌の粘膜に感じる。渋柿（シブオール）やお茶（タンニン，カテキン）などの渋味の本体は，タンニン系物質の一種である。これらはポリフェノール類の一種で活性酸素に対して抗酸化力があるとされている。

3）味の相互作用

食べ物は，複雑な成分の集合体であり，1種類ということはなくいろいろな味が無数にかかわり合って混在している。表2−2に味の相互作用（対比効果，抑制効果，相乗効果，変調効果）について示した。

（2）香 気 成 分

香りは，食べ物のおいしさを感知するために重要な化学的な味のひとつであり，生活の中でも大切であり，正しく調理されているかどうかとも関係している。炊きたてのご飯の香り，汁物のお椀の蓋をあけたときの香り，肉を焼いたときの香りなどは食欲をそそる。香り成分は概して分子量が小さいので，微量でも食べ物を口に入れる前に空気中に揮散している成分を鼻腔から感知される。食べ物の香気は，食品固有の香気と加熱調理過程から生じる香気がある。調理においては，食品のもつ「良い香り」

表2-2　味の相互作用

分類		現　　象	味（多）＋（少）	例
対比効果	同時対比	2種類の呈味物質の刺激を同時に与えたとき，一方の味刺激が他方の味刺激を増強させる	甘味＋塩味（甘味を強める） 酸味＋苦味（酸味を強める） うま味＋塩味（うま味を強める）	しるこ，あん コーヒー すまし汁
	継続対比	2種類の呈味物質の刺激を継続して与えたとき，一方の味刺激が続けて与えられる他方の味刺激を増強させる	甘味＋塩味（塩味を強める） 甘味＋酸味（酸味を強める） 苦味＋甘味（甘味を強める）	甘味の後の食塩溶液 甘味の後の酸味は特に酸っぱい 苦味の後の甘味は特に甘い
抑制効果		2種類の呈味物質の刺激を同時に与えたとき，一方の味刺激が他方を抑制し弱める	苦味＋甘味（苦味を弱める） 塩味＋酸味（塩味を弱める） 酸味＋塩味・甘味（酸味を弱める） 塩味＋うま味（塩味を弱める）	コーヒー，チョコレート 漬物 すし飯 塩辛
相乗効果		2種類の呈味物質の刺激を同時に与えたとき，両者の和以上に味刺激が増強される	うま味 MSG[※1]＋IMP[※2] 　　　　　（うま味が強くなる） 甘味 ショ糖＋サッカリン 　　　　　（甘味が強くなる）	こんぶとかつお節のだし ジュース
変調効果		2種類の呈味物質に刺激を継時的に与えたとき，先に味わった呈味物質の影響で後に味わう味が変化する	塩味＋無味 苦味＋酸味	塩辛い味の後の水は甘い するめを食べた後のみかんは苦い

注）※1　MSG：L-グルタミン酸ナトリウム，※2　IMP：5'-イノシン酸ナトリウム
出典）川端晶子，畑明美：『Nブックス　調理学』，建帛社，p.25（2008）

表2-3　食品香気のキーコンパウンド

食　品	キーコンパウンド
バ　ナ　ナ	酢酸イソペンチル
グレープフルーツ	ヌートカトン
レ　モ　ン	シトラール
メ　ロ　ン	cis-3-ノネナール
き　ゅ　う　り	2,6-ノナジエナール
じゃがいも（煮）	メチオナール
し　い　た　け	レンチオニン
ピ　ー　マ　ン	2-イソブチル-3-メトキシピラジン
し　ょ　う　が	ジンゲロン
バ　ニ　ラ	バニリン

資料）小川香料　資料など
出典）川染節江：『調理のサイエンス』，学文社，p.13（2002）

を生かし，「好ましくない香り」を減少させる場合もある。

1）食品の香気成分

　食品の香りを特徴づける成分をキーコンパウンド（key compounds）といい，バナナには酢酸イソペンチル，レモンにはシトラールなどがある。香辛料や野菜には，表2-3のように特有の香気成分を有している食品が多い。

2）加熱香気

　食べ物は，加熱操作により香気成分が生成されることが多いので，香気成分の生成をコントロールできれば，おいしい料理となる。加熱操作により生じる香りは　①糖，②脂肪の加熱分解によるものと，③アミノカルボニル反応（アミノ基とカルボニル基の反応）やその分解過程から生じるストレッカー分解によるものがあり，100℃以上の反応である場合が多い。また，④湿式加熱時の香気生成についても示した。

①　糖の加熱　　水とともに加熱すると生成する物質をカラメル，褐変反応をカラルメル化（caramelization）反応という。糖の分解と重合により特有の香りが生成するとともに，苦味を呈する。におい成分としては，アルデヒド，ケトン，フラン化合物などが生成する。糖によってカラメル化する温度が異なるが，スクロース（ショ糖）の場合は165℃〜180℃であり，温度が高すぎると炭化する。

②　油脂の加熱　　不飽和脂肪酸を含む脂質が加熱されると長鎖アルデヒドなどを生成する。これらはアミノカルボニル反応生成物と反応して，アルキルピリジンなどを生じる。また，油脂含量の高い魚の加工中に起こる油の褐変現象は油焼けと呼ばれ，油の自動酸化反応とアミノカルボニル反応が関与している。魚油は高度不飽和脂肪酸に富み酸化されやすい。

③　ストレッカー分解　　アミノカルボニル反応で生成する α-ジカルボニル化合物とアミノ酸が反応してアルデヒドとアミノレダクトン（エナミノール）が生成される。アルデヒドやピラジンが加熱香気に寄与している。ピラジンは，高温で処理されるコーヒー，ココア，パン，クラッカーなどの焙煎香であり，焦げ臭などの成分でもある。

　アミノ酸とグルコースの加熱により，バリンからは発酵臭やチョコレート様の香気，ロイシンからは，チーズを焼いたにおい，フェニルアラニンからは，花やフルーツ様香気，メチオニンからはしょうゆ様香気が生成する。

④　湿式加熱　　煮る蒸すなど湿式加熱の過程において硫化水素（H_2S），アンモニア（NH_2），アセトアルデヒド（CH_3CHO），メチルメルカプタン（CH_3SH）などの易揮発性化合物も香気生成に関与し，焙煎香とは異なる煮熟香を形成する。一例として，ヘッドガスのガスクロマトグラフィー分析より，炊飯過程の香りの生成は95℃〜100℃のとき，加熱20分に最大となり，加熱30分以降に減少する。好ましくない香気とされる古米臭のヘキサナール（カプロンアルデヒド）[4]や揮発性酸[5]が加熱20分以降に湯気とともに揮散されて減少することにより，釜の蓋を開けたときにご飯らしい香りになる。

3）マスキング効果

　マスキング効果とは，食品由来の好ましくない風味や加工中に生成するオフフレーバーを抑える効果をいう。香辛料や香草などを用いて生肉の香りを消去して，良い香りをつけることもある。一例としてあげると，水煮した食品（マトン，煮干し，さば）にみそを添加すると，アミン類[6]のピーク（No1 ジメチルアミン，No2 エチルアミン，

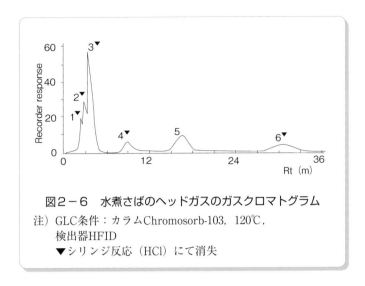

図2-6　水煮さばのヘッドガスのガスクロマトグラム
注）GLC条件：カラムChromosorb-103，120℃，
　　検出器HFID
　　▼シリンジ反応（HCl）にて消失

No3トリメチルアミン）の面積は小さくなったことから，みその不溶性固形物に香気成分の吸着，すなわちマスキング効果が認められる（図2-6）。

表2-4　各味成分の閾値

	成　　分	閾値（％）
甘　味	スクロース	0.1 ～ 0.4
	フルクトース	0.3 ～ 0.4
	ラクトース	1.5
	マルトース	1.1
	グルコース	0.8
酸　味	クエン酸	0.0019
	酢酸	0.0012
	リンゴ酸	0.0027
塩　味	食塩	0.25
	塩化カリウム	0.03
苦　味	カフェイン	0.006
	硫酸キニーネ	0.00005
うま味	L-グルタミン酸ナトリウム	0.03
	5′-イノシン酸ナトリウム	0.025
	5′-グアニル酸ナトリウム	0.0125

出典）小俣靖：『美味しさと味覚の科学』，日本工業新聞社
　　　p. 124（1986）
　　　早渕仁美：「おいしさの化学的要因」，島田淳子，下
　　　村道子（編）：『調理とおいしさの科学』，朝倉書店，
　　　p.110（1993）

（3）味の基本的な性質

1）閾　　値

　一般的には，刺激を感じることのできる最低の濃度を閾値（いきち）という。検知閾値とは，その特性はわからないが，何か違いがあると感じることのできる最低の濃度をいう。認知閾値は甘い，塩辛い等の感覚特性を認知できる最小の刺激量を意味し，単に閾値（表2-4）というときはこの認知閾値を指す。弁別閾値とは，刺激の強さの差が識別できる最小の濃度差をいう。表2-4において苦味の閾値が低いのは，毒物に対する危険防止であり，酸に対しても比較的低いのは，腐敗によって生ずる酸を判別するためである。

2）Weber-Fechnerの法則

　ウェーバー（E.H.Weber）は刺激の強さの近似した2種の刺激を比較する場合，両者の差を知覚する最小の差異（⊿Cと表し，気づくことのできる最小の刺激差を弁別閾値とする）は，基礎刺激量の強

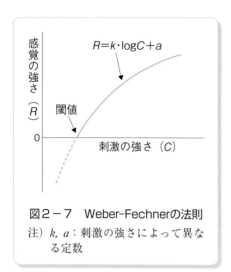

図2−7　Weber-Fechnerの法則
注）k, a：刺激の強さによって異なる定数

度（C）に比例することを見出した。基礎刺激量の強度（C）で割った比の値は，Cが変化してもそれに対応する弁別閾値（⊿C）も変化するので一定である（⊿C/C＝一定）ことを物質の重量で示した。フェヒナー（G.T.Fechner）はウェーバーの法則に感覚の変数を入れた微分方程式を積分し，感覚の強さ（R）が刺激の強さ（C）の対数に比例する関係，$R=k \cdot \log C + a$（aは定数）で示した。これをフェヒナーの法則という。根拠としては同じなので，これをWeber- Fechnerの法則といい，図2−7に示した。味物質の濃度の対数に比例して味の強さが増す。ただし，勾配の大きさは物質によって異なる。濃度が薄いときは濃度に少し差があるだけでその差を感じる。一方，濃い味のときはかなり濃度を濃くしないとその差は感じにくいことを表している。

　また，物理的な刺激の面からは，サイコレオロジー（psychorheology，精神物理学）という分野があり，力学物性に対する人の知覚を取り扱う学問をいう。スコット・ブレア（Scott Blair）[7]はパンやチーズ職人，食品科学者をパネルとして，ゴムなどを握らせ，どちらが硬いかを考えさせ，正解率を求めた。パン職人はパン生地の微妙な軟らかさの差について判定は容易であったが，ゴムの硬さの判定は難しかった。弾性率

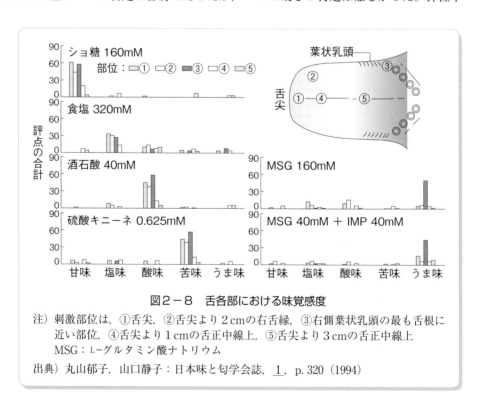

図2−8　舌各部における味覚感度
注）刺激部位は，①舌尖，②舌尖より2cmの右舌縁，③右側葉状乳頭の最も舌根に近い部位，④舌尖より1cmの舌正中線上，⑤舌尖より3cmの舌正中線上
　　MSG：L−グルタミン酸ナトリウム
出典）丸山郁子，山口静子：日本味と匂学会誌，1，p. 320（1994）

と粘性率の差の判別能力は，感覚の強さは刺激の強さの対数に比例するという Weber-Fechnerの法則が成立することを認めている[8]。

3）舌面上での味覚感度の違い

図2−8に舌各部における味覚感度について示した。舌面上での味の感受性は図のように物質の種類によって一様ではない。甘味は舌尖で感じ，苦味やうま味は舌尖よりも3cmくらい奥か，または舌根の方で感じる。

4）相 乗 効 果

表2−2に示したように，2種類の呈味物質の刺激を同時に与えたときに両者の和以上に味刺激が増強されることをいう。アミノ酸系と核酸系のうま味成分の組合せによる相乗効果がよく知られている。こんぶに含まれるアミノ酸系のグルタミン酸ナトリウムとかつお節に含まれる核酸系イノシン酸ナトリウムの比率が50％ずつ含まれると，両者の和以上に呈味性が増強され，単独時の7.5倍程度になる。日本料理のすまし汁の一番だしのおいしさは，この相乗効果を利用したものである。ただし，核酸系のイノシン酸ナトリムとしいたけ等に含まれる核酸系のグアニル酸ナトリウムの混合では，相乗効果が得られない。

5）順　　応

同じ味を長く味わっていると，その味に対する閾値が上がる現象である。同じ強さの味を感じ続けると，感じる強さが次第に減って弱くなり，一定のレベルに近づく現象である。味効きを重ねると，この順応効果により，味を感じにくくなるので，少ない回数で判断できるようにする。はじめは，強烈に感じられた味が，何回か食べているうちに，感じなくなるのは順応であるが，「慣れ」ともいう。

1.3　おいしさに関与する物理的要因

（1）外 観 ・色

食べ物の外観や色はおいしさに重要な要素となり，目に訴え視覚で感じる。たとえ病気であっても栄養性だけでなく，盛り付け，色合いの調和によりおいしさが伝わる。食べてほしいという願望と作る人の思い入れや技術が伴う。たとえば，浸透性を利用した飾り切りとして，だいこんの茎の繊維を斜めに切り水に浸漬した唐草模様に飾り切りしたもの，撚りうど，きゅうりの蛇腹切りなどや，松葉ゆず，梅花にんじんなども目を楽しませてくれる。照明も明るい方が色の美しさが食欲をそそる。新鮮な肉の色はオキシミオグロビン（鮮紅色）であるが，酸化されるとメトミオグロビン（灰褐色）に変化するので，肉屋の照明は新鮮な肉色に見えるように昼光色を使っている。

（2）音

食べ物のもつ独特な音がその食品のおいしさを醸し出し，聴覚で感じる。きゅうりをかじる音，たくあんのカリカリとした音はおいしさを感じさせる。せんべいは「しんなり」していたら湿気ておいしくないし，パリパリとした乾いた音がおいしい。ビー

ルを注ぐときの独特の音や泡がでるときの音など，暑い夏には清涼感のあるおいしさを感じる。西洋料理のスープ等をスプーンですするときの音など，マナーの点から好ましくない音もある。それは環境因子が影響している場合である。

（3）温　　度

　食べ物のおいしさの要因には温度も重要であり，触覚として感知される。食べ物にはそれぞれに適した温度があり，汁物は温かく，夏の飲み物は冷たい温度でいただく。人がおいしいと思う食べ物のおいしさの目安は体温± 25 〜 30℃といわれている。すなわち，冷たい温度で食べた方がおいしい食べ物は10℃前後であり，温かい温度で食べた方がおいしい食べ物は70℃前後である。大量調理では，温冷配膳車の中の温度を70℃と5℃に設定する。みそ汁やスープ類は，温かい70℃の方へ入れ，サラダやゼリー等のデザートは冷たい5℃の方へ入れて，適温で配膳喫食できるようにする。

1.4　おいしさに関与する心理的生理的要因

　ここまでは，食品のおいしさの状態にかかわる化学的要因と物理的要因について述べてきたが，次に食べる人の状態からおいしさについて考えてみたい。

（1）おいしさの心理的要因

　心理的要因として，感情の状態があげられる。極度の緊張や怒り，不安を感じた場合には，交感神経の働きが活性化され，胃の活動，胃酸や唾液の分泌が抑制され，食欲が減退する。間食など仕事の合間にとる食べ物の働きは，緊張をゆるめるために必要なものである。喜び，感謝しながらいただく雰囲気が心理的要因として大切である。

（2）おいしさの生理的要因

　健康状態が良くない場合は，どんなにおいしそうな食べ物が目の前にあっても，箸が進まない場合がある。概して病院の食事がおいしくないといわれるのは，健康状態が良くない場合であり，薬による味覚の変化（障害）はよく知られている。

　加齢とともにヒトは味蕾細胞が減少し，唾液の分泌量も減少するため唾液の粘りも高くなり，おいしさも変化する。空腹の場合は，たとえ切り方がうまくできなくとも，少々焦がしても，おいしく感じることがある。食欲は大脳視床下部に位置し，摂食中枢と満腹中枢からなる食欲中枢に支配されている。空腹時には，血糖値も低下しているので，甘い飴もおいしく感じる。夏は発汗量が多く生理的に必要な塩分量が増すが，冬はその必要がない。

（3）おいしさの環境的要因

　環境的要因は，空間の環境ともいえるが，外部の環境や食事をする場の雰囲気・食卓の構成など，食文化や食習慣と深くかかわっている要因である。

1）季節・気温

寒い季節には温かい飲み物がおいしいと感じ，夏には冷たい飲み物がおいしく感じられる。気温や湿度のような外部環境によってヒトの生理機能が影響される。

2）食事空間

食事をするときの雰囲気は食事空間ともかかわりが大きい。親しい人と語らいながらいただく食事空間は，おいしく感じる。味が評判の店でも，店内が清潔な雰囲気でないとおいしいと感じないこともある。明るい食事空間で食するとおいしく感じる。

3）食習慣・食文化

子どもの頃に食べた地域の行事食や母親の味は懐かしい郷愁を覚え，また食べてみたいと思う。高齢者や認知症の人の好きな食べ物を知りたい場合には，郷土料理やおふくろの味を尋ねて楽しい記憶を蘇らせることが多い。食育の点からも子どもの頃から家庭の味や正しい食習慣を身につけ，食文化を学ぶ機会をつくることが大切である。

4）気候・風土

地域の気候・風土に育まれた海や山の幸など，その地域限定の食材を用いて作られた郷土料理が，地域の食文化として根付いており，地産地消の視点からも重要である。気候・風土で育てられ，幼い頃から親しんだ野菜や郷土料理は人々の心に残る味である。災害などで地域の味を失った場合でも，いつか再現できる味として，その地域の人々の生きる原動力になると考えられる。

5）文化・宗教

人（民族）には異なった文化・宗教があり，その文化に培われた食文化がある。文化の異なる人との会食は，テーブルマナーの違いなどもあり，緊張感を伴うことがあるが，話題を選びながらおいしく食することができる雰囲気をつくる。また，宗教的な話は初めて会う人と会食する場合は，避けた方が望ましい。

6）情報・教育

異文化との交流により得られた情報によって，その異文化地域で採れた食材品種を移入して長年研究し，その土地に適した産物に作り変えることはよくある。えだまめなどはその例である（白山だだちゃ豆，黒崎茶豆など）。さらに，学習（教育）によりおいしさが変化する。日本料理のかつお節やこんぶのだしの味が世界的に注目され，フランス風にアレンジした吸い物が考案される等である。

（4）おいしさの身体的要因

1）高齢者の身体的要因

高齢者は，視力，嗅覚の低下が起こり，おいしさに影響する。さらに，乳頭や味蕾の数の減少と脳の味覚受容機能の低下からも味覚や嗅覚の低下が生じ，消化吸収機能の低下などが起こる。運動機能の低下や脳血管障害なども起こりやすく，身体活動量の減少に伴う摂食障害や身体的・社会的・心理的な要因により食欲不振なども多くなる。

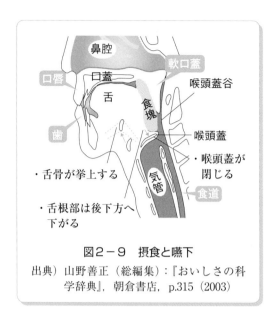

図2-9　摂食と嚥下

出典）山野善正（総編集）：『おいしさの科学辞典』，朝倉書店，p.315（2003）

2）高齢者の咀嚼・嚥下機能

　高齢者は加齢とともに，歯の消耗，脱落などから義歯を入れるために，咀嚼能力の低下がみられる。総義歯の場合は有歯者に比べ，咀嚼能力は約1/2に低下する。喉頭の味覚減退や咀嚼筋力の低下などにより「むせ」を起こしやすくなり，咽頭のつかえや窒息なども生じる。繊維の多いものや硬いものは噛み切りにくく，咀嚼する速度も若年者に比べて遅くなる傾向にある。ピーナッツやごま粒子破片は，食べた後に，口の中に残りやすく高齢者には注意が必要である。また，高齢者にとって飲み込みにくい食べ物として，焼きいも，酢の物，ゆで卵の黄身があげられている[9]。

　人は口から食べることができることが，命の尊厳を保つことである。しかし，摂食や嚥下に障害をもつ人にとっては，口から食事をとる場合，誤嚥の危険性が伴い食事介助に時間がかかる。間違えて気管に食べ物が入ると，それが要因となって誤嚥性肺炎になるケースがある。摂食と嚥下の関係を図2-9に示した。誤嚥性肺炎とは，喉頭蓋が気管の入り口を塞ぐ前に食塊が気管と食道の分岐点で，気管の方へ流入することをいう。肺では，食べ物に付着していた細菌が繁殖し肺炎を起こす。高齢者にとって，食事後の歯磨きは肺炎を防止するために重要である。

3）高齢者の食事

　高齢者の摂食機能と食べ物のテクスチャーとの関連性はきわめて高い。舌の動きが鈍かったり，唾液の分泌が悪いため，食塊を形成しにくくなっている者が多い。きわめて高い高齢者の摂食・嚥下機能のレベルに合わせたえん下困難者用食品許可基準（p.27，表2-6）がテクスチャーを指標として定められている。高齢者の食事は，摂食機能を考慮して，調理を行うことがおいしさへとつながることが知られている。

表2−5　ツェスニアクのテクスチャー特性の分類

	一次特性	二次特性
力学的特性	硬さ 凝集性 粘性 弾性 付着性	もろさ 咀嚼性 ガム性
幾何学的特性	粒子径と形 粒子形と方向性	
その他の特性	水分含量 脂肪含量	油状 グリース状

出典) Szczesniak, A. S. : *J. Food Sci.*, <u>28</u>, 385 (1963)

1.5　テクスチャー
(1) テクスチャーとは

　食品のテクスチャーとは, 食品の物理的性質によって発現する口ざわり, 舌ざわり, 噛みごたえ, 粒状感などをいい, 主として口腔内の触覚や圧覚によって知覚される感覚である。指で触ったり, スプーンや箸でかき回したり, 押したときの感触や, 視覚でとらえられる組織構造も含まれる。味や香りのように化学的な刺激によるおいしさに対して, 物理的なおいしさともいわれる。

　食べ物のおいしさに占めるテクスチャーの割合は大きい。特に米飯, パンやうどんなどの分子量の大きい成分から構成され, 多量に食べられる食品において, テクスチャーのおいしさに占める割合は高い。また, テクスチャーは食品の品質を反映し, 食べごろに熟した果実, 新鮮な魚や野菜などの有するテクスチャーは食べやすく, 独特の好ましさがある。

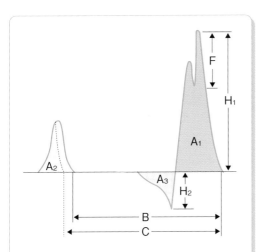

図2−10　テクスチュロメーターによる
　　　　記録曲線の模式図と解析方法

注) 硬さ：H_1, 凝集性：A_2/A_1, 弾力性：$C-B$（C：弾力性のない粘土のような標準物質の距離）, 付着性：A_3, 粘り：$-H_2$, もろさ：F, 咀嚼性：硬さ×凝集性×弾力性（固形食品）, ガム性：硬さ×凝集性（半固形食品）

出典) 川端晶子：『食品物性学』, 建帛社, p. 206 (1989) を一部改変

1) テクスチャーの特性と分類

　テクスチャー特性の分類は, ツェスニアク（A. S. Szczesniak）[10] やシャーマン（P. Sherman）[11] によって行われた分類が知られている。ツェスニアクは食品のテクスチャー特性を, 力学的特性, 幾何学的特性, その他の特性に分類した（表2−5）。

① **力学的特性**　　力学的な性質であり, 硬さ, 凝集性, 粘性, 弾性, 付着性が一次特性である。さらに, これらを組み合わせて説明されるもろさ, 咀嚼性, ガム性が二次特性である。感覚的には食べている間, 主に舌や歯（歯根膜）や口蓋で感知されるものである。

② **幾何学的特性**　　組織的な特性であり, 粒子の形と大きさに関する性質（粉状, 砂状, 塊状）と, 粒子の形と方向性に関するもので, 視覚によっても推察されるものである。

③ **その他の特性**　　水分と油脂の含量に関する特性である。二次特性として油状やグリース状がある。

　一方，シャーマンは食べる動作の中で展開するテクスチャー特性を時間軸に沿って分類している。食べる前の印象，口に入れたときの第一印象，咀嚼中に感じられる特性，咀嚼後に口腔に残る印象の4段階にテクスチャー特性を分けている。

2）テクスチュロメーターによるテクスチャー特性の種類

　ツェスニアクが開発したテクスチュロメーターは，ヒトの咀嚼運動を模したもので，プランジャーで食品を圧縮したときの力学的応答から客観的にテクスチャー特性が得られる。テクスチュロメーターでは連続した2回の圧縮で得られるテクスチャー記録曲線から硬さ，付着性，凝集性などが測定される。これらの特性はヒトの咀嚼時の官能特性とも高い相関を示す。

① **硬　さ**　　テクスチャー記録曲線（図2－10）の第一山の高さから求められる値で，食べたときの硬いあるいはやわらかい食感とよく対応する値である。測定条件が同じであれば，破断応力ともよく対応することが知られている。

② **付着性**　　食品を圧縮したときに，圧縮したもの（測定時にはプランジャー）に食品がくっつく性質を示す値で，エネルギー単位で表される。もちや米飯では付着性が大きく，硬い寒天ゼリーやクッキーではくっつきにくいため小さな値となる。

③ **凝集性**　　食品内部の結合力を示す値である。テクスチャー記録曲線では第2ピークの面積を第1ピークの面積で除して求める。食器洗浄などに用いるスポンジでは圧縮後の回復力が大きく，瞬時に元の形状に戻るので凝集性は1に近い値となる。

④ **その他のテクスチャー特性**　　もろさ，弾力性，ガム性，咀嚼性などがある。硬さ，付着性，凝集性は，厚生労働省のえん下困難者用食品許可基準（p.27，表2－6）の規格値として利用されている。

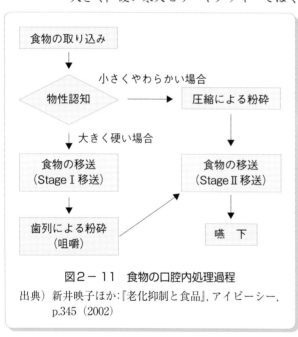

図2－11　食物の口腔内処理過程

出典）新井映子ほか：『老化抑制と食品』，アイピーシー，p.345（2002）

（2）咀　　嚼

1）咀 嚼 過 程

　口腔に入れられた食べ物は，舌によって切歯の裏側にある切歯乳頭部に運ばれ，舌によって切歯乳頭部に押しつけられて硬さが感知される。食べ物が硬い場合には歯列へ送られ破壊される。この場合，歯根膜の感覚受容器を介して咀嚼時の硬さなどが感知される。やわらかい場合には，舌と硬口蓋により破砕される。香気成分は咀嚼中に食べ物から放出され，また味成分も口腔内の味蕾に運ばれる。この過程で食べ物は舌を使って唾液と混合されて，飲み込みやすい食塊となり，嚥下が誘発されて，安全に

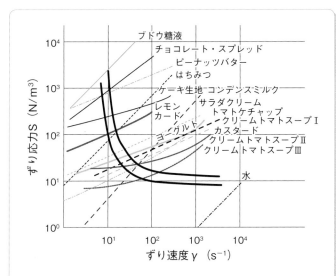

図2－12　各種粘稠食品の流動曲線と経口評価によるずり
　　　　応力とずり速度の関係

出典）Sharma, F. and Sherman, P.：*J. Texture Studies*, 4,
　　　111（1973）

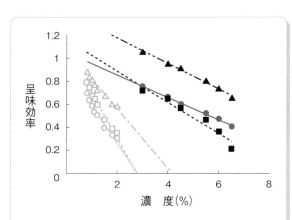

図2－13　寒天ゲルとゼラチンゲルの呈味効率
　　　　と濃度との関係

注）寒天ゲル：○アスパルテーム，△塩化ナトリ
　　ウム，□カフェイン
　　ゼラチンゲル：●アスパルテーム，▲塩化ナ
　　トリウム，■カフェイン

出典）Moritaka, H. and Naito, S.：*J. Texture
　　　Studies*, 33, 201（2002）

おいしく飲み込まれる。

2）液状食品の知覚

　はちみつ，トマトケチャップやブドウ糖液などの液状食品について，シャーマンとシャーマ（P. Sharman＆F. Sharma）[12] [13]は官能評価と粘度測定を行い（図2－12），ヒトは口腔内で液状食品を，2本のL字型曲線に挟まれたずり応力とずり速度で知覚すると述べた。つまり，ヒトはピーナッツバターなどのように流れにくいものは，口腔内で大きな力でゆっくりと動かして味わい，水のように流れやすいものは，小さな力で速い速度で動かして味わう。このように，液状食品の状態が異なると，ヒトは口腔内で液状食品の動かし方を変えておいしさを知覚する。

3）テクスチャーと味の強さ

　同じ呈味物質を加えたゼリー（ゲル）の味の強さは，ゼリーを形成するゲル化剤の濃度，つまり硬さによっても異なる[14]。ゼリーの味の強さは，呈味物質の濃度が同じであっても，ゼリーが硬くなると味は弱く感じられ，軟らかくなると味は強く感じられる。ゼリーの味の強さが等しく感じられる水溶液中の呈味物質の濃度をゼリー中の呈味物質の濃度で除して得られる値を呈味効率という。呈味効率は，ゼリーに含まれる呈味物質が味蕾まで届く割合を示す。

$$呈味効率 = \frac{ゼリーの味の強さが等しく感じられる水溶液中の呈味物質の濃度}{ゼリー中の呈味物質の濃度}$$

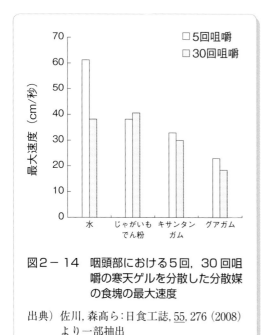

図2−14　咽頭部における5回，30回咀嚼の寒天ゲルを分散した分散媒の食塊の最大速度

出典）佐川，森髙ら：日食工誌，55，276（2008）より一部抽出

呈味効率は，ゲル化剤の種類によっても，呈味物質の種類によっても異なる。図2−13において，どの種類の呈味物質おいても寒天ゲルよりもゼラチンゲルでは呈味強度の抑制が弱い。また，ゼラチンゲルのアスパルテームの甘味強度はカフェインの苦味強度よりも，ゼラチン濃度の変化に伴う抑制が弱くなっている。これらは，呈味物質の濃度が変化しなくても，テクスチャーが変化すると，食品の味の強さが変化することを示している。

（3）高齢者とテクスチャー

　高齢者は義歯を装着したり，歯が欠損したり，噛み合わせが悪かったりして咀嚼機能が低下し，また，舌の動きや唾液の分泌が悪いなどの食塊の形成能力も低下していることが多い。高齢者では食物繊維の多い食品や硬い食品は噛み切りにくく，咀嚼速度も遅くなる。

　嚥下機能が低下すると誤嚥して，肺炎を引き起こす。高齢者の誤嚥性肺炎による死亡率は極めて高い。この場合，咽頭部での食塊の移動速度を遅くすることが必要となる。水は咽頭部での食塊の移動速度が速いため，非常に誤嚥しやすい飲み物である。図2−14は，水およびとろみ剤と使用されているでん粉，キサンタンガムおよびグアガムの中に寒天ゲルを分散した試料を5回および30回咀嚼したときの，咽頭部での食塊の最大速度を示している。水よりもとろみ剤で最大速度は遅くなる。また，唾液アミラーゼで分解されるでん粉を除いて，5回咀嚼よりも30回咀嚼では最大速度は低下する。よく咀嚼して，唾液の量を多くし，食塊の粒度を細かくして，やわらかく，まとまりのある食塊とすることが大切である。

　高齢者用食品のテクスチャーは，咀嚼できる硬さ，まとまりやすさ，飲み込みやすさを備えていることが必要といえる。たとえば，繊維の多いごぼうは，やわらかく煮たり，切り込みを入れたり，細かく切ってとろみ剤でまとめたりするなど，高齢者の咀嚼・嚥下機能に応じた調理を行うことが大切である。表2−6に，厚生労働省が定めたえん下困難者用食品許可基準を示した。えん下困難者用食品としてはこれらの条件を満たすことが求められている。また，日本介護食品協議会では，咀嚼・嚥下困難者が食品を選択する際の目安となるように，ユニバーサルデザインフードとして，硬さおよび粘度に応じて4段階に分けた自主規格を設定している（表2−7）。

表2－6　えん下困難者用食品許可基準

規　格	許可基準Ⅰ	許可基準Ⅱ	許可基準Ⅲ
硬さ（N/m²） （一定速度で圧縮したときの抵抗）	$2.5 \times 10^3 \sim 1 \times 10^4$	$1 \times 10^3 \sim 1.5 \times 10^4$	$3 \times 10^2 \sim 2 \times 10^4$
付着性（J/m³）	4×10^2 以下	1×10^3 以下	1.5×10^3 以下
凝集性	$0.2 \sim 0.6$	$0.2 \sim 0.9$	—
常温および喫食の目安となる温度のいずれの条件であっても規格基準の範囲内であること。	均質なもの（例えば，ゼリー状の食品）。	均質なもの（例えば，ゼリー状またはムース状等の食品）。ただし，許可基準Ⅰを満たすものを除く。	不均質なものも含む（例えば，まとまりのよいおかゆ，やわらかいペースト状またはゼリー寄せ等の食品）。ただし，許可基準ⅠまたはⅡを満たすものを除く。

出典）消費者庁次長通知：特別用途食品の表示許可等について，消食表第188号（2017）

表2－7　ユニバーサルデザインフードの区分と物性規格

区分数値など		1	2	3	4	とろみ調整食品
区分形状		容易にかめる	歯ぐきでつぶせる	舌でつぶせる	かまなくてよい	とろみ調整
かむ力の目安		かたいものや大きいものはやや食べづらい	かたいものや大きいものは食べづらい	細かくてやわらかければ食べられる	固形物は小さくても食べづらい	食物に添加することにより，あるいは溶解水量によって，区分1～4に該当する物性に調整することができること。
飲み込み力の目安		普通に飲み込める	ものによっては飲み込みづらいことがある	水や茶が飲み込みづらいことがある	水や茶が飲み込みづらい	
物性規格	かたさ上限値　N/m²	5×10^5	5×10^4	ゾル：1×10^4 ゲル：2×10^4	ゾル：3×10^3 ゾル：5×10^3	
	粘度下限値　mPa・s			ゾル：1,500	ゾル：1,500	
性状など				ゲルについては著しい離水がないこと。固形物を含む場合は，その固形物は舌でつぶせる程度にやわらかいこと。	ゲルについては著しい離水がないこと。固形物を含まない均質な状態であること。	

出典）日本介護食品協議会（2003）

2. おいしさの評価方法

　おいしさを評価するには，主観的評価法と客観的評価法がある。広辞苑によれば，主観とは，① 対象の認識を構成する自我や意識の意，② 自分ひとりの考えや感じ方であり，客観とは，① 主観の認識ないし行動においてその対象となるもの，② 主観の作用とは独立に存在すると考えられたものとある[15]。すなわち，主観的評価法とは食べる人がどのように感じるかを評価する方法であり，客観的評価法とは，対象＝食品あるいはそれに付随するものの状態を機器などを用いて評価することである。客観的評価法は，主観的な考え方や評価から独立して普遍性をもっている。

2.1　主観的評価法

　主観的評価法の代表は官能評価である。本節では特に官能評価について説明する。

（1）官能評価とは

　官能評価とは，ヒトの五感（視覚，聴覚，嗅覚，味覚，触覚）によってものごとを評価すること，およびその方法を指す。かつて官能検査といわれていたが，ISO（国際標準化機構）での表記が変化したため，日本でも官能評価と称されるようになった。食品だけでなく，衣料，化粧品，工業製品においても用いられている実験方法である。

（2）官能評価の特徴

　ヒトの感覚は，極めて鋭敏で，先端機器でも検出できないわずかな違いも感知できる。また，機械では行えない"好み"の判断や"総合評価"を行うことができ，高額な機器を必要としないため，経済的であり，迅速に行える。しかし，ヒトの感覚には個人差があり，常に一貫した評価をするとは限らない。ヒトを計測機として物の特性をはかる場合にはこのような個人差，変動，偏りをできるだけ小さくする必要がある。実施にあたっては十分な配慮を行い，信頼度の高い結果を得られるようにし，さらに機器測定の結果と対応させるとよい。

（3）官能評価の分類

　官能評価には，刺激の強弱を評価する分析型官能評価と，刺激に対する好き嫌いを評価する嗜好型官能評価がある。例えば，ゼリーを「かたい－やわらかい」で評価するのは分析型官能評価で，「好き－嫌い」で評価するのは嗜好型官能評価である。

（4）官能評価の条件

1）パ　ネ　ル

　官能評価のために選ばれた人々の集団をパネルといい，各個人をパネリストという。分析型官能評価では，試料の識別能力，判断の安定性や妥当性，特性の表現能力を向

表2−8　官能評価のための望ましい必要パネル数

名　称	望ましいパネル数
２点試験法	専門家：7人以上 選ばれた評価者：20人以上 訓練を受けていない評価者：30人以上 消費者試験：数百人
３点試験法	専門家：6人以上 選ばれた評価者：15人以上 訓練を受けていない評価者：25人以上
1対2点試験法	20人以上
2対5点試験法	選ばれた評価者：10人以上
Ａ非Ａ試験法	選ばれた評価者：20人以上 訓練を受けていない評価者：30人以上
順　位　法	専門家：2人以上 選ばれた評価者：5人以上 訓練を受けていない評価者：10人以上 消費者試験：100人以上
格　付　け　法	属性の強度評価 　専門家：1人以上 　選ばれた評価者：5人以上 　訓練を受けていない評価者：20人以上 嗜好の程度評価 　2試料：50人以上 　3試料以上：100人以上
採　点　法	専門家：1人以上 選ばれた評価者：5人以上 訓練を受けていない評価者：20人以上

資料）JIS Z 9080　より著者抜粋作成

上させるために訓練を受けた専門家（分析型パネル），一方，嗜好型官能評価では，目的とする消費者の嗜好を代表する評価者の集団（嗜好型パネル）が望ましい。パネルの条件として，健康であり，公平，公正な評価ができること，積極的に実験に協力すること，意欲的であることなどが求められる。

ヒトの感覚には個人差があり，かつ同じ者が評価しても，異なる結果が出ることがある。そのため，官能評価ではある程度の数のパネルに多数回評価してもらい，結果を統計的に処理する。一般に繰り返し数が多いほどよい（表2−8）。パネルが少ない場合は，一人のパネルの異常な判断が全体の結果に大きく影響することになる。

2）環　　　境

食品の官能評価は，特に分析型の場合，官能評価室で行うことが望ましい。官能評価室は，室温（20〜25℃），相対湿度（60%前後），照明（室全体200〜400 lxs，検査台1,000 lxs），防音（40 dB以下），異臭の流入防止，給排気，脱臭などに配慮しなければならない。また，口すすぎができる設備も必要である。嗜好型官能評価は，普段の生活に近い環境で行う場合もある。官能評価には，一人ずつ区切られたブースを使って行う方法（個室法：クローズドパネル法）と，円卓を使って行う方法（円卓法：オープンパネル法）があり，実験の目的によりどちらで行うかを決める。

3）設備・器具

試料の保管，温度調節のために冷蔵庫，冷凍庫は不可欠である。試料台，自動天秤，温度計なども必要である。また，水が実験の精度に重要である場合には，脱イオン水，超純水装置などがあるとよい。調理をする場合は，流しや調理台，調理器具ではコンロ，オーブン，包丁，まな板なども必要である。

4）試料の調製

試料は，比較しようとする特性を除いて，他の特性はすべて同一になるようにする。

提供する試料の形状，分量，試料を入れる容器は，パネル間，試料間で同じとなるように配慮する。また，温度は食品のテクスチャーを変化させる要因となるため，食品特性を考慮し，温度設定をする。

5）試料の提示方法

試料の供試順序が結果に及ぼす影響を回避するために，順序効果，位置効果，記号効果を避けてランダムに配置する。また，パネルの判断結果に変化を与える影響（疲労順応効果，練習効果，期待効果など）にも注意を払う。食品の場合，前の試料の影響が残りやすいと，味の相互作用（対比効果，抑制効果，相乗効果，変調効果など）の影響を受けるため，試料と試料の間では水で口腔内をすすぐ。

6）質問票の作成

官能評価の精度や再現性を確保するには，質問票の作成に考慮が必要である。分析型官能評価の場合は，先行研究例などを参考にし，評価項目間の関係や評価しやすさなどを考慮する。嗜好型官能評価の場合では，不慣れなパネルであることが多いため，回答者に理解しやすい内容か，質問文が受け入れやすい内容か，質問数が多すぎないかなども考慮する。

（5）官能評価の手法

官能評価の手法は，評価の目的，試料の種類や数，パネルの質，評価にかかる手間や費用などを考慮して選ぶ。手法には，差を識別する，順位をつける，一対にして比較する，評点をつける，特性を記述するなどがある。結果の解析は，信憑性を高くするために，統計的な手法を用いて検定する。

1）2点試験法

2種類の試料を使用して試料間の違いを判断する評価方法であり，刺激の量的な違いについて客観的順位を判断させるときは2点識別試験法，客観的順位が存在しない場合は2点嗜好試験法である。2点識別試験法と2点嗜好試験法では検定の方法が異なり，正解がある場合（例：塩味の濃度差の場合）には片側検定，正解がない場合（嗜好の判定，味の好ましさの場合）には両側検定を適用する。

2）3点試験法

2種類の試料A，Bを用意し，AAB，ABBのようにして合計3つ1組の提示試料とし，パネルには異なる1つの試料または同じ2つの試料を選ばせる方法である。

3）1対2点試験法

2種類の試料A，Bのうち，標準試料としてAを与えてパネルに記憶させ，その後，試料A，Bを提示し，標準試料と同じものを選ばせる方法である。2点識別法よりも1対2点試験法のほうが正答率が低い。

4）順 位 法

同時に3つ以上の試料を提示し，特性に対する強度または程度の順番に番号をつける方法である。

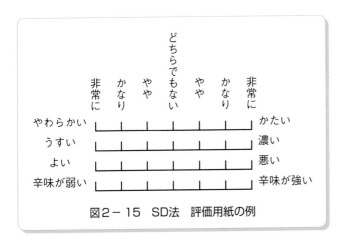

図2-15　SD法　評価用紙の例

5）一対比較法

2つの試料を一対にして比較する方法であり，各対についての特性の大小を判定させる方法である。試料を対にして比較するため，全体結果からの各試料の相対的な位置づけを知ることができる。シェッフェの方法，ブラッドレーの方法，サーストンの方法等がある。

6）評 点 法

特性の強さや嗜好の程度を数値尺度（1〜7点，－3〜＋3点など）を用いて点数づけする方法である。結果の解析には分散分析を用いる。

7）セマンティック・ディファレンシャル法（SD法）

ある事象について，相反する意味の形容詞を尺度の両端に配置し，その尺度上の箇所に評定する方法である（図2-15）。各尺度は5〜7段階尺度などの構成が多い。得られた結果は，主成分分析や因子分析などの多変量解析にて検討する。

2.2　客観的評価法

おいしさの客観的評価法は大別すると，化学的評価法と物理学的評価法がある。化学的評価法には，水分の測定，呈味成分の測定，香気成分の測定などがある。物理学的評価法には，色の測定，テクスチャーの測定，音の測定などがあげられる。

（1）化学的評価法

1）水　　　分

のりやせんべいなどは，わずかな湿気でテクスチャーが変化し，おいしさが左右される。水分の測定には，加熱乾燥法，蒸留法，カールフィッシャー法，電気水分計法，近赤外分光分析法などがあるが，食品に用いられるのは加熱乾燥法が多い。いずれも食品の特性を考慮して測定法を選択する。

2）呈 味 成 分

甘味は，屈折糖度計で簡便に測定することができる。可溶性固形分の濃度をBrix％で示し，溶解している主成分がスクロースである場合に用いる。塩味は，塩分濃度計により塩化ナトリウム濃度として数値が得られる。酸味は，pHメーターやpH試験紙などにより簡便に測定できる。

3）香 気 成 分

香気成分は，ガスクロマトグラフィーなどで分離同定される。近年は，センサーを用いて香気成分の解析も行われている。

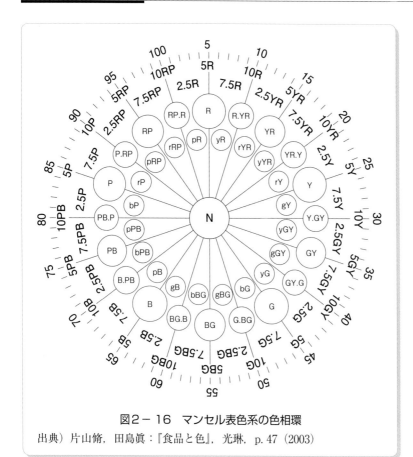

図２－16　マンセル表色系の色相環
出典）片山脩，田島眞：『食品と色』，光琳，p. 47（2003）

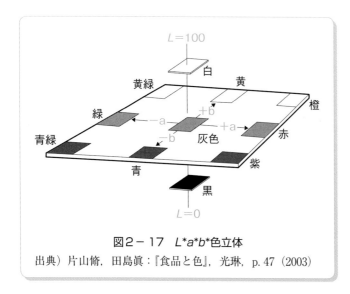

図２－17　L*a*b*色立体
出典）片山脩，田島眞：『食品と色』，光琳，p. 47（2003）

（２）物理学的評価法

１）色

食品の色は熟度を示し，おいしさにつながる。赤く熟した果実はおいしそうにみえる。色はヒトの視覚を刺激して食欲を高める。機器測定で表された数値から色をイメージすることが難しいため，修正マンセル表色系を基準値とした JIS標準色票 が作成されている（図２－16）。

修正マンセル表色系は，アメリカの画家マンセル（A. H. Munsell）が考案したマンセル表色系をアメリカ光学会が修正したものである。色感覚の三属性として色相，明度，彩度を用いて色票を配列して作られた色票集である。色見本から測定試料に近いものを選び，数値を読み取る。

① 色相（Hue：H）　赤，黄，青といったように色の質を区別するものである。赤（R），黄（Y），緑（G），青（B），紫（P）の５色を主要な色相として，その５色の間に中間色相を設けている。

② 明度（Value：V）　色の明暗を表示する尺度。光のない無彩色の黒を０，白を10としている。

③ 彩度（Chroma：C）　色の鮮やかさや冴えを表示する尺度で，鮮やかなほど彩度が高く，濁ったほど低い。無彩色には彩度は存在しない。

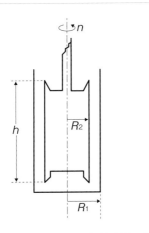

図2-18　同心二重円筒型回転粘度計の模式図

注）R_1:外筒（試料容器）の半径，R_2:内筒（ローター）
　　の半径，h:内筒の高さ，n:回転回数

出典）中濱信子，大越ひろ，森髙初惠：『おいし
　　さのレオロジー』，アイ・ケイコーポレー
　　ション，p.29（2011）

すなわち，色は平面的だけでなく，立体的に表すことができる。また，国際照明委員会（Commission International de l'E clairage : CIE）では，色を数値で表す方法として1931年にXYZ表色計を，1976年には$L^*a^*b^*$表色計を制定した。$L^*a^*b^*$表色計は，ほぼ均等な空間距離で色が配置されており，ヒトの感覚と近い状態で色を表すことができる。

2）テクスチャー

テクスチャーとは，食べ物の特性を評価するときの歯ごたえや舌触りなどの食感的性状を表す用語である。

基礎的なレオロジー的性質を測定する方法では粘度計，静的・動的粘弾性測定装置，ダイナグラフなどがあり，力学的な定義づけはできないが経験的に食品の物性と関連づけられるような特性が得られる方法では硬度計，カードメーター，コンプレッシメーターなどが用いられる（p. 42, 図3-8参照）。また，ヒトの咀嚼運動を模した測定装置では，テクスチュロメーター（p. 23, 図2-10参照）が用いられ，硬さ，凝集性，弾力性，付着性，もろさ，咀嚼性，ガム性，粘りなどが客観的な数値として算出される。小麦粉生地の物性測定には，ファリノグラフ，エキステンソグラフ，アルベオグラフなどが用いられる。

3）音

音の測定は，食べ物を咀嚼し，そのときの音を録音して波形を分析する方法がある。咀嚼音は咀嚼した本人に聞こえる骨導音，空気を伝わって聞こえる咀嚼音，咀嚼を模した機械で破壊した場合の音などが測定される。咀嚼が進むにつれて高周波部分が減少し，音が低くなることが報告されている[16]。

文　　献

●引用文献

1）山口静子：『うま味の文化・UMAMIの科学』，山口静子監修，丸善（1999）

2）山本隆：『美味の構造』，講談社，p.197（2001）

3）東佐誉子：『世界人は如何に食べつつあるか－各国調理比較術』，創元社，p.3（1954）

4）佐藤恵美子，本間伸夫，渋谷歌子，石原和夫：炊飯に伴う米の香気成分の変化及び

カルボニル化合物について（その２），日家政誌，<u>35</u>（3），pp.147-155（1984）

5）佐藤恵美子，本間伸夫，渋谷歌子，石原和夫：米飯の揮発性酸とその動きについて（その３），日家政誌，<u>35</u>（4），pp.229-234（1984）

6）本間伸夫，佐藤恵美子，渋谷歌子，石原和夫：味噌の香気吸着について（第一報）味噌及びその水不溶性成分と香気化合物との相互作用，日家政誌，<u>30</u>（9），pp.770-774（1979）

7）Scott Blair, G. W.(ed): Foodstuffs, North Holland Publ. Co., Amsterdam（1953）

8）川端晶子，斎藤滋：『サイコオロジーと咀嚼』，建帛社，pp.21-23（1995）

9）赤羽ひろ，手嶋登志子ほか：嚥下障害をもつ高齢者のための"飲み込みやすい食べ物"の総合的検討，エム・オー・エー健康科学センター研究報告集，<u>1</u>, p.177-191（1993）

10）Szczesniak, A. S.：*J Food Sci.*，<u>28</u>，385（1963）

11）Sherman, P.：*J. Food Sci.*，<u>34</u>，458（1969）

12）Sharma, F. and Sherman, P.：*J. Texture Studies*，<u>4</u>，102（1973）

13）Sharma, F. and Sherman, P.：*J Texture Studyies*，<u>4</u>，111（1973）

14）Moritaka, H. and Naito, S.：Agar and gelatin gel flavor release, *J. Texture Studies*，<u>33</u>，201-214（2002）

15）新村出（編）『広辞苑〈第七版〉』，岩波書店（2018）p.739, p.1392

16）高橋淳子：「食事のそしゃく時における破砕音と嗜好性の関係」，食に関する助成研究調査報告書，すかいらーくフードサイエンス研究所，<u>11</u>, 19（1998）

・JISZ9080-官能評価分析-方法，日本規格協会（2004）

・JISZ8144-官能評価分析-用語，日本規格協会（2004）

・日本官能評価学会（編）：『官能評価士テキスト』建帛社（2009）

・島田淳子，下村道子（編）：『調理とおいしさの科学』，朝倉書店（1993）

・日本食品科学工学会 新・食品分析法編集委員会（編）：『新・食品分析法』，光琳（1996）

・文部科学省科学技術・学術審議会資源調査分科会：日本食品標準成分表2020年版（八訂）（2020）

・伏木亨（編著）：『食品と味』，光琳（2003）

・片山脩，田島眞：『食品と色』，光琳（2003）

・斉藤進（編著）：『食品色彩の科学』，幸書房（1997）

・中濱信子，大越ひろ，森高初惠（共著）：『おいしさのレオロジー』，アイ・ケイコーポレーション（2011）

・西成勝好，大越ひろ，神山かおる，山本隆（編集）：『食感創造ハンドブック』，サイエンスフォーラム（2005）

・川端晶子（編著）：『食品とテクスチャー』，光琳（2003）

・大越ひろ，高橋智子（編著）：『管理栄養士講座　四訂　健康・調理の科学』，建帛社（2020）

・Moritaka,H.and Naito,S.:Agar and gelatin gel flavor release, *J Texture Studies*，<u>33</u>，201（2002）

・佐川敦子，森下真理子，森高初惠：寒天ゲルを分散したペーストの力学特性と飲み込み特性，日食工誌，<u>55</u>，276（2008）

第 3 章

調理操作と調理機器

調理操作による食品の変化について基礎理論を理解することは，よりよい調理操作につながる。本章では，調理操作の基礎理論と具体的な調理操作について述べる。

1. 調理操作の基礎

1.1 溶液の調理特性

調理においては水の中で加熱を行うことが多く，また冷凍保存する際には食品中の水の挙動が問題となるため，水についての理論の理解は調理操作にとって欠くことのできないものである。

(1) 沸　　点

密閉容器の中の液体は蒸発と凝結を繰り返し，最終的には蒸発と凝結が等しくなる平衡点に達する。このときの気相の圧力を蒸気圧と呼ぶ。液体の蒸気圧は温度とともに変化し，温度が上がると蒸気圧は上昇し，温度が下がると低下する。

液体は，蒸気圧が外気圧に等しくなると沸騰する。このときの温度を液体の沸点という。1気圧では水の沸点は100℃である。しかし，沸点は外気圧によって変化するために，外気圧が上がると沸点は上昇し，外気圧が下がると沸点は低下する。

沸点を高めて使用する調理器具として，圧力鍋がある。圧力鍋では，鍋を密閉し，水の蒸気圧によって鍋内部の圧力を高めて沸点を上げ，高圧力と高温度で加熱する。1気圧での加熱と比較して，加熱は短時間で終了する。鍋の種類によって多少の違いはあるが，沸点は2気圧前後で120℃程度で，高圧力の鍋になると圧力は2.45気圧前後まで上昇し，沸点は128℃程度となる（表3−1）。

高い山では，気圧が低いために沸点が低くなる。富士山の山頂では，水は約90℃で沸騰する。沸点が低いと十分な温度での加熱ができず，でん粉の糊化が不十分であったり，加熱殺菌が不十分であったりする。このような環境下では，圧力鍋を用いると，調理に必要な十分な加熱温度が確保できる。

溶液の沸点は溶けている溶質によっても影響を受け，不揮発性の溶質が溶解してい

表3−1　圧力と概算沸点の関係

気圧（MPa）	0.10	0.14	0.20	0.27	0.36	0.48
沸点（℃）	100	110	120	130	140	150

注）大気圧は，0.1MPa（メガパスカル）。

表3－2　ショ糖溶液の濃度と沸点

ショ糖濃度（%）	10	20	30	40	50	60	70	80	90.8
沸点（℃）	100.4	100.6	101.0	101.5	102.0	103.0	106.5	112.0	130.0

ると沸点は上昇する。ショ糖（スクロース）の例を表3－2に示した。これは，溶液に接している溶質の表面からの引力で，蒸発できる溶媒の量が減少し，蒸気圧が下がるためである。この現象を蒸気圧降下という。溶液を沸騰するためにはさらに多くのエネルギーが必要となり，沸点は上昇する。この現象を沸点上昇と呼ぶ。

（2）氷　　点

　液体が固体に変化する温度を氷点という。溶液の氷点は溶質によって影響を受け，不揮発性で非電解質の溶質を溶かしたときの氷点は，溶媒のみの場合と比較し低下する。この現象を氷点降下という。氷点降下は溶質の質量mol濃度に比例し，水1L中に1molの溶質が溶けると，氷点が0℃から－1.86℃へと下がる。食品の氷点は，溶解している糖類，塩類，高分子によって異なる。卵では－3℃，肉類・果実類では－2℃，牛乳・野菜類では－1℃程度である。冷凍食品では，氷点の通過開始から終了までの時間の長さによって氷結晶のサイズが変化し，食品の品質に影響を与える。氷点を緩慢に通過させると食品中の氷結晶は成長して大きくなり，組織が損傷して，品質が低下する。そのため，氷結晶をできるだけ小さくする工夫が行われている。

（3）浸透と拡散

　浸透とは，境界の膜を通過して液体が移動する現象をいう。

1）浸　透　圧

　線状に切ったキャベツを水や薄い食塩水に浸けておくと，パリッと張りがでる。反対に高濃度の食塩水に浸けると，張りを失いしんなりとする。これは，水が細胞内へ入って細胞が膨張したり，細胞内部の水が細胞外へ出て細胞が収縮するためである。細胞の内と外の溶液が，細胞膜を通して濃度を一定にしようとするために生じる。

　半透膜をはさんで濃度の異なる2種類の溶液を置くと，薄い溶液の水が半透膜を通して濃い溶液のほうへ移動する。このとき，溶質は半透膜にさえぎられて移動できない。半透膜を境にした溶液の圧力を浸透圧という。

　基準溶液に対して，浸透圧が等しい溶液を等張液，浸透圧が高い溶液を高張液，低い溶液を低張液という。

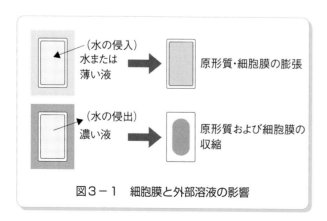

図3－1　細胞膜と外部溶液の影響

細胞内溶液と浸透圧が等しい食塩水を生理的食塩水といい，ヒトや野菜類の細胞液では0.85％程度である。すまし汁やみそ汁でおいしいと感じられる味付けは，この濃度に近く，体液と等張液程度とされる。コーヒーやジュースなどでは，砂糖の濃度は10％程度が好まれるが，体液と等張液であることと関係している。

2）拡 散

溶質の濃度が異なっている場合，溶質は濃度の高いほうから低いほうへと移動する。細胞膜は生の状態では半透性であるが，加熱すると半透性が消失する。煮物では砂糖，塩，しょうゆなどが細胞内部へ入り込んで，味が付けられる。

溶質の拡散速度は，溶質の濃度勾配に比例する。濃度差が大きいほど濃度変化が速く，濃度差が小さくなると濃度変化が遅くなる。したがって，煮物に調味料を加えたとき，反対に最初は速い速度で味付けができるが，濃度差が小さくなる後半部分では味のしみ込む速度は低下する。塩化ナトリウムやショ糖などの拡散係数を表3−3に示す。拡散係数は，物質，温度，溶媒の粘度などによって変化する。塩化ナトリウムとショ糖を比較すると塩化ナトリウムはショ糖の約4倍の速度で拡散する。砂糖を食塩やしょうゆと同時に加えると，食塩がまず煮物の中で拡散して細胞内外液の濃度差を小さくするため，砂糖の拡散が困難となる。砂糖を加えた後に食塩やしょうゆを加えると，調味料がバランスよく拡散する。

マロングラッセを甘味のあるやわらかいものに仕上げるには，やわらかく煮たくりを最初は薄い砂糖溶液に，次いで少し濃い砂糖溶液に，順次砂糖の濃度を上げて漬ける。最初から高濃度の砂糖液を用いると，細胞内の水分が脱水されて，砂糖の拡散が行われにくくなり，くりが硬く，砂糖のしみ込みが悪くなるためである。煮豆などでも，砂糖を数回に分けて加え，砂糖の濃度を数段階で高めることが行われる。

表3−3　拡散係数

物 質	溶 媒	温 度（℃）	拡散係数 (cm^{2}sec^{-1})	比拡散※
塩化ナトリウム	水	25	1.09×10^{-5}	0.425
ショ糖	水	25	2.94×10^{-6}	0.115
卵アルブミン	水（pH 4.76）	10	1.38×10^{-7}	0.0054
ミオシン	水（pH 6.8）	20	1.05×10^{-7}	0.0041

注）※　拡散係数/塩酸の拡散係数
出典）中浜信子：『調理の科学』，三共出版，p.6（1999）

（4）等 電 点

アミノ酸は1分子内にカルボキシ基とアミノ基を同時にもつために，水溶液内ではカルボキシ基は電離して水素イオン（H$^+$）を，アミノ基は水酸化物イオン（OH$^-$）を放出する。アミノ酸が溶解している水溶液を酸性にすると，水素イオン（H$^+$）が増加するため，−COO$^-$の負電荷が打ち消されて−COOHとなり，アミノ基は正電荷を帯びて，アミノ酸は陽イオンとなる。一方，アルカリ溶液では水酸化物イオン（OH$^-$）が増

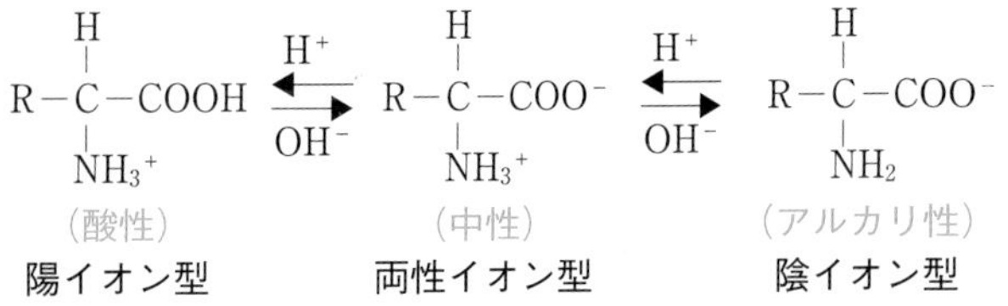

図3-2　アミノ酸の解離

加し，-NH₃⁺の正電荷が打ち消されて-NH₂となり，カルボキシ基は負電荷を帯びて，陰イオンとなる。同一分子内に酸と塩基の両方の性質が存在するものを，両性電解質という。

　両性電解質は，適当なpH条件にするとプラスとマイナスの電荷が等しくなり，相互に打ち消し合って電荷が0となる。電荷が0のときのpHを等電点という。たんぱく質溶液は等電点（表3-4）から離れたpHの溶液中では溶解するが，等電点では溶解度が最小となる。また，コロイド分散系では等電点から離れたpHの溶液中では安定なコロイド状態を保つが，等電点では凝集する。牛乳に果汁を加えると凝乳し，卵白に酒石英を加えると泡立ちやすくなるのは，pHの影響によるためである。

表3-4　たんぱく質の等電点

たんぱく質	食　品	等電点	たんぱく質	食　品	等電点
オボアルブミン	卵	4.5～4.9	ゼラチン	動物の皮	4.9
ラクトアルブミン	牛乳	4.6	カゼイン	牛乳	4.6
β-ラクトグロブリン	牛乳	4.5～5.5	グロブリン	大豆	4.3～4.8
グリアジン	小麦	6.5	ツエイン	とうもろこし	5.6
グルテニン	小麦	5.2～5.4	ミオシン	肉	5.4

出典）大越ひろ，品川弘子（編著）：『健康と調理のサイエンス』，学文社，p.64（2010）

1.2　分散系の調理機能

　食品は多種類の成分からなり，成分は不均質に分散している多成分不均質分散系である。分散系を存在する状態により分類すると表3-5のようになる。分散系は，分散媒（連続相）と分散質（分散相）からなる。分散媒は分散系中で連続している部分であり，分散質は分散しているものを指す。

表3-5　分散系の分類

分散媒	分散質		例
気体	液体	エアロゾル	噴霧中の液体
	固体	粉体	粉ミルク，小麦粉
液体	気体	泡沫	ビールの泡，卵白の泡
	液体	エマルション	牛乳，マヨネーズ
	固体	サスペンション	みそ汁，ゾル，ゲル，スープ
固体	気体	固体泡沫	クッキー，せんべい，乾燥食品
	液体	固体エマルション	魚，肉，青果物の組織
	固体	固体サスペンション	冷凍食品

（1）コロイド

コロイドとは直径5〜100nm（0.005〜0.1μm）程度の大きさの微粒子状態をいう。コロイドが分散しているものを，コロイド分散系という（図3－3）。重要なものに，泡，エマルション，ゲル，ゾル，サスペンション，泡沫などがある。卵白の泡，牛乳，マヨネーズ，ゼリー，みそ汁，スフレなどが，その代表例としてあげられる。コロイドの分散状態によって，テクスチャーや物性は大きく異なる。

コロイド状態の安定性は，粒子表面の電荷やコロイド粒子に吸着する物質によって保たれる。コロイド粒子は溶媒中でブラウン運動により衝突を繰り返すが，電荷や吸着物質により凝集することはなく安定性を保っている。

コロイド粒子は，表面に電荷をもつ場合が多い。電荷は，イオンの吸着やたんぱく質のカルボキシ基やアミノ基などのような構成成分などによる。帯電した粒子には表面電位とは逆符号の溶媒のイオンが引きつけられ，電気的二重層を形成する。同種の電荷を帯電した粒子同士は，静電気的反発により凝集が妨げられ安定化する。

溶媒を吸着しているコロイドを親媒性コロイド，コロイドと溶媒間に吸着層のないコロイドを疎媒性コロイドという。水を分散媒とするコロイドでは，親水性コロイドと疎水性コロイドに分けられる。親水性コロイドはコロイド粒子の表面に水和した多数の水分子を配位して，立体構造によって相互に反発し合い安定性を保持する。疎水性コロイドは電荷をもち，静電気的反発により安定性を保持する（図3－4）。でん粉糊液や卵白などは親水性コロイドに，ゼラチンは疎水性コロイドに相当する。

（2）エマルション

エマルションとは，分散質と分散媒が液体の場合をいう。エマルションには，水を連続相として油滴が分散している水中油滴型（O/W型：oil in water）エマルションと，

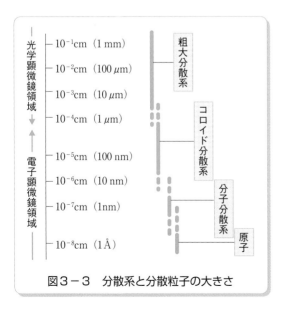

図3－3　分散系と分散粒子の大きさ

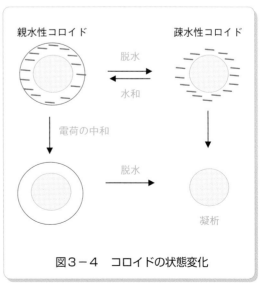

図3－4　コロイドの状態変化

油相を連続相として水滴が分散している油中水滴型（W/O型：water in oil）エマルションがある。水中油滴型（O/W型）エマルションの食品の例としては牛乳，生クリーム，マヨネーズなどがあり，油中水滴型（W/O型）エマルションとしてはバターやマーガリンなどがある。

　調理操作によって安定したエマルションを形成するためには，連続相と分散相の比重を同じにする，分散相の粒子を小さくする，連続相の粘度を高くするなどがあげられる。また，乳化剤を用いることで，界面張力は小さくなり，粒子の表面を被膜で覆うなどの効果が加わる。

1）界　　面
　2種類の物質が混在したとき，異なる物質同士が接する境界面を界面という。空気と物質が接する境界面を特に表面という。界面には界面エネルギーが存在し，このエネルギーを界面の場合には界面張力といい，表面では表面張力という。界面張力あるいは表面張力は常にエネルギーの低い，安定した状態へと変化する。2種類の物質が混在したとき，溶質となる物質球形粒子の半径を1/10倍にすると，単位体積当たりの表面積の比率は10倍となる。小さい粒子の単位体積に対する表面積の比率は，大きい粒子の表面積の比率よりも大きくなる。界面エネルギーは界面の面積が増加するに従って大きくなるので，小さい粒子の界面エネルギーは非常に大きくなる。2種類の物質では2層に分離した状態が，界面において単位体積当たりの表面積の比率が最も小さくなるため，界面エネルギーが最も低い安定した状態となる。水と油を混合しても，すぐに分離するのはこのためである。

2）乳　化　剤
　界面張力を小さくする物質を乳化剤という。乳化剤には親水基と親油基（疎水基）があり，両親媒性の化学構造をもつ（図3－5）。乳化剤は，エマルションの分散相と連続相の界面部分に吸着し，親水基を水相側へ，親油基を油相側へ向けて保護膜を形成する。

　乳化剤としては，より強い親和力があるものが連続相となる。レシチン，コレステロール，モノグリセリド，ジグリセリド，カゼイン，アルブミンなどが乳化剤として利用される。マヨネーズでは，卵黄のレシトプロテインが乳化剤として作用する。

3）転　　相
　生クリームは，水中油滴型エマルションである。生クリームを泡立て機で攪拌し続けると，水中油滴型から油中水滴型のバターへと相の転換が生じる。このように，水中油滴型から油中水滴型へ，あるいは油中水滴型から水中油滴型へと相が転換することを転相という。油と水を混合して，油相と水相が分離する現象とは異なる。

（3）ゾルとゲル
　食物には，固体が液体中に分散しているものが極めて多い。液体を分散媒とし，固体を分散相とする分散系の中で，流動するものをゾル，流動することのないものをゲ

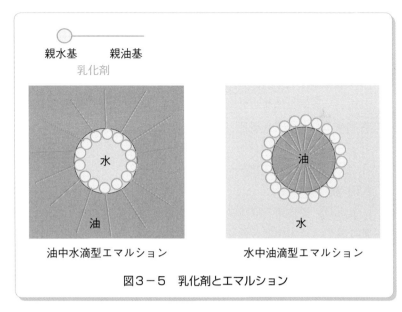

図3－5　乳化剤とエマルション

ルという。しかし，ゲルは限りなく液体に近いものから，限りなく固体に近いものまでさまざまなものがある。

　ゲルは，ゾルを冷却して作られる場合がある。寒天ゲルやゼラチンゲルなどがその例である。寒天やゼラチンなどを加熱すると，分子は水を吸水して膨潤し，ランダムコイルへと変化してゾルとなる（図3－6）。このゾルを冷却すると，分子はヘリックスコイルを形成し，分子同士が凝集して網目構造を形成する。分子同士が凝集している部分は架橋領域と呼ばれ，ヘリックスコイル同士が水素結合やファンデルワールス力あるいは化学結合などで結ばれる。この網目構造は，力学的に安定である。

　寒天ゲル（図3－7）は，加熱するとゾルへと再び変化する。寒天ゲルのように，温度の変化によりゾルからゲルあるいはゲルからゾルへと相

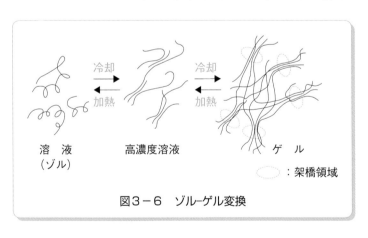

図3－6　ゾル-ゲル変換

が変化するゲルを，熱可逆性ゲルという。ゼラチンゲルやペクチンゲルなども熱可逆性ゲルである。一方，ゆで卵のようにゲルへ変化した後は，再びゾルへは戻らないゲルもある。このようなゲルを熱不可逆性ゲルという。カスタードプディングや卵豆腐などは，熱不可

──────：水素結合を表す

図3－7　寒天ゲルの二重らせんのモデル構造

逆性ゲルの例となる。

　寒天ゲルでは，放置しておくとゲルから水が染み出る現象がみられる。この現象を離漿（シネレシス；syneresis）という。これは，ゲルの三次元網目構造が放置している間に収縮し，ゲル内部の水が押し出されることによる現象である。離漿は，水と水和性の高い砂糖を添加したり，網目構造を形成する寒天の濃度を高めることなどにより，抑制することができる。

1.3　調理とレオロジー
（1）粘　弾　性

　食品は，固体から液体までさまざまな状態を呈する。食品は，粘性的な性質と弾性的な性質とその中間の性質をもっている。これらの性質は，液体の流動にかかわる流動特性，微小変形領域内で成立する粘弾性，破壊などの大変形領域下の性質である破断特性，ヒトの知覚によるテクスチャー特性に分けられる。これらの特性にかかわる学問をレオロジーという。図3-8に，これら特性値にかかわる測定方法を示した。

（2）液状食品の力学的性質

　水と高濃度の砂糖溶液を別々の容器に入れて各々の容器をわずかに傾けると，水はすぐに流れ，高濃度の砂糖溶液は流れにくく，ゆっくりと流れる。これは液体の内部

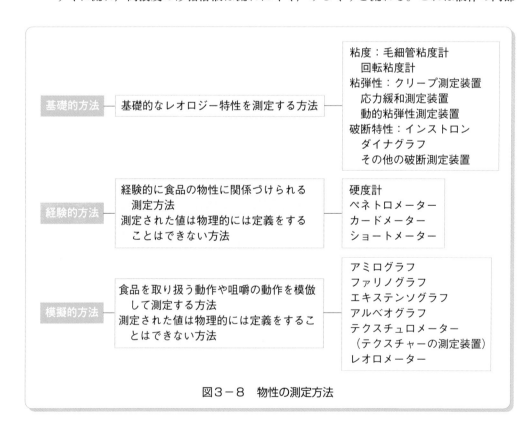

図3-8　物性の測定方法

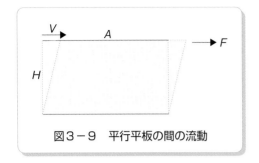

図3－9　平行平板の間の流動

抵抗によるもので，液体の流れにくい性質を粘性という。液体の流れにくさの度合いは，粘性率あるいは粘度で示される。

図3－9のように，H（m）離した面積 A（㎡）の2枚の板の間に液体を挟み，上面の板を下面に平行の力 F（N）で押す。上面の液体の速度をV(m/s)とすると，底面に近い液体はV（m/s）では動かない。もっと遅い速度で移動し，液体全体では上面からの距離による速度勾配が生じる。

この速度勾配$\dot{\gamma}$をずり速度という。液体に定常的なずり速度を生じさせるために必要な応力（S（Pa）＝F（N）/A（㎡））をずり応力という。ずり速度とずり応力の比をη（イーター）とすると次式の関係となる。

$$\eta = S/\dot{\gamma}$$

このηを粘性率といい，この関係をニュートンの粘性の法則という。また，ずり速度とずり応力がニュートンの粘性の法則に従う流れを，ニュートン流動という。粘性率は液体の流れにくさの度合いを表し，粘性率が大きければ流れにくい液体であり，小さければ流れやすい液体である。

ニュートンの粘性の法則が適用できる液体をニュートン流体といい，適用できない液体を非ニュートン流体という。ニュートン流体を示す食品としては，水，油，シロップなどがある。スープ類，ケチャップやマヨネーズなどほとんどの食品は，非ニュートン流体であり，非ニュートン流動を示す（図3－10）。

ニュートン流体では，ずり応力が変化しても，ずり速度が比例して変化するために粘性率ηは一定値を示す。一方，非ニュートン流体では，ずり応力が変化してもずり速度が比例して変化しないために，粘性率ηは一定値とはならない。非ニュートン流動を示す場合の粘性率は，ずり応力の変化に伴い粘性率が変化するのでみかけの粘性

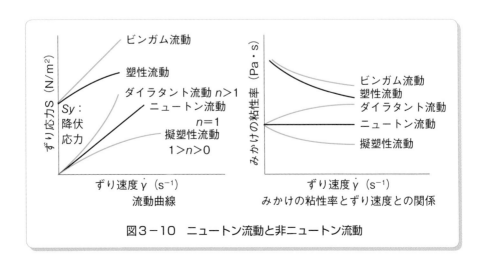

図3－10　ニュートン流動と非ニュートン流動

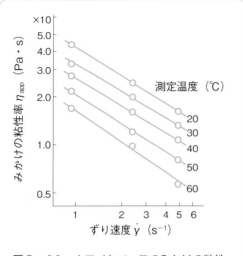

図3-11　ホワイトソースのみかけの粘性率の温度依存性

出典）中浜信子（編）：『おいしさのレオロジー』，アイ・ケイコーポレーション，p. 34（1997）

率といい，ニュートン流体の粘性率とは区別して用いる。

1）ベキ法則

ずり速度とずり応力が比例しない非ニュートン流動では，流動曲線の形が変化したり，降伏値があったりとさまざまな挙動を示す。非ニュートン流動のずり応力（S）とずり速度（$\dot\gamma$）は両対数グラフ上で直線関係を示すことが多く，次に示すベキ法則が成立する。

$$S = K \cdot \dot\gamma^{n}$$
$$\eta = K \cdot \dot\gamma^{n-1}$$

ここで定数 K は粘稠係数（粘性定数）といい，n はずり速度の依存性を示す指数で流動性指数という。この式において，流動性指数 $n = 1$ のときにはニュートン流動を示し，粘稠係数 K（$= \eta$）は粘性率 η を示す。また，$n > 1$ のときにはずり粘稠化流動（ダイラタント流動）を示す式となり，$0 < n < 1$ のときにはずり流動化流動（擬塑性流動）を示す式となる（図3-10）。スープ類やソース類など流動性を示す食品には，ずり流動化流動を示すものが多い（図3-11）。

2）チキソトロピー

トマトケチャップやマヨネーズは長く静置した後に傾けると流れにくいが，容器を強く振った後に傾けると簡単に流れ出る。再び，長く静置すると流れにくくなる。これは，静置すると粒子間の凝集による緩い結合が形成されるためで，外力を加えると形成された結合が破壊される。再び静置するとゆるい結合が形成され，流れにくい性質が回復する。このように，温度を加えることなく何度でも，硬化現象と軟化現象を繰り返す性質をチキソトロピーという。

3）ダイラタンシー

生でん粉にひたひたの水を加えて，ゆっくりとかき混ぜると簡単に流れるが，急激

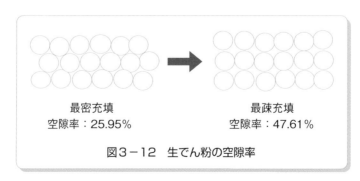

最密充填　　　　　　　　最疎充填
空隙率：25.95%　　　　空隙率：47.61%

図3-12　生でん粉の空隙率

に強く攪拌すると硬くなり，水がでん粉の中に吸い込まれる。でん粉が密に詰まっている状態では，でん粉の粒子と粒子の間隙は狭いために，水はでん粉粒子の上面まで満たされる（図3－12）。しかし，強い外力が加わるとでん粉粒子の配列が乱され，隙間の多い配列へと変化する。その結果，広くなった間隙に水が入り込むために，水の位置は下がり，でん粉粒子同士が直接接するようになる。水から露出したでん粉粒子は，水が粒子間に存在しないために，粒子間の摩擦力が上昇し，抵抗力が増大する。このとき生でん粉の体積が大きくなるために，膨らむ（dilate）というギリシャ語に由来して，この現象をダイラタンシーという。ずり速度の増加とともに粘性率が増加する流動パターンをダイラタント流動という。

4）曳 糸 性

納豆，卵白，すりおろしたやまのいもなどでは，箸を浸して引き上げると糸を引き，糸が切れると箸についていた糸は，箸のほうへ引き寄せられる現象がみられる。このように糸を引く現象を曳糸性という。曳糸性を示す食品では，強く攪拌して箸を放すと，糸が箸へ戻る現象がみられる。曳糸性は，粘性と弾性が重なり合って生じる現象で，液体中に一種の網目構造が形成されているために生じる。水あめなどが，箸に付着して液が重力により滴り落ちる現象とは異なる。

5）降 伏 応 力

小さい応力に対しては流動を示さず，ある応力以上になると流動するものがある。流動を開始する応力を降伏応力という。降伏応力は調理において，重要な性質である。たとえば，ジャムがパンの上で流れないで留まるのは，ジャムが降伏応力のある流体であることによる。

（3）半固体状食品の力学的性質

つきたてのもちは指で押すと変形し，力を除くと元へ戻るが，長い間押し続けると元へはかえらず流動して変形したままとなる。これは，もちが粘性的性質と弾性的性質をあわせもっているために生じる現象である。多くの食品では，粘性的性質と弾性的性質がある。

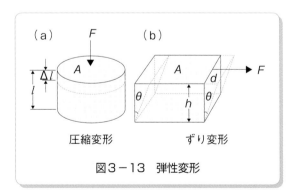

図3－13 弾性変形

断面積 A（㎡），高さ l（m）の物体に F（N）の力が加わり，変形 Δl（m）を生じたとき，変形方向の応力 P とひずみ ε（イプシロン）は次式で表される（図3－13（a））。

$$P = E \cdot \varepsilon \,(\text{Pa}) \quad [P = F/A\,(\text{Pa}), \quad \varepsilon = \Delta l / l]$$

この比例定数 E を，ヤング率あるいは弾性率という。弾性率は変形のしにくさの程度を表し，変形のしやすさの程度を表すときには，コンプライアンスという言葉が使用される。

上下の面積が A（㎡），高さ h（m）の物体の底面を固定し，上面に F（N）で底面に平行なずり応力を作用し，上面が d（m）ずり変形をした場合には次式となる（図 3 -13（b））。

$$S = G\gamma \doteqdot G\theta\,(\mathrm{Pa}) \quad [S = F/A\,(\mathrm{Pa}),\quad \gamma = d/\,h = \tan\theta \doteqdot \theta]$$

ここで，比例定数 G を剛性率あるいはずり弾性率という。弾性率と同様に，変形のしにくさの程度を表す。

（4）クリープと応力緩和

豆腐に薄い板をのせて，その上に水の入った容器をのせておくと，豆腐は時間の経過とともに高さが低くなり変形する。このように，一定の外力を加えたときに，時間の経過とともにひずみが増加する現象をクリープという。この現象を利用して，食品の粘弾性を計測することが行われ，この測定方法をクリープ測定という。

また，一定のひずみを食品に加え続けたときに，時間の経過とともに応力が緩和する現象がみられる。この現象を応力緩和という。クリープ測定とともに，応力緩和現象を測定して食品の粘弾性を解析することが行われている。

（5）力 学 模 型

クリープあるいは応力緩和により測定される場合には，力学模型で解析される。力学模型には，弾性を示すスプリングや粘性を示すダッシュポットなどがある。実際には，これらのスプリングやダッシュポットを組み合わせて利用される。代表的なものとして，並列に並べたフォークト模型や，直列に組み合わせたマックスウェル模型がある（図3 -14）。

フォークト模型はクリープ現象を表し，マックスウェル模型は応力緩和現象を表す。さらに，複数の模型を組み合わせて，四要素模型や六要素模型に解析し，食品の力学的性質あるいは構造を理解するために利用される。

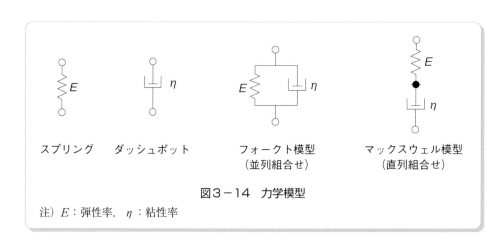

スプリング　　ダッシュポット　　フォークト模型　　　マックスウェル模型
　　　　　　　　　　　　　　　　　（並列組合せ）　　　　（直列組合せ）

図3－14　力学模型

注）E：弾性率，η：粘性率

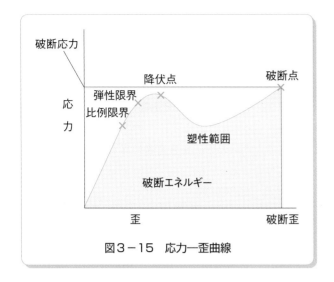

図3-15 応力—歪曲線

（6）破断特性

食べ物は，調理あるいは食べる段階で，押したり，伸ばしたりあるいは咀嚼したりすることで大変形や破壊を生じるため，破断特性やテクスチャーは，調理過程あるいはおいしさにとって重要な性質である。破断の現象には，クッキーやあめなどのように明確な破断点がわかる脆性破断と，米飯粒やもちなどのようにはっきりとした破断点がわからない延性破断とがある。破断特性の測定には破断測定装置が用いられる。

1）破断ひずみ

破断ひずみは，破断するときの試料のひずみ量であり，破断するときの変形量を破断前の高さで除して求める。破断ひずみは，せんべいやクッキーなどのようにもろい食品では小さく，かまぼこやソーセージなどの変形しやすい食品では大きな値となる。

2）破断応力（図3-15）

破断に要する力をいう。破断点での単位面積当たりの応力（Pa）で表される。破断応力は硬いあめなどでは大きく，もろいウエハースなどでは小さな値となる。

3）破断エネルギー（図3-15）

破断に要するエネルギーをいう。食品の強靭さを表す値であり，噛みごたえに相当する。例えば，破断応力が大きく破断ひずみは小さいあめ玉では，破断エネルギーは小さいが，破断応力も破断ひずみも大きいすね肉では，破断エネルギーは大きくなる。

（7）テクスチャー特性

テクスチャーとは食感を表し，ツェスニアクが提案したテクスチャープロフィルの一次特性である硬さ，凝集性，付着性などがテクスチュロメーターを用いた測定により客観的に求められる。人間の食感に対応して理解される（p.23参照）。

1.4　調理操作と加熱

食品は加熱により，おいしくなり，消化吸収率が高まり，衛生上安全な状態となり，調理操作の中で重要な役割を果たしている。また，色，味，香り，テクスチャーなどにも影響を与え，食べ物の嗜好性を高める。しかし，過剰な加熱は反対に食品の品質，利用効率を低下させるために，適した加熱操作が大切となる。加熱によって熱エネルギーが与えられると，高温の部分から低温の部分へと熱の移動が起こり，食品を構成している分子の運動は激しくなり，食品は加熱される。

（1）比熱と熱容量

　油は水に比較して，熱くなりやすく，冷めやすい。これは，比熱が小さいために生じることである。比熱とは，その物質の温まりにくさあるいは冷めにくさを表す。比熱が大きいことは，冷めにくく，温まりにくいことを表す。熱容量は比熱が大きい方が大きくなる。比熱は，単位質量（1 kg）の物質の温度を1 K（絶対温度）上げるのに必要な熱量（J）であり，単位はJ／（kg・K）となる。比熱と質量の積はその物質の熱容量（J／K）である。水の比熱は大きいので，水分含量の多い食品の比熱は大きくなり，温まりにくく，冷めにくくなる（表3-6）。

表3-6　食品の比熱

物　質	比　熱 (KJ・kg^{-1}・K^{-1})	含水率 (%)	物　質	比　熱 (KJ・kg^{-1}・K^{-1})	含水率 (%)
水(20℃)	4.186	100	バター	1.71	10～16
氷	2.18	100	牛　乳	3.77～4.10	88.9
綿実油	1.97	0	空　気	1.006	0
大豆油	1.88～2.05	0	牛　肉	2.93～3.52	62～77
野　菜	3.77～4.06	88～95	豚　肉	2.43～3.47	47～54
果　実	3.56～3.85	83～90	魚　肉	3.01～3.43	70～80

出典）大越ひろ，品川弘子（編著）:『健康と調理のサイエンス』，学文社，p.69（2010）

（2）伝　　熱

　熱の伝わり方には，対流，伝導，放射の3様式がある。これらの様式が組み合わさって，各種の加熱操作が行われる。

1）対　　流

　対流とは，液体や気体などの流体を媒体とし，熱が移動する現象である。流体を加熱すると，温度が高くなった部分は膨張して比重が小さくなり，流体の上部へ移動する。液体の上昇移動に伴い，温度の低い，比重の大きい流体は下部へ流れ込む。この一連の動きが連続的に生じて対流が起こる。

　でん粉糊液のように粘度の高い液体は冷めにくい。液体の粘度が高くなると，液体は流動しにくくなり，対流が抑制されて，熱が伝わりにくくなる。対流による熱の移動には，液体の粘度が大きく関係する。

2）伝　　導

　伝導とは，物体内部を熱が移動する現象をいい，物質が移動することなく熱が高温部から低温部へと移動する。熱の移動は物質によって異なる。熱の移動の速さを示すのに，熱伝導度あるいは熱伝導率が用いられる。熱伝導度が大きいと熱は伝わりやすく，熱伝導度が小さいと熱は伝わりにくくなる（表3-7）。

3）放　　射

　放射とは，熱源から熱エネルギーが赤外線・熱線を放出することをいう。赤外線や熱線は空間を伝播して食品に達し，吸収された熱エネルギーにより食品の温度は上昇

表３−７　熱伝導度

物　質	温　度 (℃)	熱伝導度 (Wm⁻¹·K⁻¹)	物　質	温　度 (℃)	熱伝導度 (Wm⁻¹·K⁻¹)
銅	100	395	牛　乳	22.6	0.57
アルミニウム	100	240	畜　肉	常温	0.41 〜 0.52
鉄	100	58	魚　肉	常温	0.41 〜 0.47
18.8 ステンレス	100	16.5	オリーブ油	20	0.17
磁　器	常温	1.5	木　材	18 〜 25	0.14 〜 0.18
パイレックスガラス	30 〜 70	1.1	コルク	常温	0.04 〜 0.05
水	10	0.582	空　気	0	0.0241

出典）大越ひろ，品川弘子（編著）:『健康と調理のサイエンス』，学文社，p.68（2010）

する。

（３）潜　　熱

　潜熱とは，物質の状態変化に必要な熱量のことである。液体から気体への変化は気化熱，気体から液体への変化は凝縮熱，液体から固体への変化は凝固熱という。この状態変化が生じている間は，加えられた熱量は状態変化に使用される。水の気化熱は 2,257 kJ/kg，氷の融解熱は 334 kJ/kg である。

1.5　冷凍のメカニズム

　食品貯蔵の方法のひとつとして，凍結がある。食品を人工的に凍結させることで，食品の品質を保とうとするものである。コールドチェーンの充実により，冷凍品が広く市販されている。家庭用冷蔵庫の性能の向上によりホームフリージングが行われる。

（１）冷　　凍

　食品を凍結点以下にして保存するために冷凍が行われる。冷凍された食品中の自由水は氷となり，残る水も濃縮された状態となり，微生物の発育阻止，酵素活性の抑制（自己消化の抑制），成分間の化学反応の抑制がなされるため，食品の鮮度は維持される。

（２）緩慢凍結と急速凍結

　純水は0℃で氷となるが，食品中の水は食品成分を溶解しているために，0℃では凍らず，氷結点は通常−1〜−5℃である（表３−8）。−5℃では通常食品中の水分の75％が凍結する。氷結晶が生成される−1〜−5℃の温度帯を，最大氷結晶生成帯という（図３−16）。

　水1gを1℃低下させるのに放出するエネルギーは4.19 J であるが，1gの水を凍らせるのに放出しなければならないエネルギーは334 J（氷結潜熱）である。水を凍結させるためには，大きなエネルギーを放出する必要がある。このため，最大氷結

表3－8　食品の氷結点

種　類	氷結点(℃)	水分含量(%)	種　類	氷結点(℃)	水分含量(%)
サラダ菜	− 0.4	95.4	バ ナ ナ	− 3.4	75.5
ト マ ト	− 0.9	90.5	牛　肉	− 0.6 ～ − 1.7	71.6
たまねぎ	− 1.1	89.1	魚　肉	− 0.6 ～ − 2.0	81.0
じゃがいも	− 1.7	79.5	牛　乳	− 0.5	88.6
さつまいも	− 1.9	69.3	卵　白	− 0.45	89.0
り ん ご	− 2.0	87.9	卵　黄	− 0.65	49.5
オレンジ	− 2.2	88.1	バ タ ー	− 2.2	15.5
さくらんぼ	− 2.4	85.5	チ ー ズ	− 8.3	35.3

出典）大越ひろ，品川弘子（編著）:『健康と調理のサイエンス』，学文社，p.70（2010）

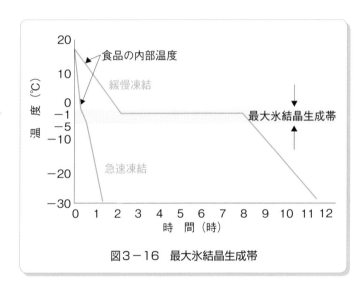

図3－16　最大氷結晶生成帯

晶生成帯では，温度低下が緩慢になったり，停滞したりする。

　氷結晶が大きくなると細胞は破壊あるいは圧縮され，細胞内の溶液は解凍時に流失し，栄養価が低下する。また，組織が破壊されるために，テクスチャーも損なわれる。冷凍する場合には，氷結晶が微細であればあるほど，品質は保たれる。氷結晶が生成される最大氷結晶生成帯を短時間で通過すると，氷結晶核は多数同時に生成して氷結晶サイズは微細となり，通過時間が長くなると氷結晶は成長する。

1）急速凍結

　最大氷結晶生成帯を 15 ～ 30 分間で通過させる凍結法を，急速凍結法という。この方法では，氷結晶が小さいために解凍時のドリップが少なく，食品の栄養的損失あるいは物理的変化が小さいために，品質のよい食品に戻りやすい。

2）緩 慢 凍 結

　最大氷結晶生成帯をゆっくりと時間をかけて凍結する方法を，緩慢凍結法という。大きな氷結晶が細胞内あるいは細胞間隙に生じ，食品の組織を損なわせる。解凍時には，ドリップが多くなって複合的に品質は低下し，解凍後には解凍前とは大きく異なった状態となる。

　ホームフリージングでは，冷凍庫の温度が高いために緩慢凍結となる。そのため，解凍時にドリップの少ない食品（パンやもち），無定形で組織破壊のない食品（ブイヨン）などが向いている。冷凍する場合には，できるだけ薄型にして金属板などに密着させ

るとよい。また，凍結食品は脂質の酸化，乾燥，臭いの吸収などが生じるため，包装して防ぐことが必要である。

2．調理操作の種類

2.1　調理操作の意義・分類

　最終的においしいといわれる料理に調製するには，ただ機械的に調理操作を行うのではなく，それぞれの調理操作によって起こる科学的な変化を知り，なぜ，その操作を行うのかを理解した上で，目的に合った操作をしなければならない。

　調理操作は，副次的調理操作といわれる下ごしらえの非加熱調理操作と，本調理操作にあたる加熱調理操作に分類される。ただし，日本料理は刺身に代表されるように，加熱を伴わない料理があり，非加熱調理操作が本調理操作にあたることもある。

2.2　非加熱調理操作

　加熱調理操作に対して，加熱をしない調理操作を非加熱調理操作という。主に材料に物理的な力を加えて変形や性状の変化を起こさせることを目的とするため，物理的調理操作といわれることもある。非加熱調理操作には，洗浄・浸漬・切砕・粉砕・磨砕・混合・攪拌・混捏・成形・圧搾・ろ過・冷却・凍結などがある。日本料理は，素材の味を生かして，魚や野菜を非加熱調理のみで供することがある。

（1）計量・計測

　調理において，重量，容量，時間，温度などの計測を行う。容量と重量の違いを把

表3－9　計量スプーン・計量カップの容量と重量の関係

単位：g

食品名	小さじ (5mL)	大さじ (15mL)	カップ (200mL)	食品名	小さじ (5mL)	大さじ (15mL)	カップ (200mL)
水	5	15	200	片 栗 粉	3	9	130
酒	5	15	200	上 新 粉	3	9	130
酢	5	15	200	ベーキングパウダー	4	12	150
し ょ う ゆ	6	18	230	パ ン 粉	1	3	40
み り ん	6	18	230	ご ま	3	9	120
み そ	6	18	230	マ ヨ ネ ー ズ	4	12	190
食 塩	6	18	240	牛 乳	5	15	210
上 白 糖	3	9	130	生 ク リ ー ム	5	15	200
グ ラ ニ ュ ー 糖	4	12	180	トマトケチャップ	5	15	230
は ち み つ	7	21	280	カ レ ー 粉	2	6	80
ジ ャ ム	7	21	280	こ し ょ う	2	6	100
油	4	12	180	煎 茶（茶 葉）	2	6	60
バ タ ー	4	12	180	精 白 米	－	－	170
小麦粉（薄力粉）	3	9	110	無 洗 米	－	－	170

握しておくことが大切である。容量を測定するには，計量スプーン，計量カップを用い，重量を測定するには自動上皿ばかり，電子天秤などを用いる。容量は測定誤差が大きいので，計量が重視される調理では，重量で測定する。簡便に測定する場合や液体の計量には，容量での測定が便利である。容量と重量の関係を表3－9に示した。

（2）洗　　浄

　食品を衛生的に扱うには洗浄が重要である。通常，水または洗剤を溶かした水を用いて食品に付着した汚れや好ましくない部分を機械的に除去する。洗浄方法には，こすり洗い，ふり洗い，つかみ洗い，混ぜ洗い，もみ洗い，とぎ洗いなどがある。洗浄する際の水は，ため水，流水，オーバーフローなどの方法で用いる。葉菜類は，根の付近に汚れが多いため，ため水で汚れを落とし，流水に直接当てて洗浄するとよい。大量調理の場合は，葉菜類の根元部分を切り落としてから洗浄する。生食するミニトマトなどはヘタを取ってから洗浄すると細菌数が減少する。生食用の食品で衛生上の安全性を重視する場合は，流水で洗浄後に，次亜塩素酸ナトリウム溶液（200 mg/L 溶液に5分間浸漬，または100 mg/L 溶液に10分間浸漬）または，これと同等の効果を有するもの（電解水など）で殺菌を行った後，流水ですすぎ洗いを行う。洗浄水が高温であると野菜の鮮度が低下するため，洗浄水の温度は 20 ～ 25℃以上に上げない。

（3）浸　　漬

　食品を水や湯，調味液などに浸ける（漬ける）ことを浸漬という。浸漬の目的は，乾物の吸水・軟化，褐変防止，あく抜き，膨潤，うま味成分の浸出，味の浸透，塩抜き，砂出し，血抜き，などである。乾物は，浸漬による吸水・軟化により熱伝導がよくなり，熱変性，でん粉の糊化が容易になる。塩わかめなどの塩蔵品は，水に浸けることで塩出しできる。ポリフェノール系物質を多く含むいも類，根菜類，果実類では，切砕後そのまま放置すると，組織中のポリフェノール化合物が，酸化酵素の作用により褐変物質を生成する。水や塩水，酢水などに浸けることで，酵素が空気と遮断されるため酸化酵素の作用が抑制されて褐変が防止できる。食品中に含まれる渋味やえぐ味などの不味成分である「あく」は，水溶性であるため，浸漬によって溶出しやすい。切った生野菜を水に浸漬すると，吸水して細胞内圧が増してハリが出るため，歯切れがよくなる。反対に，塩水に浸漬すると，細胞から水分が放出され組織が軟らかくなる。ただし，浸漬操作は水溶性ビタミンや無機質を溶出させる。

（4）切　　砕

　切砕は，食品の不可食部分の除去，形や大きさ，外観を整える，食品の表面積を広げて熱伝導や調味料の浸透をよくする，食品の歯触りや口あたりをよくするなどの目的で行われる。食品の繊維方向に対して平行または垂直に切るかによって，歯触りや調味料の浸透などが異なってくる。一例として，野菜の切り方を図3－17に示した。

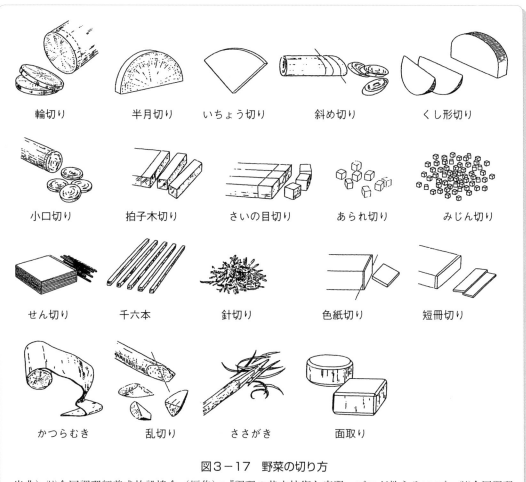

図3－17　野菜の切り方

出典）㈳全国調理師養成施設協会（編集）:『調理の基本技術と実習　プロが教えるコツ』，㈳全国調理
　　　師養成施設協会，pp. 24-25（2003）

（5）粉砕・磨砕

　固形食品に力を加えて砕き，粉状，パルプ状，ペースト状にする操作である。粉砕・磨砕の目的には，食品材料の組織や成分の均一化，テクスチャーの改善，香りの増強，消化吸収率の向上，食品組織の破壊に伴う酵素活性化などがあげられる。

（6）混合・攪拌・混捏

　2種以上の材料を均一に合わせる，かき混ぜる，泡立てる，生地をこねるなどの操作である。組成や温度分布の均一化，乳化，起泡，グルテン形成，結晶化促進などを目的として行われる。

（7）成　　形

　成形とは，のばす，丸める，包む，巻くなどの形を整える操作をいう。

（8）圧搾・ろ過

　圧搾とは，食品の成形を目的として，食品に物理的圧力を加えて，押す，つぶす，絞り出す，にぎる，詰めるなどの操作である。ろ過とは，不純物の除去や抽出液の分離などを目的として，固形物と液体を分離する操作である。

（9）冷却・冷蔵，凍結，解凍

１）冷却・冷蔵

　食品素材の温度を低下させることを冷却，保存性向上のために低温で貯蔵することを冷蔵という。生鮮食品の一時的貯蔵法のほか，食品の嗜好性を向上させる，ゼリーの凝固，魚のあらい，霜降り，めん類のゆで過ぎ防止，グルテンの形成抑制，などを目的として行われる。また，果糖（フルクトース）が含まれる果実類は冷やすと甘さが増す。ホワイトソースなどの粘性のあるゾル状食品は，冷却することでテクスチャーが変化し，調理作業が行いやすくなる。冷却は主に水や氷を媒体とする場合と冷蔵庫などの空気を媒体とする場合がある。

　冷蔵は冷蔵庫で行われることが多い。冷蔵庫の温度は10℃以下であるが，チルド（約0℃），氷温（約 − 1℃），パーシャル（約 − 3℃）は，肉，魚の保存に適した温度で保存できる。

表3−10　低温障害の発生期間・発生温度および症状

種　類	温　度（℃）	期　　間	発生温度（℃）	症　　状
き ゅ う り	0 5	3〜6日 5〜8日	7.2	ピッティング，水浸状軟化
か ぼ ち ゃ	0 5	3〜4週 5〜6週	7〜10	内部褐変，腐敗
いんげんまめ	0 5	4〜5日 7〜8日	8〜10	水浸状ピッティング
ピ ー マ ン	0 5	4〜5日 7〜8日	7.2	ピッティング，がくと種子褐変
ト マ ト	2	4〜5日	7.2〜10	水浸状軟化，腐敗
な す	5	6〜8日	7.2	ピッティング，やけ
さ つ ま い も	5	2〜3週	10	内部褐変，腐敗
バ ナ ナ	0 5	6時間 3〜4日	12〜14.5	果皮褐変，追熟不良
ア ボ カ ド	0 5	2〜3週 3〜7週	5〜11	追熟不良，果肉の変色
り ん ご	0	1〜4月	2.2〜3.3	内部褐変，やけ
グレープフルーツ	2 6	4〜5週 8〜12週	8〜10	ピッティング

出典）五十嵐脩，小林彰夫，田村真八郎（編集）:『丸善食品総合辞典』，丸善出版，p.719（1998）

・**低温障害**　野菜や果実は低温で貯蔵することが多いが，熱帯の果実などの一部は，冷蔵すると代謝に異常をきたし，ピッティング（果皮に生じる小陥没），果肉の褐変・異味・異臭などが認められる。これを低温障害という（表3－10）。

2）凍　　結

凍結とは，食品の温度を氷結点以下にして，食品の自由水を氷結させることである。食品中の水は，塩類，糖類，アミノ酸などを溶解しているため，氷結点は低くなり（氷点降下），－1～－5℃程度が氷結点となる。この温度幅を最大氷結晶生成帯といい，食品中の大部分の水が凍結する。凍結によって食品の品質に大きな影響を与える因子として，凍結速度があげられ，急速凍結と緩慢凍結がある（p.50，図3－16参照）。

・**冷凍やけ**　凍結中に食品が乾燥によって脱水され，脂質の酸化により白い斑点や黄褐変を生じる。また，たんぱく質は脱水により変性が起こる。そのため外観や食味が低下する。

魚介類などは凍結直後にグレース（氷衣）をつけ，貯蔵中の脂質の酸化や乾燥などを防ぐ。また，野菜を冷凍する場合は，ブランチング（短時間の加熱処理）を行い，冷凍保管中の酵素活性を抑制させて品質低下を防ぐ（図3－18参照）。

一般家庭で行う冷凍はホームフリージングといい，凍結に時間を要するため緩慢凍結である。生野菜，豆腐，こんにゃく，卵，寒天などは凍結による変性が大きく，ホームフリージングには適さない。

3）解　　凍

解凍とは，凍結した食品の氷結晶などを融解し，冷凍前の状態に戻すことである。解凍速度により緩慢解凍と急速解凍がある。緩慢解凍は，流水中，冷蔵庫内，室温放置などでゆっくり解凍する方法で，急速解凍は加熱解凍（熱空気，蒸気，熱湯，油，熱板）や電気解凍（電子レンジ）で解凍と調理を同時に行う方法である。調理済み冷凍食品や冷凍野菜などは凍結状態で直接加熱し，魚や肉などは緩慢解凍のほうがドリップの流出が少ない。

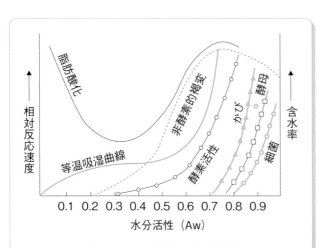

図3－18　水分活性と保蔵安定性

出典）日本フードスペシャリスト協会（編）：『三訂
食品の官能評価・鑑別演習』，建帛社，p.34（2014）

（10）盛り付け

料理を器等にきれいに盛ることを盛り付けという（図3－19）。特に日本料理は「目で食べる」といわれ，出来上がった料理の外観は，おいしさに影響を与える因子のひとつとなっている。日本料理では，季節感を考慮して器を選ぶ。器の大きさは

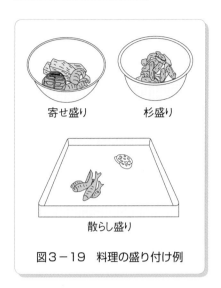

寄せ盛り　　　杉盛り

散らし盛り

図3-19　料理の盛り付け例

料理の分量に対して大きめのものがよい。盛る際には，立体的に山と谷を作る。あしらいは皿の手前に置く。また，酢の物や和え物，煮物を盛ったときには，木の芽やゆずなどを料理の上に添え，味を引き立たせるように天盛りする。魚の盛り付けでは，頭は左に，腹は手前にする。皮付きの切り身の場合は皮目を上に盛る。西洋料理では，主料理の向こう側に付け合せを盛る。中国料理では，大皿に盛り，食卓で取り分ける。

2.3　加熱調理操作

　英語で料理を表す"cook"は加熱調理を指し，加熱調理操作は，本調理操作ともいわれる調理操作部分である。加熱操作法には，水を媒体とする湿式加熱，空気または油を媒体とする乾式加熱および誘電加熱がある（表3-11）。加熱調理の目的は，安全性を高める，消化吸収率を高める，嗜好性を高めるなどである。一方，ビタミンの損失，無機質の減少，過熱によるたんぱく質の消化作用低下などの好ましくない変化も起こる。

表3-11　加熱調理の分類

分　類	加熱操作方法	主な熱の媒体	伝熱法	温　度（℃）
湿式加熱	ゆでる	水	対流	100
	煮る	水	対流	100
	蒸す	蒸気	対流	85～100
	炊く	水・蒸気	対流	100
	加圧加熱	水・蒸気	対流	115～125
乾式加熱	焼く（直火焼き）	空気	放射	150～250
	焼く（間接焼き）	金属など	伝導	
	焼く（オーブン焼き）	空気・金属	放射・対流・伝導	
	揚げる	油	対流	120～200
	炒める	油・金属	伝導	100～150
誘電加熱	電子レンジ加熱	食品自体	マイクロ波照射による水分子振動による摩擦熱	100～120

（1）湿式加熱

　水（蒸気）を媒体として加熱する方法で，ゆでる，煮る，蒸す，炊くなどがある。常圧で行う湿式加熱は，加熱温度が100℃以下であるので温度管理が容易である。

1）ゆでる

　食品を熱水中で加熱する操作である。でん粉の糊化，たんぱく質の熱凝固，組織の

表3-12　ゆでる際の添加物

ゆで水への添加物	効　果
塩	青菜を色よく仕上げる
酢	うどやれんこんを白く仕上げる（褐変を防ぐ）
	歯触りをよくする（れんこん）
ぬ　か	たけのこのあくをぬく
重　曹	山菜のあくぬき・組織の軟化

膨潤・軟化，不味成分の溶出除去，酵素作用の抑制，色彩の保持または変化，油抜き，殺菌などの目的で行われる。食品を水から入れて加熱を開始する場合と沸騰水に入れる場合がある。根菜類やいも類などの煮えにくい食品は，食品の表面と中心部に温度差ができやすく，中心部が十分に加熱される前に，表面が加熱され過ぎて煮崩れてしまうため，水から入れて徐々に加熱する。青菜などは中心まで短時間で火が通りやすいため，沸騰水から入れてゆでる。また，肉や魚は，水から入れてゆでるとうま味が溶出してしまうため，沸騰水から入れてゆでる。

　食品重量の5～10倍量のゆで水を用いてゆでると，ゆで水の温度低下が少なく，対流も起こりやすい。しかし，えびなどの調理でうま味を残したい場合は，少量のゆで水で蒸し，ゆで煮したほうがうま味が残る。ゆで水に添加物を加えて，ゆでる効果をあげることがある。

2）煮　　　る

　食品を熱水中で加熱する操作は「ゆでる」と類似するが，煮る操作は仕上げ調理となる場合が多い。加熱しながら調味料を浸透させて味付けができる。加熱が強すぎると，対流のうずによって食品が動き煮崩れができる。大鍋を用いると対流が起こりにくく，部分的に高温の部分ができて焦げつきやすくなる。煮えにくいものや異種の食品を組み合わせて煮る場合は，下煮をする，かくし包丁を入れる，切り方の工夫などをするとよい。煮物は種類が多い（表3-13）。煮物には鍋蓋が火加減の調節の補助

表3-13　煮る操作の種類

操作の種類	特　徴
煮込み	材料を多量の煮汁で長時間かけてじっくり煮たもの。長時間加熱する。材料に味がしみ込み，材料のうま味も煮汁に出る。おでんなど。
煮付け	魚などの材料を，煮汁がわずかになるまで煮上げたもの。
煮しめ	野菜，乾物類を形を崩さず時間をかけて煮たもの。一気に煮上げるのではなく，煮ては冷まし，煮ては冷ましして味を含ませ，煮汁が残らないように煮詰めたもの。
煮浸し	多量の薄味の煮汁で時間をかけ材料を煮含めたもの。仕上がり時に煮汁が残った状態。
炒め煮	材料を油で炒めてからだし汁を入れ，味付けをして煮上げる方法。材料のうま味を逃さずこくのある味に仕上がる。炒り鶏など。
煮転がし	煮崩れしにくい材料を少量の煮汁で煮上げたもの。
甘露煮	しょうゆやみりんだけでなく，砂糖，水あめをたっぷり使い，照りよく煮上げた煮物。あゆなど淡水魚に向く。くり，きんかんなどを砂糖やみつで甘く煮たものも甘露煮という。
白　煮	白い材料を，その白さを生かして煮上げたもの。いか，れんこん，うどなどの材料を色をつけないように煮る。しょうゆを使う場合は，薄口しょうゆや白しょうゆを用いる。
おろし煮	大根おろしを煮汁に加えたもの。揚げてからおろし煮したものは，揚げおろし煮という。

的役割を果たす。落し蓋をすることで対流効果が上がり，煮崩れしやすい食品の煮崩れを防ぐ，食品の上部まで煮汁が行きわたって調味料の浸透が均一になりやすい。

3）蒸　す

水蒸気が食品の表面に付着するときの凝縮熱（2,257 kJ/kg）で食品を加熱する方法である（図3-20）。中敷きを通して直接蒸す場合と，容器に入れて間接的に蒸す場合がある。いずれも静置加熱であり，形を保ちながら加熱することができる。成分溶出が少なく，味，香り，栄養成分の損失が他の湿式加熱に比べて少ない。加熱途中での調味は困難である。加熱温度は85～100℃である。蓋を密閉せずに隙間をあけたり，火力の強弱で温度を調節する。茶わん蒸しやカスタードプディングなどの希釈卵液を凝固させる調理では85～90℃，まんじゅう，しゅうまいなどは90～100℃，赤飯やおこわなどは100℃で蒸すとよい。

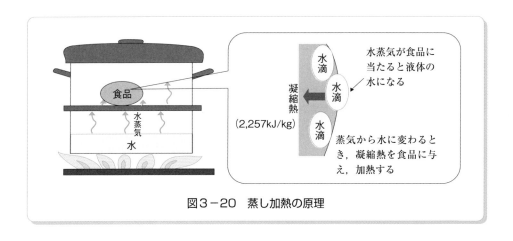

図3-20　蒸し加熱の原理

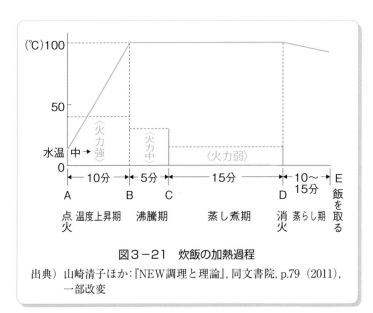

図3-21　炊飯の加熱過程

出典）山崎清子ほか：『NEW調理と理論』，同文書院，p.79（2011），一部改変

4）炊　く

米の加熱調理に用いられる用語で，米に水を加え，加熱しながら吸水させ，でん粉の糊化を行い，蒸らしにより完全に遊離水をなくして飯に仕上げる操作である。炊く調理操作の加熱は，温度上昇期，沸騰期，蒸し煮期，蒸らし期の順で進む（図3-21）。煮ると同義語で使用されることもある。

（2）乾式加熱

　水以外の放射熱，金属板の伝導，油を媒体として加熱する方法を乾式加熱という。湿式加熱と比較すると加熱温度が高く，温度管理が難しい。乾式加熱には，焼く，炒める，揚げるなどの調理操作がある。

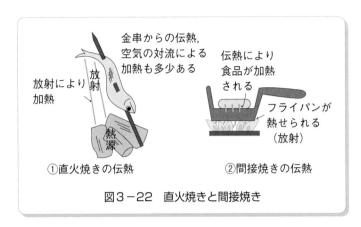

　金串からの伝熱，
　空気の対流による
　加熱も多少ある

　伝熱により
　食品が加熱
　される

　放射により
　加熱

　放射

　熱源

　フライパンが
　熱せられる
　（放射）

　①直火焼きの伝熱　　②間接焼きの伝熱

図3-22　直火焼きと間接焼き

1）焼　　く

　火の発見と同時に始まった最も古くから行われている調理法のひとつである。熱源からの放射熱で加熱する直火焼きと金属板，陶器などからの間接熱を伝導，放射，対流によって食品に伝えて加熱する間接焼きがある（図3-22）。

① **直火焼き**　串焼き，網焼き，機械焼きなどがある。不良導体である食品に熱を当てて焼くことは熱効率が低い。食品の表面温度が200℃以上に達すると焦げ目がつくが，内部温度は80〜90℃で，表面温度と内部温度の差が大きい。放射熱のみで焼くと内部まで加熱されないうちに表面のみが焦げてしまうため，熱源からある程度遠ざけ，強火の遠火で加熱する。熱源は火力を一定に保ち，広範囲から平均して放射熱を発することが望ましい。

② **間接焼き**　食品と熱源の間に，熱容量の大きい中間体を置いて焼き，中間体の面が大きいので平均して熱が当たる。中間体の面で焼く方法（フライパン焼き，鉄板焼き），中間体の中に埋没させて焼く方法（石焼き，砂焼き），包んで焼く方法（包み焼き，蒸し焼き），オーブンで焼く方法などがある。オーブン焼きは天板からの伝導熱，庫内の対流熱，壁面からの放射熱で同時に加熱される。また，オーブンには過熱水蒸気によるスチームコンベクションオーブンもある（p.66参照）。

2）炒　め　る

　熱せられた器具と少量の油脂によって食品の加熱を行う操作である。焦げつかないように，常に鍋を動かし，食品をかき混ぜて加熱する。器具に接している部分の食品の温度は高いが，常に外気の影響を受けることや水分の蒸発を伴うことから，食品の表面と内部の温度差は焼き操作よりも小さい。一般に，植物性食品は軟化し，動物性食品は硬くなる。加熱時間の異なる食品を組み合わせて炒める場合は，火の通りにくい食品から加熱する。他の加熱調理操作と組み合わせることで，炒め煮，炒め焼き，炒め揚げなどの調理ができる。

3）揚　げ　る

　熱した油に食品を入れ，油の対流熱により加熱を行う操作である。加熱によって，食品の水分や衣中の水分が急激に脱水され，比重が軽くなって浮き上がる。また，脱

水と同時に油の吸収（表3－14），油の香味の付与などが起こる。油は比熱が小さく，温度変化が大きいため，油に対しての食品投入量が多いと，加熱温度が低くなる。揚げ物は素揚げ，から揚げ，衣揚げに大別される。素揚げは，食品の表面に衣や粉をつけずに揚げるため，揚げ種の表面が脱水されて硬くなりやすい。から揚げは，でん粉類や小麦粉をつけて揚げる。粉が揚げ種の水分を吸着して保護膜をつくり成分の溶出を防ぐ。衣揚げ（天ぷら，フライ）は，グルテン含量の低い薄力粉を水で溶いた衣で揚げ種を覆って揚げる。グルテンの粘稠性が強すぎると水と油の交換が進みにくく，軽く揚がらないためである。水温が高いと粘稠性が出やすいため冷水で溶くとよい。

　揚げ物の油の温度は，低温すぎると衣が糊化する時間を長く要して衣がはがれ落ちやすく，高温すぎると中心部に熱が通らずに表面のみが焦げる。揚げ種が厚いものや膨張させるものは約160℃でやや低めの温度，揚げ種が調理済みのものや形崩れが起こりやすいコロッケなどは約190℃の高温短時間で揚げるとよい。

表3－14　揚げ物の吸油率

揚げ物種類	食　品	吸油率（%）	揚げ物種類	食　品	吸油率（%）
素　揚　げ	かぼちゃ	7	天　ぷ　ら	えび	12
	なす	14		にんじんとごぼうのかき揚げ	74
	パセリ	61		かぼちゃ	18
	じゃがいも（千切り）	5		青じそ（片面衣）	500
	じゃがいも（薄切り）	15		さつまいも	12
	じゃがいも（拍子木切り）	4		揚げ玉	43
	クルトン	99	フライ（パン粉揚げ）	えび	13
から　揚　げ	わかさぎ	20		豚ロース	14
	鶏肉（骨付）	1		あじ	22
	豆腐	6		メンチカツ	7

出典）松本仲子（監修）：『調理のためのベーシックデータ〈第4版〉』，女子栄養大学出版部，pp.16-26（2012）　より作成

（3）誘電加熱

　周波数2,450MHzのマイクロ波（1秒間に24.5億回振動）を食品にあてることで，食品中の構成分子が振動することによる分子摩擦により食品内部で熱が発生する（p.66参照）。マイクロ波の浸透距離は食品により異なるが，生鮮食品や水では約1～4cmである。短時間加熱でビタミンCなど栄養成分の残存率はゆで加熱より高い。食塩を多く含む食品は含まない食品と比較して温まりにくい。金属製の食器は，電磁波を反射するので使用できない。また酵素が働きにくいため，さつまいもの加熱においては甘味が少なく仕上がる。

3．調理用器具・機器

3.1　食器・機器

(1) 食　　器

1）和 食 器

　和食器は，形状，色，図柄，材質の異なる多種多様な器を，季節感を演出するために使用する。

① **形や形状による分類**　日本料理の食器には，椀，皿，飯椀，鉢，茶器，湯飲みなどがある。和食器は，尺寸で表示されるのが一般的で，この基準は江戸時代に定められたものである。皿には，五寸（約15 cm）以下の小皿，銘々皿や取り皿として使用される五寸皿，焼き物や揚げ物にも利用しやすい六，七寸の中皿，宴会の盛り皿などに利用される一尺（約30 cm）を超える尺皿（大皿）がある。形状では，丸型が基本であるが，その他に角皿，半月皿，季節の行事や道具をモチーフにしたものなど，さまざまな変形皿がある。鉢は，たくさんの料理を豪快に盛り付けることができる一尺以上の大鉢や，煮物などを盛り付けやすい六，七寸の中鉢，酢の物，和え物などを銘々に盛り付けるための小鉢に分類される。

　同じ煮物でも汁の多いものは，深い鉢や皿に盛り付けたり，夏は浅く口の広いものに盛り付け，冬は口の狭い深いものに盛り付けるなど，料理の状態や季節に合わせて多種類の食器を利用する。

② **材　質**　陶磁器，漆器，ガラス製品，木製品，竹細工，自然の植物などさまざまな材質の食器を料理の状態や季節に合わせて使用する。

　焼き物といわれる粘土を原料にした炻器，陶器と，石を原料とした磁器がある。最も古くから作られている炻器は，粘土を釉薬（うわぐすり）をかけずに高温（1,100〜1,300℃）で焼きしめたもので，吸水性は低い。備前，万古，常滑，信楽焼などが有名である。陶器は，炻器よりも低い（800〜1,000℃）温度で焼いたもので，吸水性がある。吸水性のある陶器は，使用する前に，きれいな水に浸してから使用する。釉薬の有無や種類により，外観が大きく異なる。織部，唐津，志野，萩焼などが有名である。磁器は，石を細かくくだいた磁土が使われており，焼き物の中で最も硬く，吸水性はない。陶器と比べて，薄く，白いのが特徴である。有田，清水，九谷，砥部焼などが有名である。

　漆器は，木地に漆の樹液を使って仕上げたものである。断熱性に優れている特徴をもつ。傷がつきやすいので，使用後は水や湯で洗い，柔らかい布で水気を拭き取る。食器洗い機，乾燥機，電子レンジなどは使用できない。

2）洋 食 器

① **形や形状による分類**　洋食器は，メインディッシュ用のディナー皿（直径25〜27 cm），オードブルやサラダ用のサラダ皿（直径21 cm前後），スープやシチュー用のスープ皿（直径21 cm前後），カップ，ソーサーの5ピースが基本の組合せである。洋食のコース料理の場合は，料理に合わせた大きさや形状の皿を多種類利用するが，日

本料理のようにさまざまな材質や形状，外観のものを利用するのではなく，一貫して同じデザインの皿を使用して統一感を演出することが多い。

② **材　質**　磁器が使用されることが多く，チャイナと呼ばれる白磁器が主に使用される。チャイナの中でも，ボーンチャイナは，骨灰を用いた乳白色で表面が滑らかな磁器である。JIS（日本産業規格）では素地組成が，灰長石およびガラス質からなり，かつ骨灰（リン酸三カルシウム）の含有率が30％以上を含むものと規定されている。一般の磁器に比べて，素地が薄くても欠けにくい。硬度が高く，透光性がある。シルバー（銀）製の食器は，銀皿などのほかに，フォークやスプーンといったカトラリー類がある。ガラス製の器は，主に飲料用に用いられる。ガラス器は，大きく分けてクリスタル製とソーダガラス製に分かれる。用途に応じてさまざまな形状のグラスがある。

　大量調理の場合，破損しにくく，積み重ねや洗浄がしやすい形状であり，重すぎないなどの条件を満たすものがよい。プラスチック製の中でも，ポリプロピレン製食器，メラミン製食器，ポリカーボネート製食器が多く利用されている。割れやすく，重い陶磁器を使用するのは困難であるが，セラミック（強化磁器）製食器などは一部利用されている。

（2）調理器具・機器
1）包　　丁

　大きく分けて，和包丁と洋包丁がある。洋包丁は，明治時代に西洋から日本に入ってきた包丁で，現在では一般的になっている。和包丁は，近年では，主に和食の調理に使われることが多くなっている。和包丁には，片刃と両刃があり，やわらかい鉄（地金）と鋼の2つの材料を結合し，水で焼き入れして仕上げる。洋包丁は，刃は基本的に単一素材で作られている。

表3−15　包丁の種類

和包丁		洋包丁	
菜切包丁	野菜用の包丁（江戸型）。（両刃）	牛刀	刃と柄が一体になっており，衝撃には強い。（両刃）
刺身包丁（柳刃）	関西で多く使われ，柳刃包丁とも呼ばれる。（片刃）	ペティーナイフ	野菜の皮むき，筋とり，果実を刻んだり，細工をするのに使用される。（両刃）
刺身包丁（蛸引）	関東で多く使われ，蛸引包丁とも呼ばれる。（片刃）	中華包丁	頑丈で，1本でさまざまな料理に使われる。（両刃）
出刃包丁	魚をおろす包丁。身を骨ごと切るときに使用する。（片刃）		

2）ま な 板

木製のまな板は，柾目（まさめ）が平行に通っているものが使いやすい。木製は，やわらかいので包丁傷が細くて深くなり，日々の徹底的な洗浄と殺菌に加えて，たびたび表面を削る必要がある。プラスチックやゴム製のまな板は，木製に比べて比較的包丁傷がつきにくいので，塩素系の漂白剤で殺菌すると効果的に消毒できる。合成ゴムは，プラスチックよりもやわらかく，包丁の刃を当てたときの感触が木に近くなる。また，煮沸消毒することができるのが利点である。近年は，薄いプラスチックを積層して作ったものもあり，表面の傷みが進んだ場合，一番上の1枚を剥がして捨てることができる。

中華料理の場合，丸くて厚みが30 cm程度の円柱形のまな板を利用することが多い。大きな包丁で叩き付けるように食材を切断することが多いことから，ケヤキのように堅い材質が用いられる。

まな板は，加熱済み食品用と未加熱食材の下ごしらえ用を用意し，区別して使用する。調理中も切る食材が変わるごとに，まな板を十分に洗う。

3.2　非加熱調理操作用機器

非加熱調理操作に利用する器具および機器は，主に下ごしらえに用いられる。非加熱操作と該当する器具および機器を，表3 − 16に示した。

3.3　加熱用器具とエネルギー

（1）鍋　　類

用途に応じて，鍋の材質や形は異なる。鍋に使われる材質には，それぞれの特徴があることを知り，調理操作に対応したものを選ぶ必要がある。熱源から受けた熱を効率よく食品に伝えることが必要で，鍋の昇温時間には熱伝導率と比熱が関係している（表3 − 17）。以下に，各鍋材質の特徴をあげた。

表3−16　非加熱調理操作用器具・機器の名称と用途

非加熱操作	調理器具・機器
計 量 用	重量：上皿台はかり，自動電子ばかり　容積：計量スプーン，計量カップ 時間：ストップウォッチ，タイマー　　温度：温度計
洗　　　浄	食器洗浄機，スポンジ，たわし，スチールウール，ブラシ，洗い桶，水切りかご
浸　　　漬	ボウル，バット
切　　　る	包丁，料理用はさみ，スライサー，まな板，フードプロセッサー，ピーラー
混合・攪拌	しゃもじ，へら，ターナー，箸，泡立て器，ハンドミキサー
磨砕・粉砕	ミキサー，すり鉢，すりこぎ，おろし器，マッシャー，ミル
ろ過用器具	うらごし，シノワ，万能こしき，油こし，みそこし，茶こし，ふきん類，粉ふるい
成形用器具	巻きす，押し型，抜き型，ライス型，ケーキ型，ゼリー型，麺棒，のし板，肉たたき，しぼり出し
盛 り 付 け	お玉，スープレードル，盛り箸，トング，ディッシャー

表3－17　各鍋材質の比較

材質名	初期昇温速度 (℃/分)	比　熱 (kJ/kg・K)	熱伝導率 (W/m・K)
銅	70～110	0.4	390
アルミニウム	21～74	0.9	200
鉄	15～42	0.5	50
ステンレス	15～30	0.5	16
パイレックス(耐熱ガラス)	8～12	0.8	3.5

出典）肥後温子, 平野美那世：「底厚の異なる鍋材質の昇降温特性」, 調理科学, 33（4）,
　　　pp. 426-436（2000）

1）アルミニウム

日本の調理器具のスタンダードな鍋である。熱伝導がよく, 鉄やステンレスの1/3の熱効率である。値段も安く丈夫である。しかし, 酸やアルカリに弱い。

2）ステンレス

ステンレスは, 錆びにくく丈夫で長持ちし, きれいに保つことができる。単層の鍋と多層の鍋があり, ほとんどが多層の鍋のため, 熱伝導が悪い。

3）鉄

熱に強くて油との相性がよいのが鉄である。手入れが必要で錆びやすい。鉄のフライパンは, 油ならしなどが使用前に必要である。丈夫だが, 重い。

4）鋳　物

鋳物とは, 鉄などを高熱で溶かして鋳型に入れて焼いたものである。ガラス質を焼き付けコーティングしたものがホーロー鍋である。ホーロー鍋は, 熱伝導性が低いため, 強火では熱の伝わり方が局部的になり, 温度が不均一になるが, とろ火では均一となり保温性もある。

5）銅

最も熱伝導率がよく, 鍋の材質として最も優れている。しかし材質的にやわらかく, 傷が付きやすい。緑青(ろくしょう)は有害ではないが, 錆びやすく手入れが大変である。

6）土　鍋

陶器は, 火のあたりがやわらかく, 保温性が高い。煮込むもの, 鍋ものに適している。急激な温度変化に弱く, 扱いが難しい。

7）ガ　ラ　ス

硬質ガラスのパイレックスがある。保温性が高く熱を逃しにくい。手入れが簡単である。

8）チ　タ　ン

軽く, 熱効率がよく, 食材をいかす鍋である。値段は高いが, 丈夫である。

9）石

朝鮮料理や韓国料理などで使用する。石は高温にすることができ, 冷めにくい。

10）圧　力　鍋

鍋内の蒸気により圧力を高め，水の沸点を上昇させ，ゲージ圧で大体 0.8 気圧（約 0.2MPa），110 〜 120℃の高温加熱ができる。高温で調理するため，短時間に調理することができ，普通の鍋の 1/3 の時間で調理できる（p.35 参照）。

（2）加熱調理機器
1）ガスコンロ

ガスコンロの種類は，内炎式が主流となっており，幅は 60 cmと 75 cmがある。天板の種類は，「ガラストップ」「ガラスコート」「フッ素コート」「ホーロー」「ステンレス」の 5 種類がある。1 口，2 口，3 口，4 口タイプがあるが，流し台用のビルトインコンロ 3 口が主流である。2008（平成 20）年 10 月以降，ガスコンロ全口に安全装置（Si センサー）設置が義務化された。

2）電気コンロ

主に 1 口コンロで，シーズヒーターコンロとニクロムヒーターコンロがある。シーズヒーターコンロは，金属製のパイプにコイル状の発熱線を入れ，絶縁性と熱伝導性をもつ素材を充填したものである。通電させることにより赤熱するもので，振動や衝撃にも強く，また環境の変化にも強いという特徴をもっている。ニクロムヒーターコンロは，うず巻状のニクロム線をフラットなプレートの下に配置した調理器具である。ニクロムヒーターに比べてシーズヒーターは，金属製のパイプに熱が伝導するまでの時間がかかるため，調理に必要な温度に達するまで数分程度時間がかかる。ニクロムヒーターの速熱性とシーズヒーターの堅牢性を併せもつ電気式の調理器具として，ラジエントヒーターがある。こちらは，最近の多くの IH クッキングヒーターコンロにも補助器具として搭載されることが多くなっている。

3）電磁調理器

電磁誘導加熱（IH）は，プレート内のコイルに電流を流して，そのコイルに起こった磁力の力を使い，熱を起こすものである。磁力により鍋底にうずを巻くように電流が起き（渦電流），この電流と鍋からの抵抗とで鍋自体が発熱する。IH の特徴は，鍋をプレートに接した状態では火力はかなり高い（3 kw）ため，IH を設置するには 200 V 電源が必要である。鍋底で発熱するため熱効率がよい。IH では裸火は発生しないため，ガスのように料理中に袖口に引火した，といった事故は起こらない。プレートは，多くは樹脂性で熱が伝わりにくい構造であり，鍋まわりは熱くならない。また，上昇気流が少ないため，燃焼時の二酸化炭素と水蒸気が発生しないので，空気がきれいである。また，油煙も飛び散らない。燃焼ガスが発生しないので，外への換気を行うレンジフードは不要であるなどの利点があげられる。

しかし，使用鍋に制限がある。IH 対応でない普通の土鍋や，プレートに接する面積が少ない鍋（底が平らでないものなど），鍋底の直径が 12 cm 以下の鍋，アルミ鍋や銅鍋は，オールメタル対応の IH の場合も発熱量が落ちる。電気抵抗が高く，比透磁

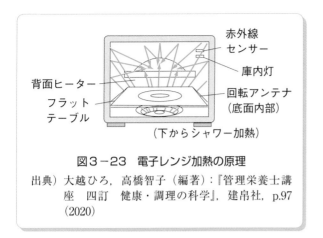

図3−23　電子レンジ加熱の原理

出典）大越ひろ，高橋智子（編著）：『管理栄養士講座　四訂　健康・調理の科学』，建帛社，p.97（2020）

率の高い鉄やステンレスが適する。SG（Safety Goods：安全な製品）マークに認定されたIH対応鍋もある。

4）オーブン

　加熱方法としては，庫内の熱した空気の対流熱と，天板から食品への伝導熱，庫壁の放射熱により伝わる。庫内にファンの付いたコンベクションオーブン（強制対流式）が主流で熱い空気が循環させられるので，温度ムラが少なく温度上昇も速い。

5）スチームコンベクションオーブン

　オーブン庫内の水タンクから発生する100℃を超える過熱水蒸気により，食品を加熱する。過熱水蒸気が食品にふれることで，大量の潜熱が食品に伝わる。そのため，過熱水蒸気による調理では，細胞破壊を抑え，余分な脂や塩分を落とせるという利点がある。蒸す・焼く・煮る，ができる業務用の加熱調理機である（p.68参照）。近年は，過熱水蒸気を用いた家庭用のオーブンもある。

6）電子レンジ（図3−23）

　電気エネルギーがマイクロ波エネルギーに変換され，これを食品が吸収をして分子運動エネルギーとなり食品を加熱する。そのため，食品自身の水分が発熱し，高温による水分の損失が大きい。温度上昇速度が速いので，食品の酵素失活が速い。

（3）エネルギー源
1）ガ　　ス

　天然ガスは，環境負荷が少ないエネルギーのひとつとして，環境優位性が高いことから，石油代替エネルギーとして普及している。燃やすとき，石油や石炭より排出するCO_2の割合が少ない。天然ガスの国産生産は少なく，1969（昭和44）年に液化天然ガス（LNG）が輸入されて以来，都市ガス用，電力（火力発電）用，工業用などの燃料として，急速に普及・拡大が進行した。現在，輸入LNG用途の約3割が都市ガス用となっている。また，家庭で使われているLPガスの主成分は，プロパン（C_3H_3）が最も多く，このためLPガスはプロパンガスとも呼ばれる。ライターで使用されている液体はブタン（C_4H_{10}）で，LPガスの一種である。LPガスとして用いられているガスは，炭素（C）の原子数が4以下の炭化水素（CH）の混合物であり，液化石油ガス（liquefied petroleum gas）が正式名称である。気体のプロパン1 m^3 を燃やすと99 MJ（24,000 kcal），ブタン1 m^3 は128 MJ（31,000 kcal）の熱量を発生する。また，重量1 kg当たりではプロパン，ブタンともに50MJ（12,000 kcal）の発熱量がある。これに対して都市ガスは46 MJ（11,000 kcal）である（図3−24）。気体のプロパンは都市

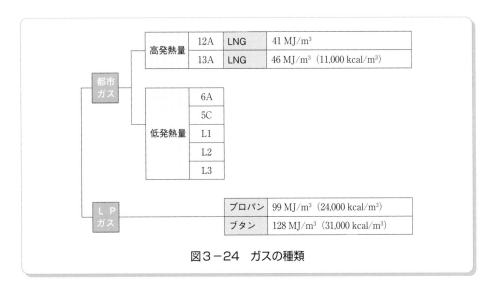

都市ガス	高発熱量	12A	LNG	41 MJ/m³
		13A	LNG	46 MJ/m³ (11,000 kcal/m³)
	低発熱量	6A		
		5C		
		L1		
		L2		
		L3		
LPガス		プロパン	99 MJ/m³ (24,000 kcal/m³)	
		ブタン	128 MJ/m³ (31,000 kcal/m³)	

図3−24　ガスの種類

ガスより約 2.2 倍の熱量があり，LP ガスのほうが都市ガスより火力が強い。LP ガスは空気より重く，比重は空気の 1.5 〜 2 倍の重さになる（100%プロパンの場合，15℃・1 気圧で 1.865kg/m³）。そのため，家庭などで LP ガスが漏れたときは，床面をはうように広がり，低い場所にたまる性質がある。一方，都市ガスは空気より軽く，比重が小さいため，漏れた場合は天井のほうへたまっていく性質がある。プロパンが空気中に分散して空気と混ざり，次第に濃くなって空気中の濃度が 2.1 〜 9.5%（ブタンは 1.8 〜 8.4%）の範囲になると，少量でも爆発の危険性がある。

2）電　　気

電気エネルギーは，エネルギーとして最も使いやすく，たくさんのものに利用されている。「電気自動車」は，排気ガスを出さない，きれいなエネルギーで動く車である。主力の発電方法は火力発電，水力発電，原子力発電である。そのほかに，自然界のエネルギーを使用する発電方法がある。火力発電と原子力発電は熱エネルギーを，水力発電では水の流れのエネルギーを，電気エネルギーに変えている。しかし，これらの発電方法は，効率が悪い上に，地球温暖化の原因となるなど，地球環境への影響が心配されている。そこで，自然の力を使った発電が少しずつ増えている。太陽を利用した「太陽光発電」や，風の力を利用しプロペラを回して電気を作る「風力発電」，地下にある熱エネルギーを利用して，火力発電と同じように電気を作る「地熱発電」，海のエネルギーを利用した方法も多く研究されている。波のエネルギーを利用した「波力発電」，潮の満ち引きを利用した「潮汐発電」，海の水の温度差を利用した「温度差発電」，環境に配慮した発電「バイオマス発電」などがある。

3）薪・木炭

薪（まき，たきぎ）は，燃料としての木や木材，木材の廃材などを使用する。火力が必要な着火の際や，暖をとる場合など，炎が必要な時に向く。火力が安定しないことや燃焼時間が短いため，料理には不向きである。木炭は，木材を密閉した状態で加

熱し，炭化させて得られた炭である。木炭は，薪のような炎は立たないため，煙がでない。また，火が消えにくく扱いやすい，燃焼時間が長い，火力が安定しているなどの特徴がある。空気の量によって燃焼温度を調整できるため，料理に適している。

4．新調理システム

　クックチルまたは真空調理法を用いた，大量調理を行うための新しい調理システムが，1968 年にスウェーデンで開発され，その後フランス，イギリスに広まった。1977 年にはイギリスで衛生安全面のガイドラインがだされ，大量調理場で使われている。日本では 1997（平成 9 ）年に HACCP方式（p.71 参照）による衛生管理に基づく「大量調理施設衛生管理マニュアル」が公表され，2005（平成 17）年に「学校給食衛生管理基準」の一部改正でクックチル方式の導入が明確化されたことから，大量調理の現場への新調理システム導入が進んできた。

4.1　厨 房 設 備

　厨房設備で重要なことは，安全性の確保である。大量調理のための作業改善，衛生管理の徹底，生産性の向上に適した新しい調理システムが開発されている。厨房には合理的なシステムとして，① 食材保管・下処理エリア，② クッキングエリア，③ 食器洗浄エリア，④ 盛り付け・配膳エリアなどが設けられている。さらに，保存や衛生面において食材の温度が重要な役割をもつ。厚生労働省「大量調理施設衛生管理マニュアル」で示されている指導基準に準じ，「食品の芯温 75℃以上，1 分間以上またはこれと同等以上まで加熱されていること」により殺菌効果が得られるような加熱温度と加熱時間の設定管理（時間のT（Time）と温度のT（Temperature）管理）が重要である。そのため，厨房機器には，温度センサー（中心温度計・芯温計）を用い，常に正確な温度と時間で調理し，保存を行う。以下に，代表的な厨房設備を示す。

（1）スチームコンベクションオーブン （図 3 −25）（p.66 参照）

　庫内の空気をファンで強制的に対流させるコンベクションオーブンに，スチーム機能が付いたもの。温度と時間のコントロールができ，必ず必要な機器である。

（2）電気スープケトル （図 3 −26）

　直火式と異なり，湯および蒸気で加熱し，食品の形くずれ，焦げ付きがなく調理中のミキシングは攪拌機が行い，調理効率がよく，加熱むらも抑えられる。釜本体はハンドル操作により 90 度傾斜し，食品の取り出し・清掃が容易に行える。サーモスタットにより，温度（30 〜 118℃）設定が可能な機器である。

（3）急速冷却装置

　急速冷却の方法は，冷風によるブラストチラー方式（図 3 −27）と氷水の回転ドラ

図3-25　スチームコンベクションオーブン

図3-26　電気スープケトル

図3-27　ブラストチラー

図3-28　タンブルチラー

ムの中で冷却するタンブルチラー方式があり（図3-28），細菌繁殖の危険な温度帯をすみやかに通過し，チルドの状態にすることができる。ブラストチラーの場合は，強い冷風で急激に冷やすことができ，バットごと90分で0℃に強制冷却する。

4.2　低温調理

　真空調理法のことで，食品素材を生のままあるいは下処理をして，調味料とともに真空包装し，低温（55〜95℃）で湯煎やスチームオーブンで長時間加熱加工する調理法である。1970年代にフランスで開発された新しい調理法で，加熱後，真空包装のまま急速冷却して冷蔵保存および急速冷凍保存し，提供時に真空包装のまま再加熱する。肉類や魚介類は加熱温度が62〜68℃で調理することができるため，低温調理により肉質のぱさつきがなく，やわらかく仕上がる。また，長時間加熱することでコラーゲンがゼラチン化される，少量の調味料で味や香り付けができるなどの利点があげられる。野菜類は，90〜95℃の加熱で，ペクチンの分解ができ軟化するため，栄養成分の分解も抑えられる。表3-18に食品の加熱芯温を示した。

表3-18　食品の加熱芯温

食　品	芯　温（℃）
赤身肉（レア）	58〜60
赤身，白身肉	62〜70
魚	62〜70
野　　　菜	70〜95
果　　　実	70〜80

出典）長田鉱司，長田勇久：『真空調理で日本料理』，柴田書店，p. 151（2002）

これらのことから特徴をまとめると，① 食品の変質防止，② 歩留まりの向上，③ 味の劣化防止，④ 味の均一化，⑤ 食品の酸化防止など，添加物を使わずに保存することが可能であることがあげられる。多くの利点から，外食産業を中心に実用化されている。新調理システム推進協会が，「保存を目的とした真空調理に対するガイドライン」をまとめている。参考までに紹介するとそこでは，① 真空包装状態での加熱時，細菌が増殖しやすい温度帯（10〜60℃）を速やかに通過させ芯温を65℃以上にする，② 保存する場合は食材の芯温を90分以内に10℃以下まで下げる，③ 再加熱する際には食材の芯温を60分以内に65℃以上にする，となっている。

4.3 クックチルシステム
（1）クックチル

クックチルとは，食品を加熱調理後，急速に冷却して細菌の繁殖しにくいチルド状態（0℃付近）で保存し，必要に応じて再加熱を行い提供するトータルシステムである。真空調理法とクックチルの比較を表3−19に示した。

真空調理法とクックチルの違いは，加熱調理方法と保存期間である。加熱調理することで（クックチルは75℃以上1分間以上，真空調理は75℃以下の場合も長時間加熱する），ほとんどの菌を死滅させる。次いで急速冷却することで細菌の繁殖しやすい温度帯（10〜55℃：危険温度帯）を速やかに通過させることにより安全性を確保する。ブラストチラーは，スチームコンベクションオーブンから調理後の食品を移し替えることなく使用できる。タンブルチラー（アイスチラー，ウォーターチラー）の場合は，個包装さ

表3−19 真空調理法とクックチル

工程	従来の調理	クックチル（ブラストチラー）	真空調理法
	食材入荷・検収	食材入荷・検収	食材入荷・検収
	↓	↓	↓
	下処理	下処理	下処理
			↓
			真空パック
	↓	↓	↓
	加熱	一次加熱（スチームコンベクションオーブン）	一次加熱（スチームコンベクションオーブン）
		↓	↓
		急速冷却	急速冷却
		↓	↓
		チルド保管	チルド保管
		↓	↓
		再加熱	再加熱
	↓	↓	↓
	盛り付け・提供	盛り付け・提供	盛り付け・提供
保存	調理後2時間以内	最大5日間	0〜3℃で7日間

れるため，より衛生・安全性が高く，冷風よりも早く冷やすことが可能である。しかし，茶碗蒸し，プリンなど形の崩れやすいものには，不向きである。

クックチルの特徴をまとめると，① 安全でおいしい食事の提供，② 作業効率の向上，③ 調味料の削減，④ 添加物を使わず保存可能などがあげられる。しかし，安全確保のためには，最善の努力が必要である。指導基準は以下のようにまとめられる。

① 食材は，70℃で最低2分間加熱して殺菌しなければならない。

② 冷却は，加熱終了後30分以内に開始しなければならない。

③ この後，食材はさらに90分以内で0〜3℃まで冷却しなければならない。

④ ほとんどの菌は，7℃以下では再び生長しないが，3℃以下では最長5日間まで安全に保存できる。

⑤ 冷却時の食材の厚みは5cmまでとすること。食材のサイズ，形状，密度，水分含有量そして容器のタイプにより冷却時間は変わるが，5cmでは90分の冷却時間を守れない場合は，厚みを減じて安全な冷却をしなければならない。

⑥ 冷却を終了したなら，0〜3℃で保存しなければならない。

⑦ 配送中は3℃以下のこと。

⑧ 安全性と味の保持のために，冷蔵庫から取り出したらすぐに再加熱すること。

⑨ 芯温は最低75℃で，1分間以上保持しなければならない。

⑩ 再加熱後はできるだけ早く食すこと。すぐに食されなかったものは廃棄すること。

⑪ チルド食品の安全限界は10℃である。保存，配送中にこの温度を超えた食品は廃棄しなければならない。

⑫ 5〜10℃に短時間で達したものは，12時間以内なら再加熱，提供できる。

（2）HACCP

新調理システムは，HACCP（Hazard Analysis and Critical Control Point）に対応したシステムである。HACCPとは，アメリカで宇宙食製造のために開発されたシステムである。食品の製造工程のあらゆる段階で発生する可能性のある危害について，調査・分析し，監視・記録を行うものである。危害分析を受けて，その危害を阻止するための重要なチェックポイントおよび管理基準を定め，継続的に行われる。原材料・製造工程・環境衛生・従業員の意識・保管・流通などの全過程を通じ，危害のおそれのある工程（重要管理点）を明確にして，そこでのチェック方法を決め，常時監視をして，結果を記録する。特に，温度と時間の管理を徹底させるものである。それは，細菌は加熱することでほとんど死滅するが，加熱しても完全に死ぬわけではなく，少量残ったものが時間とともに増殖するからである。なかには芽胞菌のように100℃でも死滅しない菌もいる。いったん加熱調理した食品の温度が緩慢に下がる65〜10℃の間は，細菌にとって最も活動しやすい温度帯となり，残っていた細菌や，付着した空中の浮遊菌が増殖することになる（図3−29）。

日本では，「食品衛生法」の総合衛生管理製造過程を承認する制度が定められてい

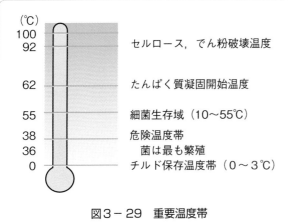

図3－29　重要温度帯

参考）長田銑司，長田勇久：『真空調理で日本料理』，柴田書店，p. 150（2002）

たが，2018（平成30）年の食品衛生法改正によりすべての食品事業者にHACCPによる衛生管理の導入が義務づけられることとなった（2021（令和3）年6月から完全施行）。総合衛生管理製造過程承認制度は廃止された。なお，小規模事業者については，各業界団体作成の手引書に基づいた簡略化された方法で衛生管理を行えばHACCPに沿ったものとみなされるとされている。

文　献

・中浜信子，大越ひろ，森高初惠：『おいしさのレオロジー』，アイ・ケイコーポレーション（2011）
・中浜信子：『調理の科学』，三共出版（1999）
・川端晶子，大羽和子，森高初惠：『時代とともに歩む新しい調理学』，学建書院（2010）
・大越ひろ，品川弘子（編著）：『健康と調理のサイエンス』，学文社（2010）
・文部科学省 科学技術・学術審議会資源調査分科会：日本食品標準成分表2020年版（八訂）（2020）
・文部科学省スポーツ青少年局：調理場における衛生管理&調理技術マニュアル（2011）
・矢野俊正，川端晶子（編著）：『21世紀の調理学6　調理工学』，建帛社（1996）
・畑耕一郎：『プロのためのわかりやすい日本料理』，柴田書店（1998）
・全国調理師養成施設協会（編）：『改訂　調理用語辞典』，全国調理師養成施設協会（1999）
・日本栄養・食糧学会 （編）：『栄養・食糧学用語事典　第2版』，建帛社（2012）
・山崎清子ほか：『NEW調理と理論　第二版』，同文書院（2021）
・福場博保，小林彰夫 （編）：『調味料・香辛料の事典』，朝倉書店（2002）
・日本フードスペシャリスト協会（編）：『三訂　食品の官能評価・鑑別演習』，建帛社（2014）
・厚生労働省：大量調理施設衛生管理マニュアル（2008）
・大越ひろ，高橋智子（編著）：『四訂　健康・調理の科学』，建帛社（2020）
・日本調理科学会 （編）：『新版　総合調理科学事典』，光生館（2006）
・肥後温子，村上祥子：『電子レンジを活用した調理』，建帛社（2020）

第 4 章

食事設計

　わが国は急速な少子・高齢社会となり，国民の健康状態や疾病構造は変化してきている。なかでも生活習慣病は，増加の一途をたどっており，今や健康長寿の最大の阻害要因となるだけでなく，国民医療費にも大きな影響を与えている。その多くは，不健全な生活習慣の積み重ねによるものであり，生活習慣の中で食生活は，健康的意義や予防医学の面から重要な役割を担っている。このような状況において，人々の食生活に適切かつ実践的な指導能力を備える，栄養・食の専門家である栄養士・管理栄養士に期待される役割は大きいといえる。

1. 献立と食事設計

1.1　食事設計の意義

　食事は食物摂取の最終段階であり，その具体的な食事計画には，食品の安全性，栄養性，嗜好性を考慮した食品の選択，調理操作，供食，食卓構成など多くの要素が含まれる。また，対象者に応じた適切な食事設計は，栄養士・管理栄養士にとって必須の技術であり，「食事摂取基準」を反映させた「食事」の提供が求められる。そこで，人が心身ともに健康で，望ましい食生活を過ごすことができるよう，食事設計に関する基本的知識を習得し，目的に応じた献立作成ができる能力を養う必要がある。

（1）食事摂取基準

　日本人の食事摂取基準は，健康増進法の規定に基づき，国民の健康の保持・増進を図る上で摂取することが望ましいエネルギーおよび栄養素の量の基準を厚生労働大臣が定めるもので，5年ごとに改定されている。

　2020年版は，2015年版の方法を踏襲し，栄養に関連した身体・代謝機能の低下の回避の観点から，健康の保持・増進，生活習慣病の発症予防および重症化予防に加え，高齢者の低栄養予防やフレイル予防も視野に入れて策定されている。主な改定のポイントを以下に示す。

○活力ある健康長寿社会の実現に向けて

　・きめ細かな栄養施策を推進する観点から，50歳以上について，より細かな年齢区分による摂取基準を設定

　・高齢者のフレイル予防の観点から，総エネルギー量に占めるべきたんぱく質由来エネルギー量の割合（％エネルギー）について，65歳以上の目標量の下限を13％

　　　エネルギーから15%エネルギーに引き上げ

・若いうちからの生活習慣病予防を推進するため，以下の対応を実施

　　―飽和脂肪酸，カリウムについて，小児の目標量を新たに設定

　　―ナトリウム（食塩相当量）について，成人の目標量を0.5g/日引き下げるとともに，高血圧および慢性腎臓病（CKD）の重症化予防を目的とした量として，新たに6g/日未満と設定

　　―コレステロールについて，脂質異常症の重症化予防を目的とした量として，新たに200mg/日未満に留めることが望ましいことを記載

○EBPM（Evidence Based Policy Making：根拠に基づく政策立案）のさらなる推進に向けて

・食事摂取基準を利用する専門職等の理解の一助となるよう，目標量のエビデンスレベルを対象栄養素ごとに新たに設定

1）策定方針

① 日本人の食事摂取基準（2020年版）策定の方向性を図4−1に示した。

② 対象は，健康な個人および健康な者を中心として構成されている集団とし，生活習慣病等に関する危険因子を有していたり，また，高齢者においてはフレイルに関する危険因子を有していたりしても，おおむね自立した日常生活を営んでいる者およびこのような者を中心として構成されている集団は含むものとした。

③ 十分な科学的根拠に基づき，望ましい摂取量の基準を策定できるものがあるか

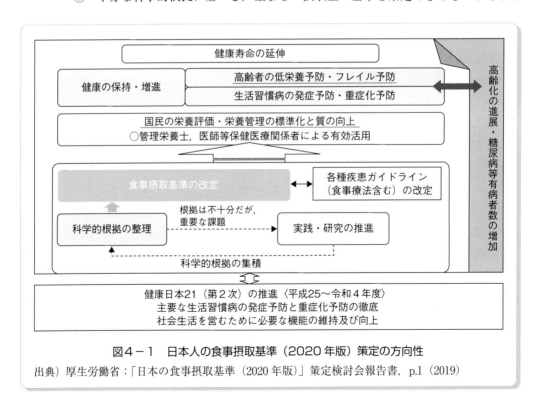

図4−1　日本人の食事摂取基準（2020年版）策定の方向性

出典）厚生労働省：「日本の食事摂取基準（2020年版）」策定検討会報告書，p.1（2019）

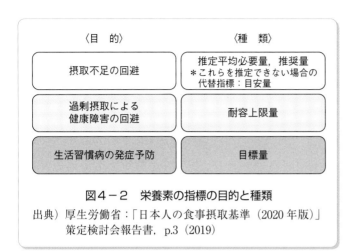

図4-2　栄養素の指標の目的と種類

出典）厚生労働省：「日本人の食事摂取基準（2020年版）」策定検討会報告書，p.3（2019）

について，諸外国の食事摂取基準も参考に検討した。

2）策定の基本的事項

（1）**エネルギーの指標**：エネルギーの摂取量および消費量のバランス（エネルギー収支バランス）の維持を示す指標として，「体格（BMI：body mass index）」を用いた。

（2）**栄養素の指標**：栄養素の指標は3つの目的からなる指標で構成した（図4-2）。

　a．摂取不足の回避を目的として，「推定平均必要量」（estimated average requirement：EAR）を設定した。推定平均必要量は，半数の人が必要量を満たす量である。推定平均必要量を補助する目的で「推奨量」（recommended dietary allowance：RDA）を設定した。推奨量はほとんどの人が充足している量である。

　b．十分な科学的根拠が得られず，推定平均必要量と推奨量が設定できない場合は，「目安量」（adequate intake：AI）を設定した。一定の栄養状態を維持するのに十分な量であり，目安量以上を摂取している場合は不足のリスクがほとんどない（図4-3）。

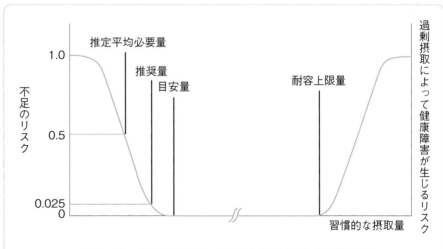

図4-3　食事摂取基準の各指標を理解するための概念図

注）縦軸は，個人の場合は不足または過剰によって健康障害が生じる確率を，集団の場合は不足状態にある者または過剰摂取によって健康障害を生じる者の割合を示す。

出典）厚生労働省：「日本人の食事摂取基準（2020年版）策定検討会報告書，p. 7（2019）

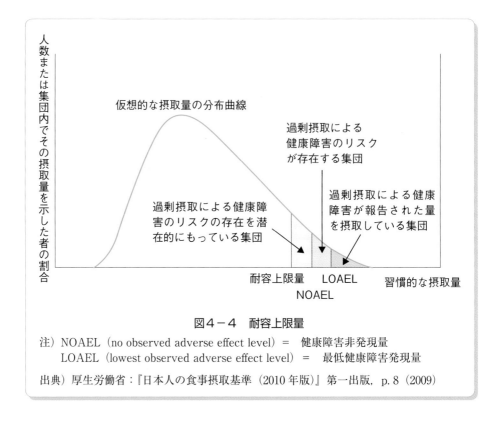

図4-4　耐容上限量

注）NOAEL（no observed adverse effect level）＝　健康障害非発現量
　　　LOAEL（lowest observed adverse effect level）＝　最低健康障害発現量

出典）厚生労働省：『日本人の食事摂取基準（2010年版）』第一出版，p. 8（2009）

　　c．過剰摂取による健康障害の回避を目的として，「耐用上限量」（tolerable upper intake level：UL）を設定した（図4-4）。
　　d．生活習慣病の予防を目的に，「生活習慣病の予防のために現在の日本人が当面の目標とすべき摂取量」として「目標量」（tentative dietary goal for preventing lifestyle related diseases：DG）を設定した。

3）活用に関する基本的事項

　健康な個人または集団を対象として，健康の保持・増進，生活習慣病の発症予防および重症化予防のための食事改善に，食事摂取基準を活用する場合は，PDCAサイクルに基づく活用を基本とする（図4-5）。食事摂取状況のアセスメントにより，エネルギー・栄養素の摂取量が適切かどうかを評価する。食事評価に基づき，食事改善計画の立案，食事改善を実施し，それらの検証を行う。検証を行う際には，食事評価を行い，検証結果を踏まえ，計画や実施の内容を改善する。

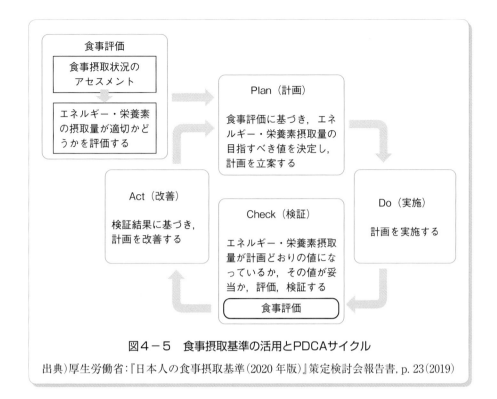

図4−5　食事摂取基準の活用とPDCAサイクル

出典）厚生労働省：『日本人の食事摂取基準（2020年版）』策定検討会報告書, p. 23（2019）

（2）食生活指針

　近年，がん，心臓病，糖尿病などの生活習慣病が健康問題として大きな課題となっており，その予防のために食生活の改善はますます重要となっている。国民の日々の生活の中で「何をどれだけ，どのように食べたらよいのか」，具体的に実践できる目標として，厚生省（現 厚生労働省），農林水産省，文部省（現 文部科学省）が連携をはかり検討を進め，2000（平成12）年に食生活指針を策定し，2016（平成28）年に改訂された（表4−1）。食料生産・流通から食卓，健康へと幅広く食生活全体を視野に入れていることが大きな特徴である。内容については，「食事を楽しみましょう」を1番目にするなど，QOL（quality of life：生活の質）の向上を重視した構成になっている。2番目の「1日の食事のリズムから，健やかな生活リズムを」も，生活の質の向上に食生活が大きな役割を果たすことを強調したものである。3番目の「適度な運動とバランスのよい食事で，適正体重の維持を」は，食事と身体活動（運動）との関連を示したものである。4〜7番目の項目は，食べ物の組合わせについて階層的に示したもので，「主食，主菜，副菜を基本に，食事のバランスを」が料理レベル，「ごはんなどの穀類をしっかりと」「野菜・果物，牛乳・乳製品，豆類，魚なども組み合わせて」が食材（食品）レベル，「食塩は控えめに，脂肪は質と量を考えて」が栄養素レベルでの重要なポイントを示している。8番目の「日本の食文化や地域の産物を活かし，郷土の味の継承を」は，食料の安定供給や食文化に，9番目の「食料資源を大切に，無駄や廃棄の少ない食生活を」は，食料資源や環境問題に配慮したものである。さら

に10番目の「「食」に関する理解を深め，食生活を見直してみましょう」は，自分の食生活を見直し，自分なりの健康目標を立て，実践し，また見直していく中で，質も高い食生活の実現を目指すものとして最終項目に位置づけている。

（3）食事バランスガイド

食事バランスガイド（図4－6）は，望ましい食生活についてのメッセージを示した食生活指針を具体的な行動に結び付けるものとして，1日に「何を」「どれだけ」食べたらよいかの目安をわかりやすくイラストで示したものであり，厚生労働省と農林水産省の共同により「日本人の食事摂取基準（2005年版）」の数値を参照して2005（平成17）年に策定され，「日本人の食事摂取基準（2010年版）」を踏まえ，2009（平成21）年に改定されたものである。

1）基本的な考え方と活用の方向性

① 誰もが親しみやすい，食生活を見直すきっかけとなるものとする。

② 栄養教育等を専門的に受けたことがない人でも，手軽に，気楽に，バランスのよい食べ方ができるようになることを目指すものとする。

③ 国をはじめ，地方公共団体，食品生産者・事業者，栄養士・管理栄養士，その他の保健・医療・福祉の専門家，食生活改善推進員等の地域の食育活動を行うボランティア等が，連携して普及を進めていく必要がある。

④ 栄養指導や栄養教育の場だけでなく，一般の人々が日々の食べ物を購入・消費する小売店や外食店舗等のさまざまな場においても，活用を広げていくことが必要である。

2）特　　徴

① 栄養や食品に関する専門的な知識のない一般の人にもわかりやすく，実践しやすいことを第一として，「料理レベル」でおおよその量を示している。

② 日常食べる料理を主食，副菜，主菜，牛乳・乳製品，果物の5つの料理区分に分類し，量を多くとる順に上から示し，それぞれの区分ごとに1日にとる量の目安を設けている。

③ どれだけ食べたらよいかの量は1つ，2つと「つ」，または1SV，2SVと「SV」（サービング：「食事提供量の単位」の略）で数える。

④ 運動と食事の両方が大切であることを示し，運動量が少なくてもコマは倒れることが表されている。

⑤ コマの軸にはお茶・水を，ヒモには菓子・嗜好飲料が位置づけられている。

3）対　　象

対象は，原則として健康な人である。ただし，軽度な疾患を有していても，通常の生活を営み，該当疾患に特有の食事指導，食事制限，食事療法を指導されたり，適用されていない者は含まれる。

表4－1　食生活指針

○食事を楽しみましょう。
・毎日の食事で，健康寿命をのばしましょう。 ・おいしい食事を，味わいながらゆっくりよく噛んで食べましょう。 ・家族の団らんや人との交流を大切に，また，食事づくりに参加しましょう。
○1日の食事のリズムから，健やかな生活リズムを。
・朝食で，いきいきした1日を始めましょう。 ・夜食や間食はとりすぎないようにしましょう。 ・飲酒はほどほどにしましょう。
○適度な運動とバランスのよい食事で，適正体重の維持を。
・普段から体重を量り，食事量に気をつけましょう。 ・普段から意識して身体を動かすようにしましょう。 ・無理な減量はやめましょう。 ・特に若年女性のやせ，高齢者の低栄養にも気をつけましょう。
○主食，主菜，副菜を基本に，食事のバランスを。
・多様な食品を組み合わせましょう。 ・調理方法が偏らないようにしましょう。 ・手作りと外食や加工食品・調理食品を上手に組み合わせましょう。
○ごはんなどの穀類をしっかりと。
・穀類を毎食とって，糖質からのエネルギー摂取を適正に保ちましょう。 ・日本の気候・風土に適している米などの穀類を利用しましょう。
○野菜・果物，牛乳・乳製品，豆類，魚なども組み合わせて。
・たっぷり野菜と毎日の果物で，ビタミン，ミネラル，食物繊維をとりましょう。 ・牛乳・乳製品，緑黄色野菜，豆類，小魚などで，カルシウムを十分にとりましょう。
○食塩は控えめに，脂肪は質と量を考えて。
・食塩の多い食品や料理を控えめにしましょう。食塩摂取量の目標値は，男性で1日8g未満，女性で7g未満とされています。 ・動物，植物，魚由来の脂肪をバランスよくとりましょう。 ・栄養成分表示を見て，食品や外食を選ぶ習慣を身につけましょう。
○日本の食文化や地域の産物を活かし，郷土の味の継承を。
・「和食」をはじめとした日本の食文化を大切にして，日々の食生活に活かしましょう。 ・地域の産物や旬の素材を使うとともに，行事食を取り入れながら，自然の恵みや四季の変化を楽しみましょう。 ・食材に関する知識や調理技術を身につけましょう。 ・地域や家庭で受け継がれてきた料理や作法を伝えていきましょう。
○食料資源を大切に，無駄や廃棄の少ない食生活を。
・まだ食べられるのに廃棄されている食品ロスを減らしましょう。 ・調理や保存を上手にして，食べ残しのない適量を心がけましょう。 ・賞味期限や消費期限を考えて利用しましょう。
○「食」に関する理解を深め，食生活を見直してみましょう。
・子供のころから，食生活を大切にしましょう。 ・家庭や学校，地域で，食品の安全性を含めた「食」に関する知識や理解を深め，望ましい習慣を身につけましょう。 ・家族や仲間と，食生活を考えたり，話し合ったりしてみましょう。 ・自分たちの健康目標をつくり，よりよい食生活を目指しましょう。

平成12年文部省，厚生省，農林水産省決定，平成28年6月一部改正

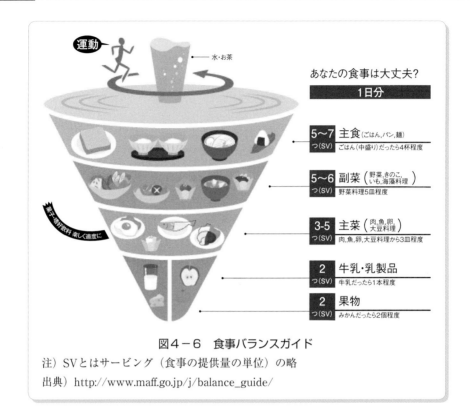

図4-6　食事バランスガイド

注）SVとはサービング（食事の提供量の単位）の略
出典）http://www.maff.go.jp/j/balance_guide/

4）活用の展開

① 「何をどれだけ食べるとよいか」を示す場合には，栄養素レベル，食品レベル，料理レベルの3つの指標が考えられる（表4-2）。これらは，それぞれに長所・短所があるため，対象者の関心，学習意欲，知識の程度，また，活用の目的等に合わせて使い分けや組合せを考える必要がある。

② 「食事バランスガイド」は，料理レベルの指標であり，普段の食事で目にする状態で活用できることから，自分で調理をしない人や，外食や中食などの利用が多い人にとっても活用しやすいものである。

③ 従来から栄養指導の中心的な教材として活用されている食品レベルの指標である「食品群」も，料理レベルの指標である「食事バランスガイド」も，栄養素レベルの基準である「日本人の食事摂取基準」に基づいて作成されている。

④ 「食事バランスガイド」を活用，展開するにあたっては，その策定のねらいや特徴を十分に理解した上で，専門性を活かしたきめ細かな情報提供とすることが重要である。

⑤ 個人対象の場合，最初から高いレベルを狙わず，対象者ができることから，少しずつステップアップしていけるような働きかけが必要である。全体（エネルギー量）の適否は，体重の変化等で確認する。

⑥ 集団（不特定多数）対象の場合，学習集団の必要エネルギー量を仮定し，各料理

区分からの摂取量の目安「つ（SV）」を設定する（集団が一般の人々であれば，基本形を原則とする。例に示す料理・食品は，標準サイズを用いる）。学習者がアクセスしてくれる場での情報提供となるため，対象者のニーズにあった情報の内容と量とし，できる限り，「全体（エネルギー量）」の適否は，「体重の変化等でチェックする」等のメッセージを入れる。

5）基本的な使い方

①　年齢，性別，活動量から，自分に合ったエネルギー量の目安と，各料理区分の適量範囲「つ（SV）」を把握する（図4－7）。

＊「食事バランスガイド」では，年齢，性別，活動量によって，摂取の目安は3つに分かれている。

②　好みの料理を選んで組み合わせ，楽しく食事をする。

③　1日に食べた食事を「つ（SV）」で数え，①の適量範囲と比べる。

④　適量範囲に入っていない料理区分は改善を目指すなど，毎日の食生活に「食事バランスガイド」を活用する。

＊あまり神経質に考えず，3日間，1週間単位でバランスをとるように心がける。

⑤　定期的に体重（と腹囲）の変化等をチェックし，食事量と活動量のバランスを確認する。

＊数値の増減によって，適量，料理の選び方が正しいかチェックする必要がある。

6）料理区分と数え方

「食事バランスガイド」では食材料のすべての栄養素を計算するのではなく，料理の素材の主な材料のみをとらえて計算することとしている。これは，一般の利用者は目に見える料理や素材しか把握できないため，「食べている」感覚に近いものとするよう，主材料をとらえて計算し，おおまかなバランスを把握することに主眼を置いているためである。主材料かどうかの判断は，レシピ作成者・計算者が行う。1つ（SV）の基準については，表4－3に示す。

①　**主　食**　主に炭水化物の供給源である，ごはん，パン，めん，スパゲッティなどを主材料とする料理が含まれる。1つ（SV）＝主材料に由来する炭水化物約40 g

②　**副　菜**　主にビタミン，無機質，食物繊維の供給源である，野菜類，いも類，豆類（大豆を除く），きのこ類，海藻類などを主材料とする料理が含まれる。1つ（SV）＝主材料の重量約70 g

③　**主　菜**　主にたんぱく質の供給源である肉，魚，卵，大豆および大豆製品などを主材料とする料理が含まれる。1つ（SV）＝主材料に由来するたんぱく質6 g

④　**牛乳・乳製品**　主にカルシウムの供給源である，牛乳，ヨーグルト，チーズなどが含まれる。1つ（SV）＝主材料に由来するカルシウム約100 mg

⑤　**果　物**　主にビタミンC，カリウムなどの供給源である，りんご，みかんなどの果実およびすいか，いちごなどの果実的な野菜が含まれる。1つ（SV）＝主材料の重量約100 g

表4−2　栄養素，食品，料理レベルの指標

栄養教育に用いられる要素	エネルギー栄養素	食品〜食品群			具体的な料理	食事バランスガイドでの区分（料理区分）
内容	エネルギー 炭水化物 たんぱく質 脂質 ビタミン 　ビタミンA 　ビタミンB₁ 　ビタミンB₂ 　ナイアシン 　ビタミンB₆ 　葉酸 　ビタミンB₁₂ 　ビオチン 　パントテン酸 　ビタミンC 　ビタミンD 　ビタミンE 　ビタミンK ミネラル 　マグネシウム 　カルシウム 　リン 　クロム 　モリブデン 　マンガン 　鉄 　銅 　亜鉛 　セレン 　ヨウ素 　ナトリウム 　カリウム	**食品成分表** 穀類 いもおよびでん粉類 砂糖および甘味類 豆類 種実類 野菜類 果実類 きのこ類 藻類 魚介類 肉類 卵類 乳類 油脂類 菓子類 し好飲料類 調味料および香辛料類 調理加工食品類	**6つの基礎食品** 第1類（魚，肉，卵，大豆） 良質たんぱく質の給源となるもので，毎日の食事で主菜となるもの。副次的にとれる栄養素として，脂肪，カルシウム，鉄，ビタミンA，ビタミンB₁，ビタミンB₂ 第2類（牛乳，乳製品，骨ごと食べられる魚） 牛乳，乳製品は，比較的多種の栄養成分を含むが，特にカルシウムの給源として重要である。その他，良質たんぱく質，ビタミンB₂の給源。小魚類はたんぱく質，カルシウムを多く含み，また，鉄，ビタミンB₂の給源。 第3類（緑黄色野菜） 主としてカロテンの給源となる野菜。ビタミンCおよびカルシウム，鉄，ビタミンB₂の給源。 第4類（その他の野菜，果物） 主としてビタミンCの給源。その他，カルシウム，ビタミンB₁，ビタミンB₂の給源。 第5類（米，パン，めん，いも） 糖質性エネルギー源となる食品。この類に分類されるものとしては，大麦や小麦などの穀類とその加工品および砂糖類，菓子類などがある。いも類は糖質の他にビタミンCなども比較的多く含まれる。 第6類（油脂類） 脂肪性エネルギー源となる食品。大豆油，米油などの食物油およびマーガリンならびにバター，ラードなどの動物脂およびマヨネーズ，ドレッシングなどの多脂性食品が含まれる。	**3色分類** 赤 緑 黄	ごはん パン 麺 焼き魚 ハンバーグ 卵焼き 冷や奴 サラダ 煮物 牛乳 ヨーグルト りんご みかん チョコレート ケーキ ジュース 揚げ物 佃煮	ごはん，パン，麺，パスタなどを主材料とする料理　【主食】 肉，魚，卵，大豆製品などを主材料とした料理（主にたんぱく質の供給源）　【主菜】 野菜，いも，豆類，きのこ，海藻などを主材料とした料理（主にビタミン，ミネラル，食物繊維の供給源）　【副菜】 牛乳・乳製品（主にカルシウムの供給源）　【牛乳・乳製品】 果物（主にビタミンC，カリウムの供給源）　【果物】 菓子・嗜好飲料（楽しく適度にとりたいもの）　【菓子・嗜好飲料】 油脂・調味料（料理形態によってはとりすぎに注意）　【油脂・調味料】
食べる者の量的把握（一般人の場合）	目に見えない（栄養成分表示がされているものは含有量がわかる）	料理の中に分散しているので，重量の把握が難しい。			食卓，外食，惣菜など食べる時に見ている状態のもの。1回の食事で食べる量を，料理区分別に標準的な量（つ（SV））と比較することにより，適量か否かをおおよそ把握できる。生活の中で繰り返し，こうした情報にふれることで，特別の学習をしなくても，感覚的にわかって使えるようになる可能性大。	
作る者の量的把握（一般家庭の場合，および外食，中食業者の場合）	食品成分表や分析結果から把握できる（一般の家庭では難しい）	つくるときに，食材の重量を計算すれば，把握できる。一般飲食店での正しい把握は，管理栄養士の援助なしには難しい。（健康づくり協力店の実施状況から）			1料理の提供量を標準的な量（つ（SV））と比較することにより，適切な量の提供ができる。食材の細かい部分の違いは捨象して使うことができるので，一般飲食店が表示をする場合にも，その日の食材の仕入れ状況に対応したメニュー変更が容易にできる（栄養成分表示では，これが難しいため普及しにくいという課題がある）。	
健康の維持等の観点から望ましい摂取量の目安	食事摂取基準	食事摂取基準に基づく食品構成			「食事バランスガイド」 食事摂取基準，食品構成等をふまえた，料理区分毎の摂取の目安を示す数値（つ（SV））で示される。	

出典）厚生労働省・農林水産省：『専門家のための「食事バランスガイド」活用法』，p.3（2009）

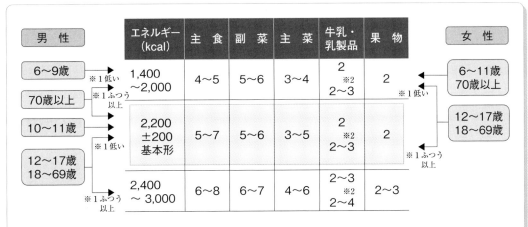

図4－7　エネルギー量の目安と各料理区分の適量範囲

注）単位：つ（SV）
　　SVとはサービング（食事の提供量）の略
　※1　身体活動量の見方
　　　「低い」：1日中座っていることがほとんどの人
　　　「ふつう以上」：「低い」に該当しない人
　※2　学校給食を含めた子ども向け摂取目安について，成長期に特に必要なカルシウムを十分
　　　にとるためにも，牛乳・乳製品の適量は少し幅をもたせて1日2～3つ（SV），「基本形」
　　　よりもエネルギー量が多い場合では，4つ（SV）程度まで目安にするのが適当である。
出典）厚生労働省・農林水産省：『専門家のための「食事バランスガイド」活用法』，p.4（2009）

表4－3　1つ（SV）の基準

主　食	穀物に由来する炭水化物：約40 g
副　菜	主材料の野菜，きのこ，いも，海藻，豆類（大豆以外），種実の重量：約70 g ※乾物は戻した重量で計算する。
主　菜	主材料の肉，魚，卵，大豆・大豆製品に由来するたんぱく質：約6 g
牛乳・ 乳製品	牛乳・乳製品に由来するカルシウム：約100 mg
果　物	果物の重量・約100 g

注）各主材料の生重量，可食部重量から計算する。
　　一尾の魚や果物などは，廃棄込みの重量が計算，記載されているレシピが多いので注意する。
出典）厚生労働省・農林水産省：『専門家のための「食事バランスガイド」活用法』，p.9（2009）

⑥　**水・お茶**　　水・お茶といった水分は食事の中で欠かせないものであり，料理，飲料として食事や食間などに十分量をとる必要があることから，象徴的なイメージのコマの軸として表現している。

⑦　**運　動**　　「コマが回転する」＝「運動する」ことによって初めて安定することを表現している。栄養バランスのとれた食事をとること，適度な運動をすることは，健康づくりにとって非常に大切なことである。適度な運動習慣を身につけるようにする。

⑧　**菓子・嗜好飲料**　菓子・嗜好飲料は，食生活の中で楽しみとしてとらえられ，食事全体の中で適度にとる必要があることから，イラスト上ではコマを回すためのヒモとして表現し，「楽しく適度に」というメッセージがついている。1日200 kcal程度を目安にする（表4－4）。

⑨　**その他**　油脂・調味料については，基本的に料理の中に使用されているものであることから，イラストとして表現されていない。

料理を選ぶ際に，エネルギー，脂質，塩分の表示を併せて，チェックすることが大切である。

表4－4　200kcalの目安

食　品	目安量
せ　ん　べ　い	3～4枚
ショートケーキ	小1個
日　　本　　酒	コップ1杯（200 mL）
ビ　ー　ル	缶1本半（500 mL）
ワ　　イ　　ン	コップ1杯（260 mL）
焼酎（ストレート）	コップ半分（100 mL）

1.2　食品構成と献立

（1）食　品　群

私たちが毎日バランスよく，いろいろな食べ物をとりやすいように，食品の特性，特に栄養的特性からその特徴に応じて食品を分類したものが食品群である。消化・吸収された食品の体内におけるはたらきなどにより，食品をいくつかのグループに分け，簡便化した食品群分類が考案されている。よく使用される食品群の分類に，3色食品群，6つの基礎食品群などがある。食品群は，「何をどれだけ食べればよいか」の目安となる。

1）3色食品群（表4－5）

栄養素のはたらきにより，食品を3群（赤，黄，緑）に色分けしたもので，1952（昭和27）年に岡田正美氏（広島県庁技師）が提唱し，近藤とし子氏（（社）栄養改善普及会）が普及に努めた。3色の食品の分類は，赤色群は，血液や肉をつくるもの，黄色群は，力や体温になるもの，緑色群は，体の調子を整えるものに分類している。

毎食，この各群より2種類以上の食品を食べるようにしたり，毎日，各々の群から食品を組み合わせて食べるようにすると，栄養素のバランスがとれた食事になるように考案されている。子どもにも理解しやすいので，学校給食などの栄養指導に利用されている。

表4－5　3色食品群

群　別	食品の種類	作　用	栄養素
赤　群	魚介・肉類，卵類，牛乳・乳製品，大豆・豆製品	血や肉をつくる	たんぱく質，脂質，カルシウム，ビタミンB_1・B_2
黄　群	穀類，いも，油脂類，砂糖類	力や体温となる	炭水化物，脂質，ビタミンA・B_1・D
緑　群	緑黄色野菜，その他の野菜，海藻類，果物	体の調子を整える	カロテン，カルシウム，ヨウ素，ビタミンC

2）6つの基礎食品群（表4-6）

栄養素の特徴をもとに食品を6つの群に分けたもので，1958（昭和33）年に国民の栄養知識の向上を図るために，厚生省（現 厚生労働省）が作成したものである。1981（昭和56）年に，各栄養素の均衡のとれた食事のための正しい知識を普及し，日常の食生活改善・向上を図ることを目的に改訂されている。栄養成分の類似している食品を6群に分類することにより，バランスのとれた栄養を摂取するために，具体的にどのような食品をどのように組み合わせて食べるかを誰もがわかるようにしたものであり，これを活用することによって，栄養教育の効果をあげることができるものである。各群から2〜3品以上を組み合わせた食品を食べると，栄養のバランスがとれた食事になる。食品の分類は，第1類「魚，肉，卵，大豆」，第2類「牛乳・乳製品，骨ごと食べられる魚」，第3類「緑黄色野菜」，第4類「その他の野菜，果物」，第5類「米，パン，めん，いも」，第6類「油脂」である。

表4-6　6つの基礎食品

群　別	食品の種類	作　用	栄養素
第1類	魚，肉，卵，大豆	血や肉をつくる	たんぱく質，脂質，カルシウム，鉄，ビタミンA・B_1・B_2
第2類	牛乳・乳製品，骨ごと食べられる魚	骨や歯をつくる	たんぱく質，カルシウム，ビタミンB_2，鉄
第3類	緑黄色野菜	体の調子を整える	カロテン，ビタミンB_2・C，カルシウム，鉄
第4類	その他の野菜，果物	体の調子を整える	ビタミンB_1・B_2・C，カルシウム
第5類	米，パン，めん，いも	エネルギー源となる	糖質，ビタミンB_1・C
第6類	油脂	効率的なエネルギー源となる	脂質

出典）厚生省保健医療局（現 厚生労働省）（1958）

（2）食品構成表

食事摂取基準に示されるエネルギーおよび各栄養素の摂取量の基準を日常の食生活に活かすためには，またその基準を満たすためには，どのような種類の食品をどれくらいの量食べたらよいのかの目安が必要とされる。食品構成表とは，食品を栄養成分の種類や量の特徴により各食品群に分けたもので，食品群別摂取目標量である。そのため，食品構成表に先立ち，食品群別荷重平均成分表を作成することが必要である。

食品構成表を使用して献立を立案すると，食品成分表を用いることなく，日常の摂取目標量に近似したバランスのとれた食事になるため，給食管理や栄養教育にも利用されている。食品構成表は，本来，対象集団や対象者各々の条件（健康状態，嗜好，経済性，地域特性等）を考慮の上，作成すべきものであるが，各々の食生活改善の参考とするため，その目安としての例を示す（表4-7）。

１）基本的な考え方

① 食事摂取基準を満たすものであること

② 栄養比率についても考慮したものであること

③ 日常の食生活に活用しやすいものであること

２）食品群別荷重平均成分表

　食品群は，「国民健康・栄養調査」（厚生労働省）に用いられている群や，食事摂取基準の前身である「第六次改定日本人の栄養所要量」に対応した群を使用するのが一般的である。食品構成表作成のための食品群別荷重平均成分表は，対象者もしくは対象集団の特色を考慮することが望まれる。対象把握など困難な場合は，「国民健康・栄養調査」および食料需給表（農林水産省）を参考に作成する。

３）食品構成表の作成方法

① 対象集団に相当する摂取すべきエネルギーおよび各栄養素の基準を，「日本人の食事摂取基準（2020年版）」を用いて設定する。

② 食品構成表の給与目標量は，1か月程度の期間を平均として，その1日当たりで摂取できることを目安とする。毎食ごとにこだわらなくてよい。

③ 考慮すべき栄養素等は，エネルギー，たんぱく質，脂質，ビタミンA，ビタミンB₁，ビタミンB₂，ビタミンC，カルシウム，鉄，食物繊維である。作成手順の具体的例を以下に示す。

　(1) たんぱく質，エネルギー

　(2) 炭水化物（％エネルギー），総脂質（％エネルギー）

　(3) 「日本食品標準成分表2020年版（八訂）」の収載栄養素において，「日本人の食事摂取基準（2020年版）」で推定平均必要量，推奨量，目安量が設定されているもの。

　(4) 「日本食品標準成分表2020年版（八訂）」の収載栄養素において，「日本人の食事摂取基準（2020年版）」で目標量が設定されているもの。

④ エネルギー以外の栄養素は，摂取基準の範囲内，または上限値以下にする。

⑤ 日常の食生活における摂取状況とあまりにかけ離れたものは活用しにくいことから，なるべく日常における摂取量に近い形のものを採用する。あくまでも目標となる数値であり，細かい数字を提示することを目的としないので，できるだけきりのよい数値を設定する。

2.　食品成分表と献立

　食品は人の生命，健康を支える上で基本的な物質である。日常摂取する食品の成分を明らかにすることは，健康の維持，増進をはかる上で極めて重要であり，また，食料の安定供給を確保するための計画の策定の基礎としても必要不可欠である。

　「日本食品標準成分表」（以下「食品成分表」という）は，戦後の国民栄養改善の見地から，食品に含まれる栄養成分の基礎データ集として，1950（昭和25）年に経済安定本部がとりまとめたのに始まり，1956（昭和31）年の科学技術庁の発足に伴い，資源

表４−７　年齢区分別食品構成

食品群	1〜2歳	3〜5歳	6〜8歳	9〜11歳	12〜14歳	15〜17歳	18〜29歳	30〜49歳	50〜69歳	70歳以上
穀　類	150	180	250	320	360	400	380	380	350	320
種実類	5	5	5	5	5	5	5	5	5	5
いも類	40	60	70	100	100	100	110	100	80	70
砂糖類	5	5	5	5	5	5	5	5	5	5
菓子類	20	20	30	30	30	30	30	20	20	20
油脂類	10	15	15	15	20	20	20	15	15	10
豆　類	30	40	50	60	80	70	60	60	60	60
果実類	150	150	150	150	150	150	150	150	150	150
緑黄色野菜	90	90	90	90	100	120	120	120	120	120
その他の野菜	120	150	150	200	200	230	230	230	230	230
きのこ類	5	5	5	5	10	10	10	10	10	10
海藻類	5	5	5	5	10	10	10	10	10	10
調味し好飲料	50	50	50	60	60	70	100	100	50	50
魚介類	30	40	50	70	70	70	60	60	70	70
肉　類	40	40	50	70	70	70	60	60	70	70
卵　類	30	30	40	40	50	40	40	40	40	40
乳　類	200	200	250	300	350	300	200	200	200	200
その他の食品	5	5	5	5	5	5	5	5	5	5

出典）健康・栄養情報研究会（編）：『第六次改定　日本人の栄養所要量食事摂取基準の活用』，第一出版，
　　　p. 55（2000）

行政の一環として資源調査会が引き継ぎ，また，省庁再編後も文部科学省科学技術・学術審議会資源調査分科会が取り組んできているものである。

　2000（平成12）年以降，食品成分表は５年ごとに公表され，2020（令和２）年12月に「日本食品標準成分表2020年版（八訂）」と，これを補完する「日本食品標準成分表2020年版（八訂）アミノ酸成分表編」，同「脂肪酸成分表編」および同「炭水化物成分表編」が公表された。

2.1　食品成分表の目的

　食品成分表は，食品成分に関する基礎データを提供するという役割を果たしてきた。すなわち，食品成分表は学校給食，病院給食等の給食管理，食事制限，治療食等の栄養指導面はもとより，国民の栄養，健康への関心の高まりとともに，一般家庭における日常生活面において広く利用されている。また，厚生労働省の食事摂取基準の策定，国民健康・栄養調査等の各種統計調査や農林水産省の食料需給表の作成等のさまざまな重要施策の基礎資料として活用されている。さらに，教育，研究面では栄養学科，

食品学科をはじめ家庭科，保健体育等の教育分野あるいは栄養学，食品学，家政学，生活科学，医学，農学等の研究分野において利用されている。加えて，近年，加工食品等への栄養成分表示の義務化の流れの中で，栄養成分を合理的に推定するための基礎データとしても利用されている。

　このように食品成分表は，国民が日常摂取する食品の成分に関する基礎データを関係各方面に幅広く提供することを目的としている。

表4-8　日本食品標準成分表2020年版の収載食品数

	食品群	食品数*
1	穀　類	205
2	いも及びでん粉類	70
3	砂糖及び甘味類	30
4	豆　類	108
5	種実類	46
6	野菜類	401
7	果実類	183
8	きのこ類	55
9	藻　類	57
10	魚介類	453
11	肉　類	310
12	卵　類	23
13	乳　類	59
14	油脂類	34
15	菓子類	185
16	し好飲料類	61
17	調味料及び香辛料類	148
18	調理済み流通食品類	50
	計	2,478

2.2　食品成分表2020年版（八訂）

（1）収載食品

1）食品群の分類および配列

　食品群の分類および配列は食品成分表2015年版を踏襲し，植物性食品，きのこ類，藻類，動物性食品，加工食品の順に並べている。なお，食品成分表2015の「18　調理加工食品類」を「調理済み流通食品類」に名称変更した。一般調理食品（小規模調理）は，その原材料食品が属する食品群に収載されている。

2）収載食品の概要

　収載食品は，一部食品名および分類の変更を行い，収載食品数は，食品成分表2015年版より287食品増加し，2,478食品となっている（表4-8）。

　食品の選定，調理にあたっては，次のことを考慮している。

① 原材料的食品：生物の品種，生産条件等の各種の要因により，成分値に変動があることが知られているため，これらの変動要因に留意し選定している。「生」，「乾」など未調理食品を収載食品の基本とし，摂取の際に調理が必要な食品の一部について，「ゆで」，「焼き」等の基本的な調理食品を収載している。

② 加工食品：原材料の配合割合，加工方法により成分値に幅がみられるので，生産，消費の動向を考慮し，可能な限り代表的な食品を選定している。

3）特　徴

　「18　調理済み流通食品類」として，冷凍，チルド，レトルトの状態で流通する食品，惣菜などが収載され，和え物，煮物などの伝統的な調理をした食品について，原材料の配合割合から算出した料理としての成分値が収載されている。漬物については，一部の主要な食品について，加工済みの状態で流通するものについて新たに調査して分析値が変更されている。

4）食品の分類，配列，食品番号及び索引番号

① **食品の分類および配列**：収載食品の分類は食品成分表2015年版と同じく大分類，中分類，小分類および細分の4段階と，食品の大分類は原則として生物の名称をあて，五十音順に配列している。

ただし，「いも及びでん粉類」，「魚介類」，「肉類」，「乳類」，「し好飲料類」および「調味料及び香辛料類」は，大分類の前に副分類（〈 〉で表示）を設けて食品群を区分している。また，食品によっては，大分類の前に類区分（（ ）で表示）を五十音順に設けている。中分類（［ ］で表示）および小分類は，原則として原材料的形状から順次加工度の高まる順に配列している。ただし，原材料が複数からなる加工食品は，原則として主原材料の位置に配列している。

② **食品番号**：食品番号は5桁とし，はじめの2桁は食品群にあて，次の3桁を小分類または細分にあてている。なお，五訂食品成分表以降の収載食品の見直しに伴い，欠番となっているものがある。

③ **索引番号**：食品成分表2020年版では，各食品に索引番号を付している。これは，新規食品については，成分表の収載順と異なる食品番号が付されていることや，一部の食品について，名称や分類を変更したため，収載順と食品番号とが一致しなくなったことから，食品の検索を容易にするために通し番号を加えたものである。

5）食 品 名

原材料的食品の名称は学術名または慣用名を採用し，加工食品の名称は一般に用いられている名称や食品規格基準等において公的に定められている名称を勘案して採用されている。また，広く用いられている別名を備考欄に記載している。

（2）収載成分項目等

1） 項目およびその配列

① 項目の配列は，廃棄率，エネルギー，水分，成分項目群「たんぱく質」に属する成分，成分項目群「脂質」に属する成分，成分項目群「炭水化物」に属する成分，有機酸，灰分，無機質，ビタミン，その他（アルコールおよび食塩相当量），備考の順としている。

② 成分項目群「たんぱく質」に属する成分は，アミノ酸組成によるたんぱく質およびたんぱく質としている。

③ 成分項目群「脂質」に属する成分は，脂肪酸のトリアシルグリセロール当量で表した脂質，コレステロールおよび脂質としている。

④ 成分項目群「炭水化物」に属する成分は，利用可能炭水化物（単糖当量），利用可能炭水化物（質量計），差引き法による利用可能炭水化物，食物繊維総量，糖アルコールおよび炭水化物としている。なお，利用可能炭水化物（単糖当量），利用可能炭水化物（質量計），差引き法による利用可能炭水化物から構成される成分項目群は，成分項目群「利用可能炭水化物」と呼んでいる。

⑤　酢酸以外の有機酸は，食品成分表2015年版までは便宜的に炭水化物に含めていたが，すべての有機酸をエネルギー産生成分として扱う観点から，有機酸を独立させて配列している。

⑥　無機質の成分項目の配列は，各成分の栄養上の関連性を配慮し，ナトリウム，カリウム，カルシウム，マグネシウム，リン，鉄，亜鉛，銅，マンガン，ヨウ素，セレン，クロム，モリブデンの順としている。

⑦　ビタミンは，脂溶性ビタミンと水溶性ビタミンに分けて配列している。脂溶性ビタミンはビタミンA，ビタミンD，ビタミンE，ビタミンKの順に，また，水溶性ビタミンはビタミンB_1，ビタミンB_2，ナイアシン，ナイアシン当量，ビタミンB_6，ビタミンB_{12}，葉酸，パントテン酸，ビオチン，ビタミンCの順にそれぞれ配列している。このうち，ビタミンAの項目はレチノール，α-およびβ-カロテン，β-クリプトキサンチン，β-カロテン当量，レチノール活性当量としている。また，ビタミンEの項目は，α-，β-，γ-およびδ-トコフェロールとしている。

⑧　それぞれの成分の測定は，「日本食品標準成分表2020（八訂）分析マニュアル」による方法およびこれと同等以上の性能が確認できる方法としている。

2）廃棄率および可食部

廃棄率は，原則として，通常の食習慣において廃棄される部分を食品全体あるいは購入形態に対する重量の割合（%）で示し，廃棄部位を備考欄に記載している。可食部は，食品全体あるいは購入形態から廃棄部位を除いたものである。食品成分表の各成分値は，可食部100 g当たりの数値で示している。

3）エネルギー

食品のエネルギー値は，原則として，FAO/INFOODSの推奨する方法に準じて，可食部100 g当たりのアミノ酸組成によるたんぱく質，脂肪酸のトリアシルグリセロール当量，利用可能炭水化物（単糖当量），糖アルコール，食物繊維総量，有機酸およびアルコールの量（g）に各成分のエネルギー換算係数（表4-9）を乗じて，100 g当たりのkJ（キロジュール）およびkcal（キロカロリー）を算出し，収載値としている。

4）ビタミン

ビタミンAは，レチノール，カロテンおよびレチノール活性当量で表示している。

β-カロテン当量(μg) ＝ β-カロテン(μg) ＋ 1/2 α-カロテン(μg) ＋ 1/2 β-クリプトキサンチン(μg)

レチノール活性当量(μgRAE) ＝ レチノール(μg) ＋ 1/12 β-カロテン当量(μg)

5）食塩相当量

食塩相当量は，ナトリウム量に2.54を乗じて算出した値を示している。

NaCl式量／Naの原子量 ＝ (22.99 ＋ 35.45)／(22.99) ≒ 2.54

ナトリウム量には食塩に由来するもののほか，原材料となる生物に含まれるナトリウムイオン，グルタミン酸ナトリウム，アスコルビン酸ナトリウム，リン酸ナトリウム，炭酸水素ナトリム等に由来するナトリウムも含まれる。

表4-9　適用したエネルギー換算係数

成　分　名	換算係数（kJ/g）	換算係数(kcal/g)
アミノ酸組成によるたんぱく質／たんぱく質	17	4
脂肪酸のトリアシルグリセロール当量／脂質	37	9
利用可能炭水化物（単糖当量）	16	3.75
差引き法による利用可能炭水化物	17	4
食物繊維総量	8	2
アルコール	29	7
糖アルコール		
ソルビトール	10.8	2.6
マンニトール	6.7	1.6
マルチトール	8.8	2.1
還元水あめ	12.6	3
その他の糖アルコール	10	2.4
有機酸		
酢酸	14.6	3.5
乳酸	15.1	3.6
クエン酸	10.3	2.5
リンゴ酸	10	2.4
その他の有機酸	13	3

（3）数値の表示方法

① エネルギーの単位は，kcalおよびkJとし，整数で表示している。

② 一般成分の水分，たんぱく質，アミノ酸組成によるたんぱく質，脂質，トリアシルグリセロール当量，炭水化物（利用可能炭水化物ほか）および有機酸，灰分の単位はgとし，小数第1位まで表示している。

③ コレステロールの単位はmgとして整数で表示している。

④ 無機質は，ナトリウム，カリウム，カルシウム，マグネシウムおよびリンの単位はmgとして整数で表示している。鉄および亜鉛の単位はmgとし，小数第1位まで，銅およびマンガンの単位はmgとし，小数第2位までそれぞれ表示している。ヨウ素，セレン，クロムおよびモリブデンの単位はμgとし，整数でそれぞれ表示している。

⑤ ビタミンAの単位はμgとして，整数で表示している。ビタミンDの単位はμgとし，小数第1位まで（注：五訂食品成分表では整数）表示している。ビタミンEの単位はmgとして小数第1位まで表示している。ビタミンKの単位はμgとして整数で表示している。ビタミンB_1，B_2，B_6およびパントテン酸の単位はmgとして小数第2位まで，ナイアシンの単位はmgとして小数第1位まで，ビタミンCの単位はmgとして整数でそれぞれ表示している。ビタミンB_{12}およびビオチンの単位はμgとして小数第1位まで，葉酸の単位はμgとして整数でそれぞれ表示している。

⑥　備考欄記載の成分は，原則として単位はgとし，小数第1位まで表示している。

⑦　数値の丸め方は，最小表示桁の一つ下の桁を四捨五入しているが，整数で表示しているもの（エネルギーを除く）については，原則として大きい位から3桁目を四捨五入して有効数字2桁で示している。

⑧　各成分において，「−」は未測定であること，「0」は食品成分表の最小記載量の1/10（ヨウ素，セレン，クロムおよびモリブデンにあっては3/10，ビオチンにあっては4/10，「Tr」において同様）未満または検出されなかったこと，「Tr（微量，トレース）」は最小記載量の1/10以上含まれているが5/10未満であることをそれぞれ示している。ただし，食塩相当量の0は算出値が最小記載量（0.1g）の5/10未満であることを示している。また，文献等により含まれていないと推定される成分については測定していない場合が多いが，何らかの数値を示して欲しいとの要望も強いことから，推定値として「（0）」と表示している。同様に微量に含まれていると推定されるものについては「（Tr）」と記載している。「アミノ酸組成によるたんぱく質」，「脂肪酸のトリアシルグリセロール当量」および「利用可能炭水化物（単糖当量）」については，アミノ酸成分表2020年版，脂肪酸成分表2020年版または炭水化物成分表2020年版に収載されていない食品は「−」としている。さらに，これらの組成を諸外国の食品成分表の収載値や原材料配合割合レシピ等を基に推計した場合には，（ ）を付けて数値を示している。なお，穀類，果実類およびきのこ類の一部では，類似食品の収載値から推計や計算により求められた成分について，（ ）を付けて数値を示している。

（4）食品の調理条件 （表4−10，4−11）

①　食品の調理条件は，一般調理（小規模調理）を想定し基本的な条件を定めている。調理に用いる器具は，食品への無機質の影響がないようガラス製等と配慮している。

②　食品成分表の加熱調理は，水煮，ゆで，炊き，蒸し，電子レンジ調理，焼き，油いため，ソテー，素揚げ，天ぷら，フライおよびグラッセ等を収載している。

③　非加熱調理は，水さらし，水戻し，塩漬およびぬかみそ漬としている。通常，食品の調理は調味料を添加して行うものであるが，使用する調味料の種類や量を定め難かったため，マカロニ・スパゲッティのゆで，にんじんのグラッセ，塩漬およびぬかみそ漬を除き調味料の添加を行っていない。

④　ゆでは，調理の下ごしらえとして行い，ゆで汁は廃棄している。和食の料理では伝統的に，それぞれの野菜に応じゆでた後の処理を行っている。その処理も含めて食品成分表ではゆでとしている。例えば，未熟豆野菜および果菜はゆでた後に湯切りを行い，葉茎野菜では，ゆでて湯切りをした後に水冷し，手搾りを行っている。

⑤　塩漬，ぬかみそ漬は，全て水洗いを行った食品であり，葉茎野菜はさらに手搾りしている。このように，食品名に示した調理名から調理過程の詳細がわかりにくい食品は，備考欄にも調理過程を記載している。

⑥　水煮は，煮汁に調味料を加え，煮汁も料理の一部とする調理であるが，食品成分

表４−10　調理方法の概要（例）

食品番号	食品名	調理法	調理過程	調理形態	加水量,食物油量,塩分量等
	1　穀類 こむぎ 　［うどん・そうめん類］ 　　うどん				
1039	ゆで	ゆで	ゆで→湯切り	そのまま	10 倍
	［マカロニ・スパゲッティ類］ 　　マカロニ・スパゲッティ				
1064	ゆで	ゆで	ゆで→湯切り	そのまま	20 倍（1.5％食塩水）
	こめ 　［水稲めし］				
1088	精白米，うるち米	炊き	洗米（5 回かくはん）× 3 回→炊飯（IH ジャー 炊飯器）→冷却	そのまま	洗米：5 倍 炊き：1.4 倍

出典）文部科学省科学技術・学術審議会資源調査分科会（編）：『日本食品標準成分表 2020 年版（八訂）』（2020）

表４−11　調理した食品の重量変化率（例）

食品番号	食品名	重量変化率（％）
	1 穀類 こむぎ 　［うどん・そうめん類］ 　　うどん	
1039	ゆで	180
	［マカロニ・スパゲッティ類］ 　　マカロニ・スパゲッティ	
1064	ゆで	220
	こめ 　［水稲めし］	
1088	精白米，うるち米	210
	2 いも及びでん粉類 じゃがいも	
2018	塊茎，皮なし，蒸し	93
2019	塊茎，皮なし，水煮	97
2020	フライドポテト（塊茎,皮なし）	52
	8 きのこ類 きくらげ	
8007	ゆで	1,000
	乾しいたけ	
8014	ゆで	570
	9 藻類 わかめ 　乾燥わかめ	
9041	素干し，水戻し	590

出典）文部科学省科学技術・学術審議会資源調査分科会（編）：
　　　『日本食品標準成分表 2020 年版（八訂）』，（2020）

表における分析に当たっては，煮汁に調味料を加えず，煮汁は廃棄している。

⑦　食品の調理に際しては，水さらしや加熱により食品中の成分が溶出や変化し，一方，調理に用いる水や油の吸着により食品の重量が激減する。食品成分表の調理した食品の成分値は，調理前の食品の成分値との整合性を考慮し，原則として調理による成分変化率を求めて，これを調理前の成分値に乗じて算出している。

⑧　栄養計算に当たっては，食品成分表の調理した食品の成分値（可食部100g当たり）と，調理前の食品の可食部重量を用い，次式により調理した食品全重量に対する成分量が算出できる。

調理した食品全重量に対する成分量(g)＝

調理した食品の成分値（g/100gEP）×［調理前の可食部重量(g)/100(g)］

×［重量変化率(%)/100］

⑨　食品成分表の廃棄率と，調理前の食品の可食部重量から，次式により廃棄部を含めた原材料重量（購入量）が算出できる。

廃棄部を含めた原材料重量(g)＝［調理前の可食部重量(g)×100］／［100－廃棄率（%）］

⑩　揚げもの（素揚げ，天ぷらおよびフライ）については，生の素材100gに対して使われた衣等の質量，調理による脂質量の増減等を示している。揚げ油の種類，バッターの水分比等は当該食品の調査時の実測値による。また炒め物（油いため，ソテー）について，生の素材100gに対して使われた油の量，調理による脂質の増減等を示している。

⑪　調理による成分変化については，食品成分表に収載したデータを用いて作成した「調理による成分変化率の区分別一覧」を示しており，食品群別／調理方法区分別等の各成分の調理に伴う各成分の残存の程度や油調理等の場合の油関連成分の増加の程度がわかる。

⑫　食品成分表に収載されている原材料から調理加工食品や料理等の栄養成分を計算で求める方法は，食品成分表2015年版第3章の「3　そう菜」で示している（食品成分表2020年版のp.32「9）栄養価計算方法」）。

⑬　食品の分析の際に調理に用いた水は，原則として無機質の影響を排除するためにイオン交換水を用いているが，実際には，水道水を用いて料理する場合が多い。そこで，水道水中の無機質として，全国の浄水場別のデータを示している。

（5）活用方法

社会のニーズに対応し，食品成分データベースはインターネットで公開されており，そう菜の収載や栄養計算方法が記載されている。

３．献立作成の条件と手順

　　食事の献立は，食事を構成する料理の種類とその組合せ，調理方法，供卓方法など
を定めたものである。健全な食生活を営むためには，安全性，栄養性，嗜好性，経済
性，効率性，文化，環境保全などの条件を考慮に入れた献立作成が必要である。

３．１　食事の意義

　　人間が食事をすることの意義として，生理的な意義と精神的な意義の両方がある。
生理的な意義とは，人間が食事により，バランスのよい食物を摂取し，消化吸収，代
謝により自らの生命の維持に役立て，健康で活力に満ちた豊かな人生を送るとともに，
健全な子孫を残して繁栄していくことである。精神的な意義とは，食べることで食べ
る人の心を育て，嗜好性に合うことで満足感や安心感を得ることである。また，精神
的な意義として，家族の団らんをはじめ，友人やさまざまなグループで親睦を深める
コミュニケーションで得られるものも含まれる。表4－12に示すように，2021（令
和3）年から5年間を期間とする第4次食育推進基本計画では，7つの食育の総合的
な促進に関する事項のひとつである「地域における食育の推進」の中で「地域におけ
る共食の推進」が位置づけられている。ここで，共食とは，家族をはじめ，地域の人々
も含めさまざまなグループで食卓を囲んで一緒に食事をとりながらコミュニケーショ
ンを図ることをいう。共食がもたらす意義として，① 人々とのコミュニケーション
を図る，② 楽しく食べる，③ 規則正しい時間に食べる，④ 栄養バランスのよい食
事を食べる，⑤ 安全・安心な食事を食べる，⑥ 食事マナーを身につける，などがあ
り，共食は，精神面の安心感に加え，生活や食事の質を向上させるなど多岐にわたる
効果をもたらすといえる。

３．２　食事の種類

　　現代の食生活は多様化しており，食事の種類もさまざまである。表4－13に食事
の種類を示した。食事は，目的別にみると，日常食，供応食，行事食，特殊栄養食な
どに大きく区分できる。一方，食文化を背景とした料理様式別で食事をみると，地域，
民族により日本料理，中国料理，西洋料理，その他の料理様式などに区分される。ま

表4－12　第4次食育推進基本計画の7つの食育の総合的な促進に関する事項

1．家庭における食育の推進
2．学校，保育所等における食育の推進
3．地域における食育の推進
4．食育推進運動の展開
5．生産者と消費者との交流促進，環境と調和のとれた農林漁業の活性化等
6．食文化の継承のための活動への支援等
7．食品の安全性，栄養その他の食生活に関する調査，研究，情報の提供および国際交流の推進

た，１日では朝食，昼食，夕食に区分されるが，食事の場による分類では，内食，外食，中食に区分される。それぞれの食事に対応する献立作成の目的として，一般的に日常食，特殊栄養食，特定給食施設食などの献立では，喫食者への栄養的配慮が重要であり，供応食や行事食，食文化を背景とした食事では，地域の伝統や食文化が尊重される。

表4-13　食事の種類

摂取目的別食事	食文化を背景とした料理様式別食事	食事の場による分類
① 日常食 （乳・幼児期食，学童期食，思春期食，成人期食，高齢期食など） ② 供応食 ③ 行事食 ④ 特殊栄養食 （妊婦・授乳婦食，治療食，スポーツ栄養食，労働栄養食など） ⑤ 特定給食施設食 （学校給食，事業者給食，福祉施設給食，病院給食，自衛隊給食など）	① 日本料理様式の食事 （本膳料理，会席料理，懐石料理，精進料理，普茶料理など） ② 中国料理様式の食事 （北京料理，広東料理，上海料理，四川料理など） ③ 西洋料理様式の食事 （フランス料理，イタリア料理，スペイン料理，ロシア料理など） ④ その他の料理様式の食事 （折衷料理，エスニック食・フュージョンフード）	① 内食事（内食） 家庭内で調理して食べる食事 ② 外食事（外食） 家庭外の飲食施設で食べる食事 ③ 中間食（中食） 家庭や職場において，惣菜，弁当など調理済み食品のテイクアウトによる食事

3.3　献立作成の条件

　献立作成における主な条件として，① 素材や食品が安全であること，② 栄養素のバランスがとれていること，③ 嗜好に合い満足感が得られること，④ 予算を考慮した適切な食材が選択されていること，⑤ 供する時間に合わせて作業ができること，⑥ 食文化を生かした調理，配膳がされていること，⑦ 調理による排水や残渣の減量など環境への配慮がなされていることなどがあげられる。そのため，喫食者に関するライフステージの特徴，身体的特徴や嗜好の情報を得ること，食品に関する安全性，栄養性，価格，廃棄率を知り，地域の伝統や食文化を理解することが重要となる。

3.4　献立作成の手順
（1）日常食の献立作成

　現在の日常食は，日本料理，中国料理，西洋料理，その他エスニック料理なども加えて，折衷料理または融合様式の食事構成が一般的である。日常の食事は，心身の発育，健康の維持・増進，生活習慣病の予防を目的に，年齢別あるいは行動パターン別によるライフステージに合わせて必要な栄養素をバランスよく摂取することが大切である。朝・昼・夕食の１日を単位として，日本の伝統的食事形態である主食と副食（主菜・副菜）を基本に喫食者の嗜好や食習慣なども考慮する。栄養性・嗜好性・経済性

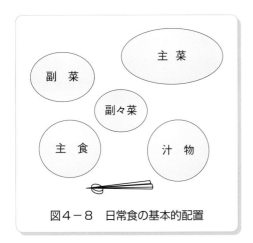

図4−8　日常食の基本的配置

などを考慮した食事計画に基づいて，食品を組み合わせて献立を作成する。日常食における献立は，一汁二菜（主食，汁物，主菜，副菜）または，一汁三菜（主食，汁物，主菜，副菜，副々菜）（図4−8）で構成される。日常の生活全体を見直し，それらの食事が適切であるかどうか評価・検討し，よりよい献立に改めていく。

日常の献立作成手順を以下に示した。

①　**栄養量の決定**　　喫食者に見合う栄養量を決定する。

②　**主食の種類と量の決定**　　主食となる食品の種類（米飯，パン，めん）を決め，同時にその調理形態（和風，中華風，洋風）を決める。例えば，飯は白飯，炊き込み飯，すし，パンはトースト，サンドイッチ，めんはうどん，そば，スパゲッティなど，主食の種類と量を決める。

③　**主菜の種類と量の決定**　　主菜は副食の中心となるもので，たんぱく質食品（食肉類，魚介類，卵類，豆類および豆製品）を1種類または数種類組み合わせる。調理方法は生，煮る，焼く，揚げるなどを主食との調和で選択する。

④　**副菜の種類と量の決定**　　主菜に調和する副菜を考える。副菜（野菜，いも類）を主菜に付け合わせるか，あるいは独立した一品とするか，または，副菜一品と付け合わせの両方に組み入れるかを決める。野菜類，いも類，海藻類を用いて，不足しがちなビタミン類，無機質，食物繊維を摂取する。

⑤　**汁物の決定**　　汁物は食欲増進の役目や水分の補給源となる。主菜，副菜との調和を考え，献立の中で補助的な汁物にするか，実だくさんのシチューなど主菜を兼ねたものにするかを決める。汁物による塩分の取りすぎにも注意が必要であるので，毎食とる必要はない。

⑥　**デザートの決定**　　栄養素の補充とともに食事に精神的満足感を与え，食卓に潤いをもたせることを目的にデザートを考える。果実・菓子・飲み物などが主となるが，甘味は過度にならないよう配慮し，毎食とる必要はない。

⑦　**献立の評価**　　1食分の食事または1日分の食事として，栄養量，食品の種類，食事の分量を点検し，補正する。① 主食，主菜，副菜がそろっているか，② 食味のバランスはとれているか，③ 料理法にバラエティがあるか，④ 調理機器の使用に無理がないか，⑤ 調理時間が適切か，⑥ 適温配膳ができるか，⑦ 盛り付けの食器は適当か，⑧ 料理の配色のバランスは適当か，⑨ 食後の満足はどうか，などの評価を行う。

（2）供応・行事食の献立作成

　供応食とは，もてなすための食事という意味である。供応食や行事食の献立では，日常食および特殊栄養食とは異なり食事摂取基準による栄養的配慮よりも，地域の伝統や食文化が尊重され作成されることが多い。供応・行事食の献立作成手順として，① 行事により料理様式を設定し，② 料理数を決定し，③ 料理名と材料を決定し，以下は日常食の献立と同様に行う。供応食の代表として，日本料理（会席料理），中国料理，西洋料理の献立様式を表4－14～表4－16に示した。供応・行事食の献立では，行事名，献立名，献立内容，栄養評価などを表記した「お品書き」が添付されることが多い。

表4－14　日本料理（会席料理）の献立様式

構　成	内　容
前　菜	先付，お通しともいう。山海の珍味2～3品の盛り合わせ。
向　付	魚介類の酢の物，刺身。
椀	すまし仕立ての汁。
口　取	山海の珍味を3品以上奇数盛り合わせる。
鉢　肴	魚や肉の焼き物，揚げ物，蒸し物。
煮　物	野菜，乾物を主とし，肉や魚も用いる。炊き合わせ。
小　鉢	小どんぶりともいう。酢の物，和え物，浸し物。
止め椀	みそ仕立ての汁。料理のあと，飯と香の物と一緒に出される。

表4－15　中国料理の献立様式

構　成	調理法	内　容
前　菜 （チェンツァイ）	冷菜（リャンツァイ） 熱菜（ローツァイ）	冷たい前菜。品数は偶数が多い。 炒め物，揚げ物が多い。主要料理より量は少ない。
大　菜 （ダーツァイ）	炒菜（チャオツァイ） 炸菜（ヂャーツァイ） 蒸菜（ヂョンツァイ） 煨菜（ウェイツァイ） 溜菜（リュウツァイ） 泮菜（バンツァイ） 湯菜（タンツァイ）	炒め物料理 揚げ物料理 蒸し物料理 煮込み料理 あんかけ料理 和え物，酢の物 スープ料理
点　心 （ディエヌシヌ）	鹹点心（シェンディエヌシヌ） 甜点心（テンディエヌシヌ）	塩味 甘味

表4−16　西洋料理（正餐）の献立様式

構　　成	内　　容
前　　　菜	オードブル。本来は別室で食前酒とともに食事の前に供される。風味，色彩がよく食欲を刺激する。
ス　ー　プ	澄んだスープ，とろみのあるスープがある。食欲増進の役割がある。
魚　料　理	魚介類を使う。天火焼き，揚げ物，ムニエル，蒸し煮，マリネなど。
肉　料　理	獣鳥肉類の料理で，数種類の野菜を添える。
蒸し焼き料理	肉料理に用いない獣鳥肉を蒸し焼きにする。省略されることが多い。
野　菜　料　理	魚料理，肉料理でつけ合わせとして温野菜が用いられるので，生野菜がサラダとして供されることが多い。
甘　味　料　理	温菓，冷菓，氷菓などが供される。
果　　　物	季節の果物など。
コ　ー　ヒ　ー	デミタスカップに濃く入れたコーヒー。

1）日本料理

　日本料理は，四季に富んだ季節的条件により産出される農産物や海に囲まれた地理的条件により得られる海産物など恵まれた食材を用いて，日本人の感性により創り出された独特の食文化を築いている。調理法は，旬の素材の味を生かして，色，香りを生かすように繊細な工夫がされている。鎌倉時代に精進料理，室町時代に儀式料理として本膳料理が始まり，安土桃山時代に茶道とともに懐石料理が登場し，本膳料理を基礎として発達してきたが，現在は本膳の伝統的献立形式を受け継ぎながら，会席料理を主流として，懐石料理，精進料理などが一般化している。

　会席料理は，現在日本で主流となっている客膳用の供応食であり，酒をおいしく味わうための献立となっている。江戸時代の初期に俳諧の席の終わりに，親睦を深めるために少量の肴と酒が供されたのが始まりといわれている。会席料理の献立構成は，一汁三菜が基本となり，五菜，七菜，九菜，十一菜と奇数で増やす。料理は汁と菜の品数で表され，飯や香の物は品数に数えていない。日本料理は，1人分ずつ銘々の器や椀に盛りつけられたものを配膳するのが原則である。

2）中国料理

　中国料理は，中国の国土が広大で，地域により気候・風土・産物が異なり，各地域により特色のある料理が受け継がれている。代表的なものとして，北京料理，広東料理，四川料理，上海料理がある。調理は加熱が主体で，油脂を多く用いるが，うま味や栄養分を逃がさず，油っこさを感じさせない。また，乾物や保存食品が発達しており，食材が無駄なく利用されている。中国料理の献立構成は，菜と点心（ディエヌシヌ）に分けられ，菜は前菜と大菜に分けられる。前菜は，2種類以上または大皿に盛り付けるときは6〜8種の偶数とする。主要料理である大菜は，代表的な料理を最初に出し，その後食材や調理法に変化をつけた料理を供し，最後が湯菜（タンツァイ）（スープ）である。デザートとして点心が供される。料理は人数分を大きな皿に盛り付けられ配膳され，各自が好みの

量だけを取り回す方式である。また，丸のままの魚料理や鶏料理では，盛り付けの正面を主客の前に配膳した後，いったん下げ，切り分けてから供される。

3）西洋料理

　西洋料理は，欧米料理の総称であるが，フランス料理が中心である。獣鳥肉類，乳・乳製品を主材料とするが，野菜や果実も広く用いられる。日本料理のように主食と副食の区別がなく，一皿一皿の料理が独立しており，各料理にふさわしい酒が供される。加熱料理が中心となり，さまざまな香辛料を使った料理が多く，ソースが添えられる。最初に食欲増進としての前菜とスープが供された後，魚介類料理，獣鳥肉類料理，野菜料理となる。その後，デザートとして菓子，果物，コーヒーと続く。

　ひとつのテーブルを囲んで人数に合わせて配置よく，テーブルセッティングを行う。

3.5　献立作成の展開例とシステム化

　献立作成は種々の条件を含んでおり，献立作成の目的を達成するには，喫食者の特性，食材，労力，経費，時間などを必要とする。献立作成を能率的に行う方法として，料理別にカードを作成し，その組合せによって献立作成を行う献立のカード化や，一定期間の献立を作成し，それを繰り返して実施する献立のサイクル化や類似した施設が共同で献立を作成するなどがある。さらに，献立作成は多くの要素が複雑に組み合わされた一連の作業なので，システム化によって効率化を図ることができる。献立作成をシステムとしてとらえると，目的は利用価値の高い献立を効率よく作成することである。この達成率を向上させるために献立作成の要素を分解，整理しシステム化すると，以後の献立作成に役立ち，多くの人がより簡単に健康的な献立が作成できるようになる。

　献立作成のシステム化のための項目を以下に示す。

① 　食品構成表：喫食者に応じた食品構成表。
② 　栄養計算ソフト：目的にあった栄養計算ソフト。
③ 　廃棄率一覧表：日常利用する食品の調理での廃棄率一覧。
④ 　食材購入店一覧表：日常利用する食材別の購入店舗一覧。
⑤ 　食材価格一覧表：食材の価格の平均と標準偏差，季節価格一覧。
⑥ 　料理変換表：同じ食材を使っての料理のバリエーションや，予定食材が入手不能の場合の料理変換など。
⑦ 　調理方法変換表：喫食者別に食材の調味，切り方，加熱方法，硬さなどの調理方法の変換。
⑧ 　献立表：献立作成の記録表
⑨ 　設備表：厨房設備および器具の特徴などの管理表。
⑩ 　在庫管理表：食材および調理器具の管理表。
⑪ 　出納管理表：献立にかかわる出納管理表。
⑫ 　配膳マニュアル：喫食者に応じた献立別配膳マニュアル。

⑬　安全・安心・衛生マニュアル：献立全体にかかわる安全・安心・衛生マニュアル。

⑭　評価マニュアル：献立評価チェックリスト。

⑮　後始末マニュアル：後始末チェックリスト。

　学校給食などの施設においては，献立のシステム化を図り，定期的に改善していくことが必要である。献立システムは，物資の調達や栄養管理，献立作成・評価といったさまざまな業務を適正かつ効率的に行う上で不可欠なものである。家庭においては，それぞれに応じた献立のシステム項目を考えるとよい。

3.6　対象別の献立（ライフステージ別）

　食事内容は各個人の年齢，性別，生活状況や健康状態などを考慮するが，各年齢層に共通した特徴がある。対象別（ライフステージ別）の特徴と食事上の配慮を表4－17に示す。対象別に留意すべき食事の対応には，以下のことがあげられる。

表4－17　対象別（ライフステージ別）の特徴と食事上の配慮

ライフステージ	特　　　徴	食事上の配慮
乳児期	一生のうちで最も身体的発育の著しい時期	授乳期は乳汁（母乳，人工乳）による栄養である。離乳食は，栄養，味つけ，食品の組合せなどに配慮しつつ進める。
幼児期	乳児期に次いで精神機能や運動機能の発達が著しく，味覚形成の基礎も築かれる時期	消化吸収の機能が未熟なため，3回の食事のほかに1日のエネルギーの10～15％を間食で補充する。食事は偏りのないように食品と料理の種類を多くし，調味は薄味にして，咀嚼力を育てるための料理も多くする。
学童期	幼児期に比べ発育速度はゆるやかであるが，運動が活発になり，内臓器官の機能発達がみられる時期	3回の食事は規則正しく，欠食は避け，特に朝食，昼食を充実させる。成長に必要な栄養素，必須アミノ酸，ビタミン類，無機質（主にカルシウム，鉄）が不足しないように配慮する。
思春期・青年期	男女の性差が顕著に現れる。身体諸機能の発育は緩慢になるが，エネルギーなどの必要量が最も増大する時期	食生活が不規則になりがちで，無理なダイエットなどによる摂食障害が起こりやすい年代である。自分の生活リズムに合わせた規則正しい食生活で自分自身の健康管理ができるようにする。
成人期	不規則な食生活，運動不足，ストレスなどが要因となり，生活習慣病の発症しやすい時期	飲食物の摂取量，食品の選択などに注意し適正な栄養摂取と運動，休息を心がける。
高齢期	個人差が大きいが，身体的・社会的・心理的な要因により食欲に影響を受けやすい時期	動物性脂肪の過剰摂取を避け，大豆製品，緑黄色野菜，海藻，牛乳などの摂取によりたんぱく質と微量栄養素の摂取を心がける。
妊娠・授乳期	胎児の発育，また妊娠，分娩，授乳，育児により母体が消耗する時期	エネルギー，たんぱく質，亜鉛，鉄，ビタミン類などを多く摂取する。妊娠高血圧症候群の予防のため塩分を控える。

（1）乳　児　期

　乳児期は誕生から満1歳未満で，前半が授乳期，後半が離乳期である。一生のうちで最も身体的発育の著しい時期で，「日本人の食事摂取基準（2020年版）」の年齢区分では，この期を0～5（月）と6～11（月）の2区分としているが，エネルギーおよびたんぱく質については，0～5か月，6～8か月，9～11か月の3区分としている。

　生後1か月間は新生児期というが，新生児でも甘味，苦味，酸味，うま味に敏感に応答し，顔の表情が各味質に対応して変化し，味覚を認識していると考えられる。

　乳児期前半の授乳期は乳汁（母乳，人工乳）による栄養である。母乳は優れた栄養成分をもっており，できれば母乳が望ましい。授乳によって子どもに栄養素が与えられるだけでなく，授乳は子どもと親を結ぶきずなとしての食事である。離乳期は，乳汁栄養から幼児期への食事へと移行する過程をいい，乳児期後半から始めて生後12～15か月頃に終了する。離乳食は，栄養，味つけ，食品の組合せなどに配慮しつつ進める。離乳期は親から子へ，食べ物の選択方法が伝えられ，離乳期からの食体験の積み重ねによって嗜好が形成され，各地域や各家庭の特徴ある食生活が子どもたちに定着していく。これらの学習の成立はすり込み現象といわれるもので，離乳期は嗜好の形成の出発点として重要な意味をもつ。

（2）幼　児　期

　幼児期は1歳から6歳未満をいう。「日本人の食事摂取基準（2020年版）」は，この期を1～2（歳）と3～5（歳）の2区分に分けている。幼児期は，精神機能や運動機能の発達も乳児期に次いで著しく，味覚形成の基礎も築かれる。この時期の食経験が，成人してからの嗜好，食経験，マナーに大きな影響を与える。規則正しい食事の習慣を身につけること，いろいろな食べ物に親しみ，食べ物の好き・嫌いをなくすことが大切である。身体的，精神的に健全な発育をうながすよう必要な栄養を十分に満たす食事構成とする。食事はたんぱく質源の肉，魚，卵，大豆製品をはじめ多くの種類の食品を与えて偏りのないよう配慮し，調味は薄味にして，咀嚼力を育てるために食物繊維を多く含む野菜料理を多くする。消化吸収の機能が未熟なため，3回の食事のほかに1日のエネルギーの10～15％を間食で補充する。

（3）学　童　期

　小学生を中心とした6歳から12歳をいう。「日本人の食事摂取基準（2020年版）」では，この期を6～7（歳），8～9（歳），10～11（歳）の3区分で示している。幼児期に比べ発育速度はゆるやかになるものの運動が活発になり，内臓器官の機能発達がみられる。学童期は食習慣が完了する時期である。学校では給食が始まり，食生活も学校給食の影響を大きく受けるようになる。家庭でも学校給食について十分な関心をもつことが必要である。成長に必要な栄養素，必須アミノ酸，ビタミン類，無機質（主にカルシウム，鉄）が不足しないように配慮する。砂糖，脂肪，食塩の多いスナッ

ク菓子などの間食は，肥満，貧血の原因となるので注意する。3回の食事は規則正しく，欠食は避け，特に朝食，昼食を充実させる。できるだけ家族や仲間とともに楽しくコミュニケーションをはかり，おいしく食事をするように心がけることが大切である。

（4）思春期・青年期

思春期は，小学校高学年から中学生にかけて身体機能面で充実する時期であり，男女の性差が顕著に現れてくる。身体諸機能の発育は緩慢になるが，エネルギーなど主な栄養素の必要量が最も増大する時期である。この時期は，受験を控えて食生活が不規則になりがちであり，また無理なダイエットなどによる摂食障害が起こりやすい年代でもある。思春期に続く青年期は，身体状況も成人期レベルまで完成し，生活の基盤を築く時期になる。自立の時期でもあり，自分の生活リズムに合わせた規則正しい食生活で自分自身の健康管理ができるようにする。

（5）成　人　期

20歳前後から65歳ぐらいを成人期としているが，「日本人の食事摂取基準（2020年版）」では，18〜29（歳），30〜49（歳），50〜64（歳）の3区分で示されているところにこの期が含まれる。この時期は，不規則な食生活，運動不足，ストレスなどが要因となって，生活習慣病の発症しやすい時期である。飲食物の摂取量，食品の選択などに注意し適正な栄養摂取と運動，休息を心がける。成人期の後半になると，基礎代謝量は減少し，必要なエネルギー量は減少傾向になる。

（6）高　齢　期

65歳以上を高齢期としているが，「日本人の食事摂取基準（2020年版）」では，65〜74歳，75歳以上の2区分で示されている。高齢者は個人差が大きいが，身体的・社会的・心理的な要因により食欲に影響を受けやすい。高齢者は味蕾の減少と萎縮によって，味覚閾値が上昇するといわれるが，特に塩味を識別する能力の低下により，濃い味を好む傾向がみられる。また，高齢者は咀嚼・嚥下機能の低下，味覚や嗅覚などの感覚機能の衰退，日常の身体活動量の減少に伴う摂食障害や食欲不振などの問題も多くなる。たんぱく質の不足と動物性脂肪の過剰摂取を避け，大豆製品，緑黄色野菜，海藻，牛乳などの摂取によりたんぱく質と微量栄養素を質的に充実させる食事とする。咀嚼機能の低下では，食材の切り方，加熱の仕方で食べやすくする工夫も必要である。

（7）妊娠・授乳期

胎児の発育，また妊娠，分娩，授乳，育児による母体の消耗を補うため，「日本人の食事摂取基準（2020年版）」では，エネルギー，たんぱく質，亜鉛，鉄，ビタミン

類などについて，通常の栄養量をベースに，妊娠，授乳による付加量を加算して必要量を示している。また，妊娠高血圧症候群の予防のために塩分を控える。

4. 食　環　境

4.1　食卓構成

　食卓とは食事に使うテーブルのことであるが，食事は食卓を囲んでさまざまな人が集まる場である。人は親しい人と食卓を囲み食べることで安らぎ，また，会話が弾んで新しい人間関係を築くことができる。食卓を構成するものとしては，食器，食具，グラス，テーブルクロス，ナプキンなどのリネン類などがあるが，ここで，食卓構成とは，喫食者に心地よく受け入れてもらうため食卓全体を演出することである。

　食卓構成は，日本料理，西洋料理，中国料理，エスニック料理などの料理様式によって異なってくる。日常食ではこれらが折衷したあるいは融合した料理であることが多いので，各国料理様式を参考に，喫食者の年齢，性別，嗜好などに応じた演出をすることが大切である。

4.2　食事環境

　食事環境は，食卓を囲む空間の環境である。満足な食事をするには，食事の質，食卓だけではなく，食卓を囲む空間が関係してくる。食事環境を喫食者にとって心地良いものに整えることは，食事をおいしく食べるだけにとどまらず，食物の消化吸収を高め，食事行動を安定させる上でも影響する。とりわけ，高齢者や病人など生理機能の低下による食欲不振者にとり，心地よい食事環境は食事の精神的な意義を深め，満足感や安心感を得ることで QOL を高めることができる。

　食卓空間には，室内の床，壁，天井などの部分，家具，建具，カーテンなどの室内全体のインテリアを構成するもの，食器，テーブルウェア，小物などの食卓構成要素がある。さらに，空間を彩る装飾，色彩，香り，室内温度，湿度，照明，音楽などの環境を整え，食欲を促すように配慮する。また食事をサービスする人は，清潔な服装で心のこもった対応を行うことが大事である。表4－18に食事環境の構成要素を示した。

表4－18　食事環境の構成要素

時　　間	食　　事	空　　間
季節（四季） 時間帯（朝食，昼食，夕食） 日常食 行事食（誕生日，正月など）	食品 調理 料理 献立 盛り付け 供食	室内の床，壁，天井 室内全体のインテリア 食卓（食器，テーブルウェア，小物） 色彩，香り，室内温度，湿度 照明，音楽

4.3 供　　食

　供食とは，配膳も含め食事を提供することである。その際にどのようなサービスをするか，もてなすかの意味が含まれている。もてなし方は，家庭用か営業用か，また招待客に対してなのかによって異なるが，目的，予算，客数，年齢構成によって，献立，食器，食卓，室内のコーディネート，方法などを決める必要がある。図4−9に食品から供食までの流れを示した。よりよい供食のためには，食卓構成および食事環境を適切に整えることが重要である。計画から実施の中で重要なのは，食事を提供する相手に対して，もてなしの気持ちを十分に込めることである。供食者は文化的教養を高め，美的センスを磨くことなども重要である。供食は調理の最終段階であり，おいしさを演出するためには重要なプロセスである。

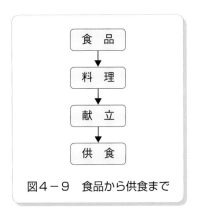

図4−9　食品から供食まで

　ビュッフェ，カフェテリア，バイキング，ティーパーティーの供食形式を以下に示した。

1）ビュッフェ

　セルフサービスの立食形式で，供食目的や規模に応じて料理の品数を調節する。ビュッフェとは，配膳台，食器戸棚という意味である。テーブルには前菜から魚・肉料理，サラダ，デザートの順に配置よく並べる。それぞれの料理にサーバをつけ，取り皿，フォーク，ナイフ，タンブラー，ワイングラス，ナプキンなどを数か所に分けて並べる。コーヒー，紅茶，果実，デザートは別のテーブルに用意する。

2）カフェテリア

　主食，主菜，副菜，デザートなどを単品料理として数種類ずつ準備し，1食の献立になるように喫食者が選んで食事を組み立てる形式をいう。最近では，学校給食や事業者給食などで，定食方式と並んで，カフェテリア方式の供食形式が増えている。

3）バイキング

　オードブル的な料理をテーブルに並べ，各自がとり皿にとる。バイキングは海賊の意味で，大皿盛りの肉，魚を好きなだけ取って食べる料理形式である。セルフサービスであるが，食事をする席は決まっていて，テーブルセッティングが必要である。

4）ティーパーティー

　ティーパーティーとは，午後のお茶の時間などに行われる手軽なパーティーで，紅茶とサンドイッチや焼き菓子などを用意し，居間や客室を利用する。

文　　献

・厚生労働省健康局総務課生活習慣病対策室：日本人の食事摂取基準(2010年版)，(2009)
・厚生労働省：「日本人の食事摂取基準（2020年版）」策定検討会報告書（2019）
・文部科学省 科学技術・学術審議会資源調査分科会：日本食品標準成分表2020年版（八訂）（2020）
・農林水産省：食生活指針
・厚生労働省・農林水産省：専門家のための「食事バランスガイド」活用法（2009）
・江指隆年，森高初恵，渡邊智子：サクセス管理栄養士講座『食べ物と健康Ⅲ　食品加工学・調理学』，第一出版（2011）
・健康・栄養情報研究会（編）：『第六次改定日本人の栄養所要量食事摂取基準の活用』，第一出版（2003）
・安原安代，柳沢幸江（共編）：『調理学―健康・栄養・調理―』，アイ・ケイコーポレーション（2010）
・青木三恵子（編）：ガイドライン準拠エキスパート管理栄養士養成シリーズ『調理学』〈第3版〉，化学同人（2011）
・川端晶子，畑明美：『Nブックス　調理学』，建帛社（2008）
・菅野道廣，上野川修一，山田和彦：『食べ物と健康Ⅱ』，南江堂（2005）
・木戸詔子，池田ひろ：『調理学』，化学同人（2010）

第5章

食品素材の調理機能

　食品素材の調理機能としては，調理操作の代表的なものである加熱によって起こる成分変化があげられる。①でん粉の糊化，②たんぱく質の変性，③脂肪の融解および分解，④ビタミン，ミネラルの溶出，⑤水や油脂に溶けやすい成分の溶出，⑥調味料の浸透等がある。また，物性変化として⑦食品のテクスチャーの変化，⑧組織の軟化，さらに⑨嗜好性を向上させることなどがあげられる。調理科学では食品素材の調理特性を生かして，調理操作による成分変化を利用して安全でおいしい食物に変化させること，また各食品に適した調製条件を整えることが大切である。

　本章では，これらをふまえて，植物性食品，動物性食品，抽出食品素材，調味料・香辛料・嗜好品の調理機能について解説する。

1．食品成分の調理特性

1.1　炭 水 化 物

（1）食品中の炭水化物の種類

　炭水化物（carbohydrate）は糖質（saccharide）とも呼ばれ，植物では，水と二酸化炭素から光合成によって作り出される化合物である。穀類，いも類，野菜類，果実類，海藻類などの植物性食品の主成分であり，主要な食べ物となる。炭水化物には，単糖，二糖および多糖のでん粉，グリコーゲン等のエネルギー貯蔵物質として生体に利用される糖質と，難消化性で食物繊維として機能するものも数多くある。

1）単 糖 類

　炭水化物としての基本的性質を示す最小単位である。主な単糖類はグルコース（ブドウ糖），フルクトース（果糖），ガラクトース，マンノースである。グルコースは果実類や野菜類に含まれている。フルクトースは果実類，はちみつに多く含まれる。

2）二 糖 類

　スクロース（ショ糖）はさとうきび，てんさいが原料であり，砂糖として調味料，菓子原料に広く用いられる。スクロースはグルコースとフルクトースからなり，グリコシド結合を形成している。マルトース（麦芽糖）はグルコース2分子が結合したもので，水あめの中に含まれる。ラクトース（乳糖）は，ガラクトースとグルコースが結合したもので，乳汁に含まれる。

3）多 糖 類

　単糖類が多数結合した高分子化合物である。貯蔵エネルギー源として重要なでん粉

に対して，体内でほとんど消化されないセルロース，ペクチン，寒天，マンナンなどは，整腸作用，血糖値上昇の抑制，コレステロール吸収の低下，肥満や糖尿病の予防などの生理的機能を有している。

（2）でん粉の構造

　でん粉はグルコースが多数結合した高分子化合物であり，その分子には，アミロースとアミロペクチンがある。アミロースは，グルコースが α-1,4結合によって直鎖状に重合し，鎖状構造をしている。アミロペクチンはアミロース鎖の途中から α-1,6結合によって枝分かれした房状構造をしている（図5-1）。普通のでん粉はアミロース15〜30%，アミロペクチン70〜85%からなるが，もち種はアミロペクチン100%である。でん粉の粒子中では，アミロペクチンが結晶性のミセル構造をとり，アミロースがミセルの間隙に非結晶状態で配列している。生でん粉は β-でん粉といい，消化酵素の作用を受けにくい。でん粉については，**抽出食品素材　4.1 でん粉**（p.168）で詳しく述べる。

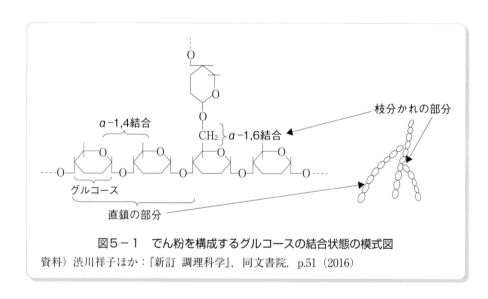

図5-1　でん粉を構成するグルコースの結合状態の模式図
資料）渋川祥子ほか：『新訂 調理科学』，同文書院，p.51（2016）

1.2　たんぱく質

　たんぱく質性食品は，栄養上エネルギー源となり体を作るもととなる。皮膚，筋肉の生体構成要素，脳，血液，神経等の必須成分であり，ヒトが摂取すべき第一のもの（protein）とされている。嗜好上からは，肉，魚肉，卵などは一般においしい食べ物とされ，うま味成分のアミノ酸，塩基類，プリン体等を含む。調理上は，日本料理，中国料理，西洋料理において，主菜となることが多い。

（1）食品中のたんぱく質の種類

　たんぱく質はアミノ酸がいろいろな順序でペプチド結合により脱水縮合したもの

で，その組み合わせにより，単純たんぱく質と複合たんぱく質に分けられる。

1）単純たんぱく質

単純たんぱく質はアミノ酸のみから構成されているたんぱく質である。アルブミン（卵白，乳，小麦），グロブリン（卵白，乳，大豆グリシニン，筋肉ミオシン），グルテリン（小麦グルテニン，米オリゼニン），プロラミン（小麦グリアジン，とうもろこしツェイン，大麦ホルデイン），ヒストン，肉基質たんぱく質（結合組織コラーゲン，皮膚エラスチン，毛髪ケラチン）などがある。

2）複合たんぱく質

核たんぱく質（細胞の核ヒストン），リンたんぱく質（卵黄ビテリン，カゼイン），糖たんぱく質（卵白オボムコイド，卵白オボムチン，唾液ムチン），色素たんぱく質（ミオグロビン，ヘモグロビン），リポたんぱく質（卵黄ビテリン）などがある。複合たんぱく質はアミノ酸のほかに核酸，リン酸，糖，色素，脂質などが結合している。

（2）たんぱく質の構造（図5-2）

たんぱく質は高分子化合物であり，分子量が数万から数百万である。ヒトの身体をつくるたんぱく質は，20種のアミノ酸から構成されたポリペプチドで，一次から四次構造まで，階層的に構造分類されている。

1）一 次 構 造

たんぱく質の一次構造とは，ポリペプチド鎖のアミノ酸の結合順序をいう。その順序は遺伝的に支配され，固有のアミノ酸配列をしている。

2）二 次 構 造

二次構造とは，ポリペプチド鎖間の規則的なくり返しの立体構造を指し，水素結合による。αヘリックス構造（らせん構造）や，折りたたみ構造といわれるβシート構

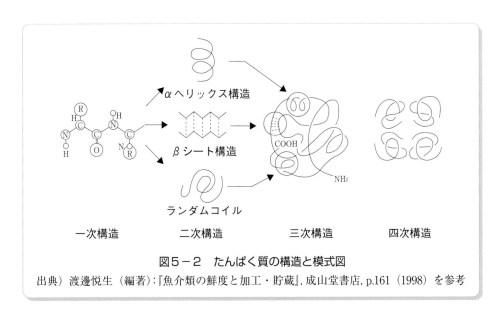

図5-2　たんぱく質の構造と模式図

出典）渡邊悦生（編著）：『魚介類の鮮度と加工・貯蔵』，成山堂書店，p.161（1998）を参考

造の2種類がある。どちらの構造になるのかは側鎖基の種類によって決まる。また，不規則な構造のランダムコイルもある。

3）三 次 構 造

二次構造が組み合わさった立体構造をたんぱく質の三次構造という。三次構造はジスルフィド結合，イオン結合，水素結合，疎水結合により安定化しているが，ジスルフィド結合の寄与が最も大きい。

4）四 次 構 造

三次構造のポリペプチドをサブユニット（単量体）として，これらが数個会合してたんぱく質集合体（多量体）を形成する立体構造を四次構造という。

（3）食品たんぱく質の変性過程における変化

食品中のたんぱく質は調理操作によって，その機能特性（凝固，乳化，気泡の形成，膨化，ゲル化など）により，変性を起こす。図5－3にたんぱく質の変性の模式図を示した。変性すると食品の構造，テクスチャー，消化性等が変化する。例えば，卵100gの胃内滞留時間は半熟卵（105分）が最も短く，次いで生卵（135分），卵焼き（180分），ゆで卵（180分）の順である。焼き肉の加熱（p.154参照）においてレア（内部温度55℃）はウエルダン（内部温度75℃）よりも軟らかく消化がよい。また，いかも加熱が進むと不溶性になり硬くなるので，2枚目の皮（色素層）を除いた後，熱湯を通す程度の加熱で冷水に放すと軟らかく消化がよい。

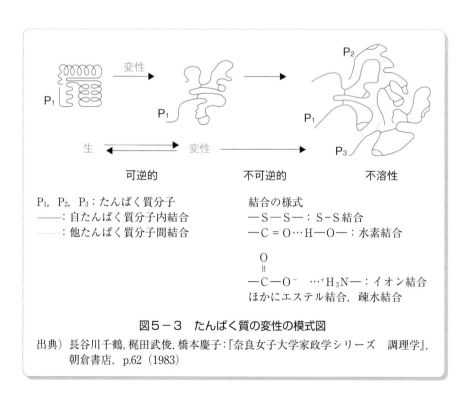

図5－3　たんぱく質の変性の模式図

出典）長谷川千鶴, 梶田武俊, 橋本慶子：『奈良女子大学家政学シリーズ　調理学』, 朝倉書店, p.62（1983）

表5-1　調理におけるたんぱく質の変性要因

変性要因		調理にみられる例
物理的要因	加熱 加熱＋水 凍結 攪拌 乾燥	卵，肉，魚料理の加熱 ふかひれ，魚のにこごり（長時間加熱，コラーゲンがゼラチンに変化） 高野豆腐（豆腐を凍結乾燥する） 泡立て卵白 するめ，魚の干物
化学的要因	酸 塩類	ヨーグルト，魚の酢じめ 豆腐（大豆たんぱく質をにがり，すまし粉でかためる）
酵素		チーズ（カゼインの凝固）

（4）たんぱく質の変性

　一次構造を支える共有結合は強固であり，酸，アルカリ処理では切断できないほど強い。二次構造，三次構造は水素結合や疎水結合などで支えられ，弱い加熱や少量の酸，アルカリ，アルコール等の添加で変化する。調理にみられるたんぱく質の変性と物理的・化学的要因を表5-1に示した。以下に熱，酸，塩による変性について述べる。

1）熱　変　性

　加熱するとたんぱく質は容易に凝固する。水素結合などで安定している二次構造は，温度が上昇すると立体構造が壊れ，疎水基が表面化し，水溶性の性質が失われる。さらに加熱すると，たんぱく質分子の絡まり合いが多くなり，ゲル化や凝固が生じる。分子の変形，会合，凝固の三段階を経て，熱凝固が起こる。熱変性の温度は一般に60〜70℃前後で，たんぱく質性食品によって多少異なる。

2）酸変性と塩類による変性

　たんぱく質はアミノ基とカルボキシ基が存在する両性電解質であり，実効荷電がゼロとなるpHを等電点（p.38参照）という。酢は，たんぱく質を等電点に近づけ水和性を減じ，凝固しやすくする。食塩も脱水による熱凝固を促進するので，魚肉の「酢じめ」は食塩添加により脱水やたんぱく質を可溶化した後に食酢に浸すと，たんぱく質が不溶化して身がしまる（p.159参照）。砂糖は熱凝固を防ぎ，凝固温度を高めるので，すき焼きなどは砂糖を食塩よりも先に入れる。塩類による変性の代表的なものが豆腐であり，大豆たんぱく質のグリシニンが$MgCl_2$や$CaSO_4$等のにがりやすまし粉で凝固したものである（p.134参照）。

1.3　脂　　質

　脂質の代表的食品として油脂類がある。常温で液体のものを油といい，固体のものを脂という。

（1）油脂の味

　一般にごま油等は例外として，精製された油脂そのものは味もにおいもあまりしない。舌尖（p.18，図2－8）で感じるのは甘味であるが，油脂の味は舌の奥の神経や両側で感じ，舌を刺激する興奮作用がおいしさにかかわる[1]。油脂を多く含むまぐろのトロの味は，口の中で噛むと舌の奥の方でおいしさを感じる。油脂を多く含む食品がおいしいのは軟らかいのが特徴で，ネギトロ等は高齢者にも好まれている。また，油脂の添加により塩辛い味や酸味，甘味は緩和され，マイルドな味になる。油脂を約55%含むごま種子もすって調味料や野菜と和え物にするとまろやかな風味となる。食卓用生の油脂のラー油やパオ油等の添加は，油脂のおいしさを添える。

（2）油脂の乳化性

　乳化性は，分散系の調理機能のひとつである。マヨネーズの乳化剤であるレシチンは，親水基と新油基に作用して水中油滴型エマルション（p.39参照）を形成する。乳化安定性には，分散相の油滴粒子が小さく，粘性も寄与する。マヨネーズと比較して一例をあげると，みそを乳化剤としたエマルション[2]はみその懸濁液（図5－4(1)）に食酢と植物油（60%）を添加し攪拌すると，水中油滴型エマルションになる（図5－4(2)）。みそ中の大豆由来のレシチンは発酵中に分解されるため[2]，乳化剤は両性電解質のペプタイドであると推測される。油滴粒子の大きさは約26.2 μmで，マヨネーズ（5〜10 μm）よりやや大きく大豆由来不溶性固形物があるため粘度もやや低いが，

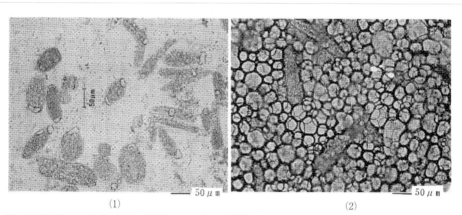

(1)　　　　　　　　　　　　　　　　　　　(2)

(1) みそ懸濁液：みそ（21g）は2分間水24gの中で，分散した。
　　みそ中の不溶性固形物の粒子径 ｛最長径＝114.6±2.2 μm　円相当径＝57.7±6.6 μm
(2) みそ乳濁液：みその懸濁液中で，3分間油60gを分散させて調製した。
　　みそ中の不溶性固形物の粒子径 ｛最長径＝111.5±1.9 μm　円相当径＝55.2±8.7 μm
　　油滴の大きさ　　　　　　　　　円相当径＝26.2±1.4 μm

図5－4　みそを乳化剤としたエマルションの分散状態
出典）佐藤恵美子，立山千草，本間伸夫，山野善正：日家政誌，43 (2)，pp.159-163（1992）

さらりとした和風ソースとしてマヨネーズ（油80～95％）より油脂含量の少ないエマルションとしての特性もある[3]。

（3）油脂の調理過程での劣化

　油脂は，グリセロールに脂肪酸がエステル結合したトリグリセライドである。長期間空気中に放置したり，加熱したりすると空気中の酸素により酸化され，食味は低下し，特有のにおいが発生し，粘りや泡立ちの変化が起こる。この現象を油脂の劣化といい，劣化が進行した状態を酸敗または変敗という（p.175参照）。

　油脂の酸化には，自動酸化と熱酸化があり，保存における劣化は自動酸化によるものであり，調理過程における劣化は熱酸化による。

1）自動酸化

　油脂の酸化は，過酸化物（ヒドロペルオキシド）の生成に始まる自己触媒的な連鎖反応（図5－5）である。空気中の$^3O_2$（三重項酸素）が不飽和脂肪酸と結合し，分解により低分子のアルデヒド，ケトン，アルコールが生成され，重合物となる。油脂の自動酸化の促進要因として，空気（酸素），光，熱，金属〔鉄（Fe），マグネシウム（Mg），銅（Cu），ニッケル（Ni）〕などがあげられる。劣化すると酸敗臭が発生しpHが低下する。油脂の自動酸化を防ぐには，酸素や水蒸気に対してバリアー性の高い容器に入れ，低温で貯蔵する。

2）熱酸化

　高温の油脂を使う調理は揚げ物と炒め物である。油が加熱されると空気との接触面では酸化が起こり，水分と接触して加水分解が生じ，熱源付近では重合が生じやすい。カルボニル，炭化水素，脂肪酸などの酸化生成物とトリマーなどの酸化重合物が生成され，高温で加熱時間が長いほど著しい[4]。なお，熱酸化では，過酸化物は熱のため分解される。油脂の劣化は炒め物の方が早い。酸化が進行すると加熱油臭を発生し，さらに重合分解が進むと持続性の泡立ちが起こり，高粘度の着色油となる。揚げ物調理では"油酔い"を起こすことがあるが，刺激臭の強いアクロレインが生成されるためである。

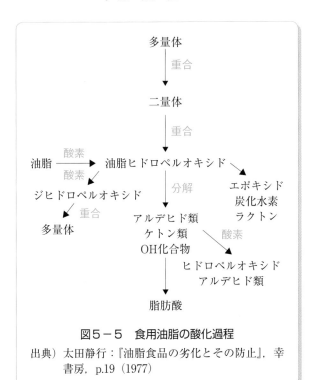

図5－5　食用油脂の酸化過程

出典）太田静行：『油脂食品の劣化とその防止』，幸書房，p.19（1977）

2．植物性食品

2.1　穀　　類

　穀類とは，主に食料や飼料として用いられるイネ科作物の種子で，わが国では，穀類の中でも米・小麦・大麦を主穀と呼ぶ。でん粉を主成分とし，主食として重要なエネルギー源となっている。たんぱく質の含有量はそれほど高くないが，主食として一度に食べる量が多いので，たんぱく質制限のある患者には注意が必要である。また，イネ科の穀類はリシンが少なく，第1制限アミノ酸となっている。リシンを多く含む肉やだいず，擬似穀類などとの組合せにより栄養学的に理想的なバランスとなる。

（1）穀類の種類と栄養・機能成分

1）米

　米は，古くから日本の主食として食べられてきた。米の消費量は年々減少傾向にあるが，米は主食である以外に日本のさまざまな行事との結びつきも強く，日本の歴史や文化の象徴的な意味合いをもつ重要な穀物である。

① 米の種類と栄養・機能成分　　米は，短粒種（ジャポニカ種），中粒種（ジャバニカ種），長粒種（インディカ種）の3種の亜種に分化できる。ジャポニカ種は，日本および朝鮮半島，中国北部で栽培されている品種で，アミロース含量が少ない（15～22%）ため，粘りが強い。ジャバニカ種は，ヨーロッパ地中海沿岸やインドネシアなどで栽培される品種で，アミロース含量が高く（20～30%），粘りが少ない。インディカ種は，アミロース含量が20～35%と最も高く，ぱさぱさとした食感を示す。このほかに，従来のうるち米やもち米とは異なる新たな形質をもつ米が開発されており，この米を新形質米という。近年開発された新形質米の特徴と用途を表5－2に示す。

　玄米は，果皮，種皮，胚芽，糊粉層，胚乳からなっている。果皮，種皮，糊粉層は，

表5－2　新形質米の特徴と用途

種　類	特　徴	用　途
低アミロース米	粘りが強く，さめても硬くなりにくい（アミロース量5～15%）	弁当，おにぎり，チルド寿司など
高アミロース米	ぱさぱさする食感（アミロース量25%以上）	ピラフ，ライスヌードル，α化米
巨 大 胚 米	胚芽が大きく（約3倍），γ－アミノ酪酸含有量が多い	発芽玄米
色 　素 　米	赤米，紫黒米などポリフェノール，鉄，カルシウム，ビタミンが多い	赤飯，五穀米，赤酒など
低グルテリン米	易消化性たんぱく質のグルテリン含有量が少ない	たんぱく質制限食・酒米への応用が期待されている
低アレルゲン米	アレルギーの原因となるたんぱく質（グロブリン）が少ない	アレルギー病態食
大 　粒 　米	千粒重が35gにもなる大きな粒で多収	ドリア，リゾットなど

精米時にぬかとして取り除かれる。このときに同時に胚芽も取り除かれる。搗精の程度により，精白米（歩留り90〜92％），七分つき米（93〜94％），五分つき米（95〜96％），三分つき米（97〜98％）に分けられる。このほかに胚芽を残した胚芽精米や，洗米をせずに炊飯できる無洗米がある（表5−3）。

精白米の主成分は約75％を占める炭水化物であり，たんぱく質は約6〜8％である。玄米にはビタミンB_1が多く含まれるが，精白米では1/5以下である。

② **米粉の種類**　従来からある米粉は，うるち米を粉砕した「上新粉」，「上用粉」，もち米を粉砕した「白玉粉」，「道明寺粉」がある（表5−4）。そのほかに従来の米粉よりも細かく粉砕した米粉が開発された。上新粉（粒径約180 μm）に対して，細かく粉砕した米粉は約60〜70 μmで小麦粉の粒径と同程度である。この米粉を用いたパン用粉，ケーキ用粉が開発され，市販されている。

表5−3　無洗米の製造方法

名　称	製造方法	水の使用
ぬ　か　式	ステンレス製の筒内に精白米を入れて高速で撹拌し，筒内壁に接触させると，米粒表面の付着性のある肌ぬかだけが付着する。その付着した肌ぬかに他の米粒の表面の肌ぬかが付着することを繰り返して，すべての肌ぬかが取り除かれる方法。	なし
タピオカ式	精白米に水を加えて加圧しながら撹拌する。水と肌ぬかが混じったところにタピオカでん粉を加えて吸着させて取り除く方法。	あり
水洗い式	水で短時間洗い，短時間で乾燥させる方法。家庭ではとぎ汁が発生しないが，工場ではとぎ汁が出る。	あり
研磨式	特殊なブラシや不織布を利用して肌ぬかをとる方法。不完全であることが多い。	なし

表5−4　米粉の種類

米の種類	粉砕前の処理	粉の名称	米の種類	粉砕前の処理	粉の名称
うるち米	生	上新粉（粗粉）	もち米	生	白玉粉
		上用粉（細粉）		蒸煮	道明寺粉
		米粉（菓子用米粉・パン用米粉）			寒梅粉
	熱加工	乳児粉（α化米粉）			みじん粉
うるち米・もち米	生	だんご粉			上南粉
				焙煎	らくがん粉

2）小　　麦

小麦は，世界生産第1位の穀類である。粒のままで調理される米とは異なり，小麦は粉の状態で調理するのが一般的である。多種多様な調理形態が可能で，世界中で各地域特有の調理に利用されている。

①　小麦粉の種類と栄養・機能成分

(1)　小麦粉の分類と用途：小麦粉は，たんぱく質含有量により強力粉，準強力粉，中力粉，薄力粉に分けられており，灰分の含有率によって1等粉，2等粉に分類されている。粉の種類と用途を表5－5に示す。

　主食として重要なエネルギー源である炭水化物を多く含む（約70～76％）。たんぱく質は約8～12％，脂質は約2％，食物繊維は2.5～2.8％含まれている。ビタミン類はビタミンB_1，B_2とナイアシンが含まれているが，それ以外は極めて少ない。

　小麦玄穀の構造は，外皮，胚芽部，胚乳部から構成されている。外皮は6層からなり，外皮の内側にはアリューロン層がある。この層の細胞はでん粉を蓄積しておらず，たんぱく質，脂質，灰分を多く含む特殊な層である。胚芽部は，脂質，たんぱく質，無機質，ビタミンを多く含むため，栄養補助食品にも利用されている。胚乳部は，でん粉を多量に含んだ細胞で構成されている。

　外皮は硬く，粒溝部と呼ばれる深い溝にそって内側に入り込んでいる。このような構造のため，やわらかい胚乳部を形状を壊さずにふすま（外皮とアリューロン層）だけを取り除くのは困難である。玄穀を粉砕して胚芽とふすまをふるい分け，ほぼ胚乳部のみにした粉を小麦粉として利用する。

表5－5　小麦粉の種類と用途

	種　類	粒　度	グルテン 量	グルテン 質	たんぱく質 含量（％）	調理形態		用　途
グルテンを利用	強力粉	粗い	多い	強靭	12.0～13.5	膨化させる	スポンジ状	パン類（食パン，フランスパンなど），中華まんじゅう，ドーナツなど
	デュラム粉	極粗	多い	軟	11.5～12.5	膨化させない	糸状	パスタ類（スパゲティ，マカロニなど）
	準強力粉	粗い	多い	強い	10.5～11.5		糸状・皮状	中華皮類（中華めん，餃子の皮など）
	中力粉	中	中	やや軟	9.0～10.5		糸状	日本めん（うどんなど），クラッカーなど
グルテンを抑制	薄力粉	細かい	少ない	弱い	7.5～8.5	膨化させる	スポンジ状	一般菓子（カステラ，ケーキ，クッキー，天ぷら）
							層状	パイ
							空洞状	シュー
						膨化させない	シート状	クレープなど
							ペースト状	ソース類

（2）　穀類の調理特性

1）米の調理性

①　うるち米

⑴　**良好な炊飯にかかわる水分量**：うるち米は乾燥された状態（水分15％）で供給されており，これを洗米することにより重量の10％程度吸水する。浸漬中に25〜30％吸水し，米に対する容積比で1.2倍，重量比で1.5倍の加水比で炊飯した飯は，約65％の水分を含む。元の米の約2.3倍から2.4倍の重量となる。米が水に浸かった状態で炊き始め，炊き上げ後には飯の周囲の水がすべて吸収される炊飯方法を炊き干し法といい，日本におけるうるち米の代表的な炊飯方法である。このほかに湯取り法として，米の5〜10倍の水で10分程度ゆでてからゆで水を廃棄し，その後蒸し器で蒸す方法もある。東南アジアや西洋で行われ，加熱後の飯は粘りがなく，サラダや炒め料理に利用される。

⑵　**浸漬時間**：米は浸漬後30分までは急激に吸水し，約2時間で飽和状態となる。米の吸水は水温によって異なり，低温で抑制され，高温で促進される。時間は長いほうがよいが，吸水が過度になると粒が壊れやすく，食味が悪くなる。気温の高い時期は，吸水が過度になりやすく，浸漬水が腐敗しやすいので気をつける。

②　白飯の炊飯　　炊飯の加熱過程を以下の①〜③に示す（p.58，図3−21参照）。① 米の吸水を促進させ，温度上昇する時期（温度上昇期）。米に含まれるプロテアーゼと熱に強いアミラーゼによって，甘味（糖）とうま味（アミノ酸）が増加する。そのため，10分程度をかけて沸騰するのが望ましい。② 内部まで水が浸透して，でん粉の糊化が進行する時期（沸騰期）。沸騰を約5分間継続する。③ 火力を弱めて約15分間加熱する時期（蒸し煮期）。消火後，10〜15分蒸らす。米の周囲に多くの水がある①②は煮る操作であり，③は周囲の水分が米に吸収され，鍋の内部に充満した水蒸気で蒸し煮にされる。また，鍋底は水分が減少して高温となり，底部の飯は焼かれる。炊飯の過程は，これらの「煮る」「蒸す」「焼く」の加熱調理を経る複合調理である。

③　味付け飯の炊飯

⑴　**炊き込み飯**：米に食塩やしょうゆ，清酒などを加えて，具材とともに炊き込んだ飯。調味料は米の吸水を妨げ，芯の残った飯になりやすい。浸漬を十分行ってから，炊飯直前に調味料を加える。塩味の割合は，飯の0.6〜0.7％，米の1.5％，水の1％が適当である。

⑵　**寿司飯**：炊飯時の加水量を容積の1.1倍，重量比で1.2から1.3倍と減量する。炊飯後に加える合わせ酢の水分を控えて炊飯する。

⑶　**炒め飯**：ピラフは，洗米後に水切りをし，油脂（米重量の7％）で炒めてから，米重量の1.3倍のスープで炊飯する。炒めることによって吸水が妨げられ，炊飯後に粘りが少ない硬い飯になる。炒飯は，炊き上がった飯を油脂で炒める。炒め油は，米を炒めるときよりも多く，飯の重量の7〜10％程度必要である。

④　玄米の炊飯　　玄米は，果皮，種皮，糊粉層が残っているため，吸水しにくい。

洗米後，水（重量比で 2.0 倍）に 17 〜 20 時間浸漬し，圧力鍋で 20 〜 25 分間加熱する。近年は，炊飯器で炊くことのできる加工玄米が市販されている。

⑤　**かゆの炊飯**　　朝食として用いられたり，術後の回復食などのやわらかい食事（軟菜食）の主食に利用される。かゆの配合を表 5 − 6 に示した。加水比が高くなるとかゆの水分量が増加し，出来上がりのかゆの栄養価は低くなる。特に米の量が少ない三分がゆ，五分がゆ，七分がゆなどは注意が必要である。全がゆは加熱直後が食味がよく，時間経過に伴って付着性が増加する（図 5 − 6）。

表5−6　かゆの種類

種類	炊飯時の容積比（米：水）		出来上がり重量 1,000g 米から作る場合		配合比 全がゆとおもゆから作る場合		かゆ100g当たりのエネルギー (kcal)[※1]
	米	水	米(g)	水(g)	全がゆ	おもゆ	
全 が ゆ	1	5	200	1,200	10	1	65
七分かゆ	1	7	150	1,200	7	3	−[※2]
五分かゆ	1	10	100	1,200	5	5	33
三分かゆ	1	20	70	1,200	3	7	−[※2]
お も ゆ	三分かゆまたは五分かゆからガーゼ等で米粒を除いた汁				0	10	19

※ 1 ：日本食品標準成分表 2020 年版（八訂）〔全がゆ：水稲全がゆ　精白米，五分かゆ：水稲五分かゆ　精白米，おもゆ：水稲おもゆ　精白米〕

※ 2 ：日本食品標準成分表 2020 年版（八訂）に記載なし。

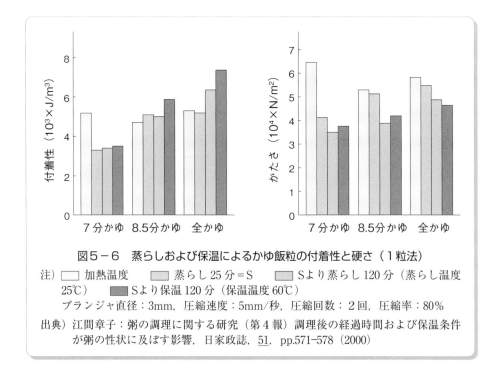

図5−6　蒸らしおよび保温によるかゆ飯粒の付着性と硬さ（1粒法）

注）□ 加熱温度　　▨ 蒸らし 25 分＝S　　▨ S より蒸らし 120 分（蒸らし温度 25℃）　　■ S より保温 120 分（保温温度 60℃）

ブランジャ直径：3mm，圧縮速度：5mm/秒，圧縮回数：2 回，圧縮率：80%

出典）江間章子：粥の調理に関する研究（第 4 報）調理後の経過時間および保温条件が粥の性状に及ぼす影響，日家政誌，51，pp.571-578（2000）

⑥　もち米の炊飯　　もち米のでん粉は，アミロペクチン98〜100％である。うるち米よりも浸漬中の吸水率が高い（32〜40％）ため，炊飯時の加水比は米重量に対して0.6〜0.9倍となる。米の嵩のほうが水位よりも高くなり，鍋底が焦げて粘りが出て炊飯できないため，吸水させた後，蒸し加熱とする。蒸し加熱調理中（強火で40〜50分）には，2〜3回ふり水をする。このふり水の回数で蒸しあげ後のもち米の硬さが変わる。もち米を炊く場合（炊きおこわ）は，もち米：うるち米＝5：2で混炊するとよい。このときの加水量は，もち米と同重量の水，うるち米の重量の1.5倍の水の合計とする。

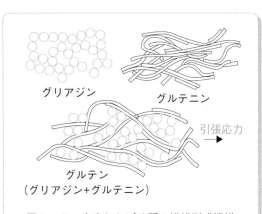

図5−7　小麦たんぱく質の繊維形成機構
出典）長尾精一：調理科学誌，22，pp.392-397（1989）

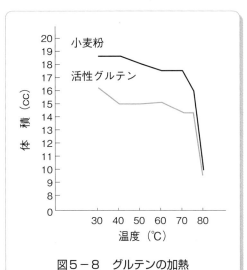

図5−8　グルテンの加熱
出典）松元文子：小麦粉の調理に関する研究（第5報）日家政誌，12，pp.455-458（1961）

2）米粉の調理性

① 従来の米粉　　上新粉は，粉の0.9〜1.1倍の熱湯でこねる。でん粉の一部が膨潤糊化することで，まとまりやすくなる。小分けにして平らに成形し，15〜20分蒸した後に再度こねる。こね回数が多いほど，やわらかくてなめらかなもちとなる。白玉粉は水でこね，成形してゆでる。白玉粉のもちは，粘性が大きく老化が遅い。

② 新製法の米粉　　米は構造上，粒周囲の層が硬いため，粉砕するとガラス片のような鋭角な角ができやすく，さらに細かくすると損傷でん粉が増加し，生地に混入したときの粘度が過剰になる。新しい製法の米粉は，従来の米粉よりも丸く小さい形状で，損傷でん粉含有量も低下しており，小麦粉の粒子に近くなったものである。

3）小麦粉の調理性

① ドウとバッター　　小麦粉生地は，添加水量によって生地の性質や名称が異なる。小麦粉に50〜60％の加水率で調製したパンやめんのような生地をドウ（dough）という。一方，小麦粉に100〜200％の加水率で調製した流動性のあるクレープやスポンジケーキ，天ぷらの衣などの生地は，バッター（batter）という。

② 小麦粉中のたんぱく質の調理性　　小麦粉に水を加えて混捏することにより，小麦粉中の非水溶性たんぱく質のグルテニンとグリアジンが，グルテンと呼ばれる三次元の網目構造を形成し，粘弾性のある生地となる（図5−7）。グ

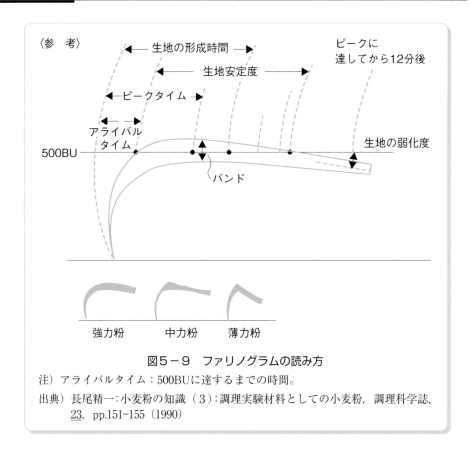

図5－9　ファリノグラムの読み方

注）アライバルタイム：500BUに達するまでの時間。

出典）長尾精一：小麦粉の知識（3）：調理実験材料としての小麦粉，調理科学誌，23，pp.151-155（1990）

リアジンは分子量が小さな球状たんぱく質で流動性のある粘質な物性を保有し，グルテニンは分子量が大きな線維状たんぱく質で非常に強靭な弾性を保有する。グルテンは両者の性質を有する。強力粉の生地は，混合耐性（混合に対する耐性。生地の強さ）が高い粘弾性のある生地であり，薄力粉の生地はたんぱく質の含有量が少ないだけでなく，混合耐性が低い性質をもつ。グルテンは，加熱調理でも70℃付近までは粘弾性を保つが，75℃を超えると熱変性のため粘弾性を失い凝固する（図5－8）。小麦粉製品の加熱による組織の固定化には，グルテンの熱凝固が関与している。

③　**小麦粉生地の性質に影響する因子**　　グルテンの形成には，次にあげる添加材料や調理条件により影響を受ける。

（1）　**混捏**：混捏回数が多いほど，また速度が速いほど，グルテンの形成が促進する。しかし，混捏が過度になると，膜状に形成されたグルテンは，構造が崩れて生地は粘弾性を失う。

（2）　**ねかし**：混捏直後のドウは抗張力が高いが，一定時間放置（ねかし）すると，グルテンの構造が緩和され，伸展性や成形性が高まる（図5－10）。

（3）　**添加水温**：水温が30〜70℃の範囲で，グルテンの形成が促進される。グルテンを抑制したいときには，30℃以下の水を使用する。

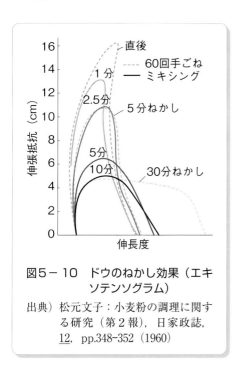

図5－10　ドウのねかし効果（エキ
　　　　　ソテンソグラム）

出典）松元文子：小麦粉の調理に関す
　　　る研究（第２報），日家政誌，
　　　12，pp.348-352（1960）

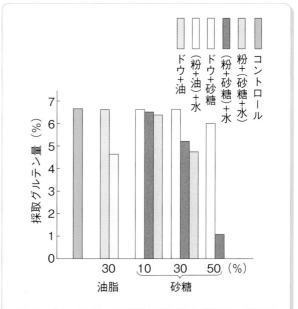

図5－11　砂糖・油脂添加併用時のグルテン採取量

出典）松元文子：小麦粉の調理に関する研究（第５
　　　報），日家政誌，12，pp.455-458（1961）

(4)　**食　塩**：食塩を加えることにより，ドウの伸展性と弾力性の両者が向上する。食塩の添加量が増すと，吸水率は減少する。

(5)　**砂　糖**：砂糖は強い親水性をもつため，小麦粉に添加した水を奪い，たんぱく質が水と結合するのを妨げる。その結果としてグルテンの形成が抑制される。

(6)　**油　脂**：油脂は，たんぱく質と水の水和を妨げ，グルテンの形成を阻害する。クッキーのもろさは，これを利用したもので脂質含量が増加するほどもろくなる。

(7)　**かん水**：中華めんなどに使用されるアルカリ性のかん水は，生地の粘弾性，伸展性を向上させるために添加される。アルカリ性のため，小麦粉中のフラボノイド系色素が黄変し，めんの色は黄色を呈する。また，同時に独特の香りが付与される。

(8)　**牛乳と鶏卵**：水分が多いので，水と同じようにドウのやわらかさに関与するが，脂質とたんぱく質も含有するので，水だけの場合よりもドウの伸展性が高くなる効果がある。鶏卵は卵黄レシチンの乳化作用で，ドウの伸展性が高くなる。

(9)　**添加順序**：グルテン形成を抑制する砂糖や油脂は，小麦粉と水を混合するときに水と同時に添加するとグルテンの形成が抑制されるが，グルテンをあらかじめ形成してから加えると，グルテンは抑制されない。生地の滑りがよく，伸展性が向上する（図5－11）。

(10)　**換水値**：添加することで水と同じように，生地のやわらかさに影響を与える材料がある。その作用の強さを，水を100として割合で示したものが換水値である。主

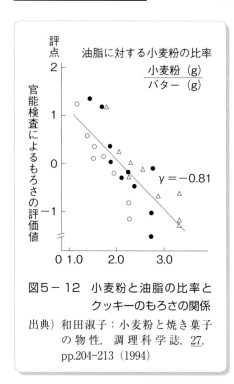

図5－12　小麦粉と油脂の比率と
　　　クッキーのもろさの関係

出典）和田淑子：小麦粉と焼き菓子
　　の物性，調理科学誌，27，
　　pp.204-213（1994）

な換水値は，牛乳（90），卵（80 ～ 85），バター（70
～ 80），砂糖（30 ～ 40）。水の代わりに牛乳や卵を
添加する場合に，目安とする。クッキーのもろさ
と油脂含量を図5 － 12に示した。油脂が多くな
るともろさの評価値は高くなる。

④　膨化調理

（1）　イースト発酵による膨化調理（発酵パン）：
ドウに練りこまれたイーストのアルコール発酵に
より発生した炭酸ガス圧で，ドウを膨化させる方
法である。イーストは，焼成前の発酵過程で（温
度28 ～ 32℃，湿度75％）ガスを発生し，さらに焼
成中も内部温度が60℃を超えて死滅するまで発
酵を継続する。この多量のガスを内包するために
は，伸展性があり弾力性に富んだグルテンの形成
が不可欠であるので，パンにはたんぱく質含量の
多い強力粉を用いる。また，グルテンの伸展性と弾
力性の両方を強化する食塩の添加も不可欠である。
　　　ドウ中のでん粉は，グルテン膜と強く結びつき，
気泡膜の気密性を保持して膨化を補助し，さらにイースト発酵のエネルギー源として
重要な役割を担っている。

　　イーストは，パンに適した酵母を工業的に単一培養したもので，サッカロミセス・
セレビシエ（*Saccharomyces cerevisiae*）に属する酵母菌が主に使用されてきた。市販の
イーストには，生イースト，低温乾燥したドライイースト，予備発酵を必要としない
インスタントイーストがある。通常の配合では粉100に対して生イースト約2％，ド
ライイースト約1％で同等の発酵力となる。イーストの発酵は次式に示すようにエチ
ルアルコールを生成し，発酵と同時に有機酸をつくり，良好な香りを付与する。

$$C_6H_{12}O_6 \quad \rightarrow \quad 2\,C_2H_5OH \quad + \quad 2\,CO_2$$
　　　　（グルコース）　　　（エチルアルコール）　　　（炭酸ガス）

　　その他のイーストを用いた膨化調理例は，イーストドーナツを含む揚げパン類，蒸
し加熱をして膨化させる中華料理のまんじゅうや包子があげられる。

　　白飯とは異なり，パンは脂質や食塩が含まれているので病態用食の主食では注意す
る。また，白飯の粒食と比較すると，粉食のパンは食後の血糖値も上昇しやすい。

（2）　包含する空気泡による膨化調理

　　a．スポンジケーキ：通常は，全卵を100，砂糖70 ～ 100，小麦粉50 ～ 70で調
製する。これに，副材料として水や牛乳，油脂などを混入する場合もある。鶏卵と砂
糖を泡立てたフォームに小麦粉を混入し，180℃前後のオーブンで30分程度焼成する。
卵の配合を増やすと膨化が大きくなり，バターのような固形脂を用いると口どけのよ

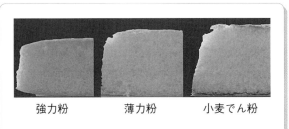

図5－13　たんぱく質含量の異なる粉で焼成した
　　　　　ケーキの断面

強力粉　　　　薄力粉　　　　小麦でん粉

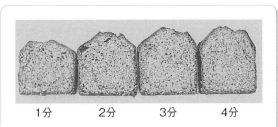

1分　　　2分　　　3分　　　4分

図5－14　パウンドケーキのバター泡立て時間
　　　　　の影響

注）数字はミキサーによるバターの泡立て時間

いテクスチャーとなる。膨化が大きく，気泡が細かく均一であり，ふんわりとした弾力性をもつスポンジケーキが，品質のよいものとされている。

　バッター中に含まれる気泡の熱膨張と気泡内の水蒸気圧によってバッターが膨張する。この膨化は焼成前のバッター中の気泡量に依存するので，フォームへの小麦粉混入時や副材料の混入時に注意し，可能な限り多量の泡を残すようにする。

　このため，ケーキにはたんぱく質含量の少ない薄力粉が適する（図5－13）。

　薄力粉に多く含まれるでん粉は親油性を示し，卵黄の油脂を含む気泡膜の周囲を覆うように吸着して気泡の膨張を保護する。高温では糊化して周囲の組織を固定化する役割を担う。

　b．バターケーキ：固型脂を可塑性を保つ温度範囲内で撹拌すると，気泡を多量に抱き込む。この泡立てたバターに卵と粉を混入して加熱すると，混入した気泡が熱膨張して全体が膨化する。泡立て時の気泡量により，焼成後のケーキの大きさも異なる。固形脂は，バターのほかにマーガリン，ショートニングなどを用いる場合もある。代表的な調理例が，油脂，砂糖，鶏卵，小麦粉をすべて１ポンドずつ用いるパウンドケーキである。油脂の配合は多いほどきめ細かくなるが，食感が重くなるので実際の油脂配合は粉の50～100％である。図5－14にはパウンドケーキのバター泡立て時間の影響を参考に示した。

　⑶　蒸気圧による膨化調理

　a．パ　イ：焼成中に生じる蒸気圧による膨化である。折り込みパイは，ドウの間にバターを挟んでドウとともに薄く伸展させたものを三つ折にし，さらに伸展させるという操作を繰り返す。このほかに，小麦粉とバターを細かく切りこんでから水を加えてまとめたのち，折りたたんでつくるアメリカンパイがある。両者とも，薄く伸ばされた生地とバターの層が何層にも重なった構造をとる。バターの層は加熱に伴い，融解して生地に染みこむ。バターの層があった空間には生地から放出される水蒸気が集まり，押し広げられ膨化する。生地は，水蒸気圧によって押し上げられたようになり，剥離性の高い薄層が幾重にも重なったパイ独特の食感を保有する。折り込みパイは三つ折りの回数を４～６回とし，焼成時の生地の厚さは４mm程度が適切である。

油脂は粉に対して70〜100％を用い，固形脂が可塑性を保持する温度範囲で作業する。

　　b．シュー：オーブン内での膨張は，調製時に混入した生地中の空気泡を核として加熱中に生じた水蒸気が集まり，生地内部の圧力が高まることによる膨化である。この膨化によって，中央部に開いた大きな穴とキャベツ（choux）型の外観が特徴である。

　一般的な配合は，バター：水：小麦粉：卵＝1：2：1：2である。調理操作は，水と油脂を沸騰させた中に，小麦粉を加えて加熱（第一次加熱）した後，放冷後に鶏卵を混入し均質になるまで攪拌して生地を調製する。この生地を天板に絞りだしてオーブンで焼成する（第二次加熱）。すでに第一次加熱の段階で，この生地のグルテンはほぼ熱変性している。ケーキやパンなどの膨化調理では，グルテン活性が失われる75℃前後で膨張を停止する。しかし，シュー生地は，内部温度が75℃を超えた後も膨張を継続するため膨化率が高い。この生地の膨張の遅延は糊化したでん粉の粘りが主であり固定化する力が弱いため，継続して加熱することで組織を十分に乾燥して固定化させる必要がある（表5－7）。

表5－7　第一加熱の温度と糊状加熱物の糊化度・グルテン量およびシューの膨化率

水と油脂の温度※1（℃）	加熱物の温度※2（℃）	糊化度（％）	グルテン（乾麩）量※3	膨化率※4（cm³/g）
70	60	27.7	0.9	5.59
80	70	76.5	0.4	7.20
88	78	80.6	0.2	8.38
95	85	87.4	—	8.63
100	95	92.0	—	8.40

注）※1：小麦粉添加時の温度，※2：第一加熱終了時の温度，
　　※3：小麦粉未加熱の時8.5％，※4：シュー1g当たりの体積
出典）大喜多祥子：シュー生地，調理科学誌，30，pp.392-397（1997）

　⑷　**化学膨張剤による膨化調理**：クッキーや，蒸しパン，無発酵パンなどには，重曹（重炭酸ナトリウム）やベーキングパウダー，イスパタ（重曹に塩化アンモニウムを添加したもの）などの化学膨化助剤を用いる。これらは，加熱されることにより生地内で発生したガスが，生地を膨化させる。通常，小麦粉の3〜4％用いる。重曹を単独で加熱調理に用いると，小麦粉中のフラボノイド色素と反応し，製品が黄色を呈する。これを避けるためには，重曹1gに対して食酢17mLを添加するとよい。

⑤　その他の調理

　　a．ル　ー：熱した油脂に同量または倍量の薄力粉を加えて炒めたものを，ルーという。添加液（水・スープ，牛乳など）でのばして再加熱されることでとろみを生じる。シチューやソースのとろみづけに用いられる。グルテンは高温加熱によって変性しており，この粘度はでん粉の糊化によるものである。炒め温度が高温になると，で

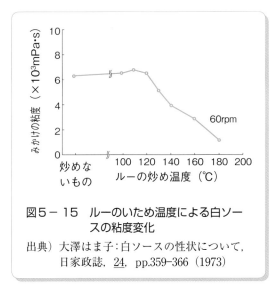

図5−15 ルーのいため温度による白ソースの粘度変化

出典）大澤はま子：白ソースの性状について，日家政誌，24，pp.359-366（1973）

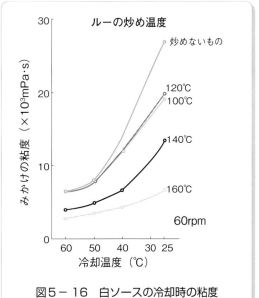

図5−16 白ソースの冷却時の粘度

出典）大澤はま子：白ソースの性状について，日家政誌，24，pp.359-366（1973）

ん粉粒の一部がデキストリン化するため，粘度が低下する（図5−15，16）。加熱温度と色調から，ホワイトルー（炒め温度120〜130℃），ブラウンルー（同170〜180℃）とされる。小麦粉とバターを混合しただけのブールマルニエとは異なり，炒めた香ばしさや粘度が適度に抑えられた滑らかな粘度を示す。

　　b．天ぷら：薄力粉に対して1.5〜2倍の割合で水と卵の混合液を加えて衣を作る。これを，バッターという。水は低温（15℃）とし，水の1/3を鶏卵とする。衣中の水と油の交換が生じることにより，揚げ上がりは軽い食感となる。しかし，衣の調製時に，グルテンの形成が促進されていると，たんぱく質と水の結びつきが強固であるために，加熱調理中の水分と油との交換が進行せず，軽い仕上がりとはならない。

（3）雑　　穀
1）雑穀の種類と栄養成分・機能性

　穀類の中から主穀を除いたイネ科の植物を，雑穀と呼ぶ。さらに，穀類と同程度のでん粉を含むが，ヒユ科およびタデ科の植物を擬似穀類として雑穀に含む。

　「日本食品標準成分表2020年版（八訂）」に記載されている栄養成分の比較では，あわ，きび，ひえは，たんぱく質，脂質，灰分，食物繊維，ビタミン（ひえのB_1のみ低値）の成分がいずれも精白米よりも高い。イネ科の穀物の第1制限アミノ酸はリシンであるが，擬似穀類はリシンが多い。擬似穀類を米と混炊したり，粉を小麦粉に混入することで，栄養学的に互いに補完した食事が期待できる。

2）雑穀の調理性

① **健康食品としての利用**　米飯に雑穀を加える場合には，米の約10％を雑穀に代替すると，米飯本来のおいしさを損なわず，栄養面での効果が期待できる。雑穀は洗った後，米と一緒に加水比1.3倍（重量比）で炊飯する。雑穀を混炊した飯は，もち種のほうがぱさつかず冷えた飯も食感がよい。また，パンやスポンジケーキに添加する場合は，粉あるいは粒で小麦粉の10％までが適切である。健康を目的としたり，宗教上の戒律や思想的な背景からある一定の食品を食べない人々には，もどき料理を提供する場合もある（表5-8）。

② **アレルギー疾患のための代替食品としての調理**　アレルギー疾患の代替食品としての調理には，次のような2種類の利用方法がある。

　　a．米・小麦の代替としての調理法　米飯の代替として用いる場合，あわ，ひえ，きびなどの雑穀のみで炊飯する。炊き上げたものを白飯の代替としたり，炒飯や炊き込みご飯などに利用する。小麦の代替として用いる場合，雑穀を粉末状にし，小麦粉の全量を代替する。しかし，雑穀粉はグルテンを含有しないので，粘性を付与するための副材料が必要となる。副材料としては，加熱したいも類のペーストややまのいものすりおろしなどがあげられる。膨化の程度が小さなクッキーや，お好み焼き，餃子の皮などは比較的良好な製品となる。

　　b．料理の外観をほかの料理に似せた調理法（もどき料理）　外観を似せることで，アレルギー疾患の除去食の選択肢が広がる。鶏卵アレルギー患者用では，かぼちゃのペーストで黄色に着色し，それに水と雑穀粉を混合したものを卵焼きの形に焼くなどの例がある。この場合は，雑穀粉を利用して成形性を高めて鶏卵に似せている。除去食の提供が必要な場合には，雑穀を利用することにより食事の選択肢が増える。

2.2　い　も　類

（1）いも類の種類と栄養・機能成分

　いも類は，穀類と同様にでん粉を細胞内に多量に含むため，主食としている国もある。根塊あるいは地下茎にでん粉を貯蔵している植物である。炭水化物は13～28％，1～3％の食物繊維を含み，無機質のカルシウムやカリウムを多く含む。いも類は70～80％の水分を含有しており，その水分により細胞内のでん粉が糊化することが可能である。さつまいもおよびじゃがいもに多く含まれるビタミンCは，加熱調理に安定で，加熱による損失は少ないとされている。いも類は他の葉もの野菜などに比較して，調理時の一片は厚く切られることが多い。ゆで加熱の際にも水との接触面積が小さく，周辺部のビタミンCは煮汁中に溶出して損失が多いが，中心部はビタミンCが残存しやすい（図5-17）。日常に用いられるいも類は，じゃがいも，さつまいも，さといも，やまのいもなどがある。

1）じゃがいも

ナス科ナス属の植物の地下茎（塊茎）で，甘味が少なく，味や風味にくせがないの

表５－８　雑穀の種類と用途

分類		名　称	穀粒としての主な利用例	粉としての主な利用例	穀粒の色	味やにおい	加水比体積増加率
雑穀類	イネ科	あわ（もち種）	単独で飯のように炊く。米と混炊する。炊き上げ後の粒は，もちもちとして，コロッケなどの中に利用。	小麦粉の一部または全量の代替として利用。粘りはないので薄力粉の代替程度。	黄色	あっさり・くせがない	加水比1.1〜1.2倍体積増加率1.7〜1.8倍
		ひえ（うるち種）	単独で飯のように炊く。米と混炊する。（冷めるとぱさつきやすい）	小麦粉の一部または全量の代替として利用。粘りはないので薄力粉の代替程度。（精白したものがくせがなく利用しやすい）	白色（精白したもの）	くせがない（精白したもの）	加水比穀粒重量の1.3〜1.4倍体積増加率約2〜2.5倍
		きび（もち種）	単独で飯のように炊く。米と混炊する。炊飯後の粒は，もちもちとした食感でおはぎや団子に利用。	小麦粉の一部または全量の代替として利用。水との混合だけでは粘りがないので薄力粉の代替程度。	黄色	甘味・こくが強い	加水比1.1〜1.2倍体積増加率1.7〜1.8倍
		もろこし（もち種・赤たかきび）	ひき肉の代わりに用いる。米と混炊する。（加熱時に周囲に赤い色がうつる）。	小麦粉の一部または全量の代替として利用。（ほかの雑穀の粉よりも多少の粘りがあり，あずきのような色がつく。和菓子などに適する）	うすい赤色	特有の香り（弱い）わずかな苦味	―
		もろこし（ホワイトソルガム）	―	小麦粉の一部または全量の代替として利用。粘りはないので薄力粉の代替程度。（ほぼ無味無臭なので幅広く利用しやすい）	白色（精白）	ほぼ無味無臭	―
擬似穀類	ヒユ科	アマランサス（もち種）	米に混炊（粒が小さい（直径1.5 mm）ので単独で炊くのには適しない）パフ※をシリアルとして利用。	小麦粉の一部または全量の代替として利用。混合した製品は褐色となる。（粉に粘りがあるので小麦粉の代替として利用しやすい）	薄茶	独特の香り	―
	アカザ科	キノア	米に混炊（直径2.5mm）パフ※をシリアルとして利用。	小麦粉の一部または全量の代替として利用。（粉に粘りがないのでクッキーやタルトに適する）（うどんやめん類に混合すると粘りが強いものとなる）	薄茶	ぬかのような香り	―

注）※　パフ加工：穀類や雑穀，豆類などに高温・圧力をかけ，それを瞬時に常温・常圧に戻すことで瞬時に水分が気化して膨化し，多孔質の組織でサクサクとした食感に変化する。

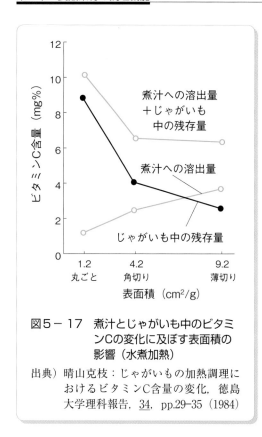

図5－17　煮汁とじゃがいも中のビタミンCの変化に及ぼす表面積の影響（水煮加熱）

出典）晴山克枝：じゃがいもの加熱調理におけるビタミンC含量の変化，徳島大学理科報告，<u>34</u>，pp.29-35（1984）

で応用範囲が広い。でん粉の含有量によって，粉質（男爵いも・農林1号）と粘質（メークイン・紅丸）に分類され，調理特性が異なる。

① **グリコアルカロイド（GA）**　じゃがいもは，グリコアルカロイド（GA）と総称される複数の有毒なアルカロイド配糖体を含む。GAの95%はα-ソラニン，α-チャコニンである。中毒症状として胃腸障害，悪心，めまいなどがある。男爵いもよりもメークインのほうがGAを多く含み（図5－18），可食部分は平均7.5 mg/100 gのGAを含み，そのうち3〜8割が皮の周辺にある。また，光に当たって緑色になった部分は100 g当たり100 mg（0.1 g）以上のGAを含んでおり，芽や傷のついた部分にもGAが多い。熱に強いので，フライなどの高温調理では一部分解されるが，煮るなど一般の加熱調理条件ではGAの大部分が残存し，除去効果は期待できない。したがって，調理前に局部的に存在する芽や緑化した皮部を切り取る。

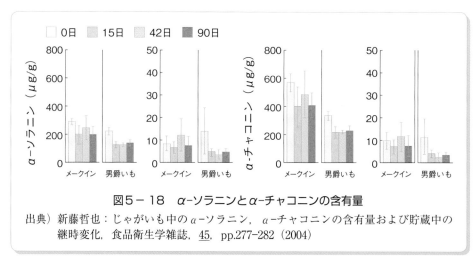

図5－18　α-ソラニンとα-チャコニンの含有量

出典）新藤哲也：じゃがいも中のα-ソラニン，α-チャコニンの含有量および貯蔵中の継時変化，食品衛生学雑誌，<u>45</u>，pp.277-282（2004）

　ヒトでは，200〜400 mgで中毒症状が起こるとされているが，子どもは過去の事例からその1/10でも中毒を起こすといわれている。近年，小学校などで，食育を目的として栽培したいもを食べて食中毒を起こすことがたびたび報告されている。未熟な小玉のいもや，土寄せをせず光を浴びやすかったいもはGAを特に多く含んでおり，注意が必要である。「児童福祉施設における食事の提供ガイド」（2010（平成22）年3月，

厚生労働省）には，栽培したいもを用いた調理実習（体験）について留意点がまとめられている。

② **アクリルアミド**　低温で貯蔵したじゃがいもを高温で調理すると，アクリルアミド（遺伝子を傷つける作用や発がん性があるとされる）ができやすいことも知られている。そのため，低温で長期貯蔵されたじゃがいもは，揚げる，炒める，あぶるなどの高温調理を避けるか，高温調理に用いるじゃがいもは冷蔵保存ではなく，6℃以上で保存する。また，食品を加熱前に水にさらしたり，下ゆですることは水分含有量を増やし，アクリルアミド生成の原因となる水溶性成分を減らす効果がある。「煮る」，「ゆでる」などの方法ではアクリルアミドができにくいことが知られている。

③ **褐　変**　じゃがいもの切り口が褐変するのは，じゃがいもに含まれているチロシンやポリフェノール類が，チロシナーゼやポリフェノールオキシダーゼの作用によって酸化され，黒褐色のメラニン様重合化合物を生じることが要因であり，酵素的褐変と呼ばれる。フライドポテトや，ポテトチップスの表面が褐色になりやすいのは，糖質とアミノ酸が加熱されることで生じるアミノカルボニル反応による非酵素的褐変である。低温の保存では，呼吸作用が抑制されるので長期保存に有効であるが，糖化作用は抑制されない。この結果，特に低温保存したいもは糖が多くなり（低温糖化），アミノカルボニル反応が生じやすく褐色になりやすい。揚げる前に水にさらすことで，可溶性のアミノ酸や糖が溶出するので，アミノカルボニル反応が起こりにくい。

2）さつまいも

ヒルガオ科サツマイモ属の植物の塊根で，料理にも利用されるが，甘味が強いので和洋の菓子などにも利用される。焼きいもなどの食用に適した紅あずまや高系（高系14号，鳴門金時，紅高系，土佐紅，紅さつまなど）が生産量が多い。黄金千貫，白豊は主に加工原料，でん粉生産用，醸造用に用いられる。

でん粉が多い粉質と，糖質が多い粘質に分類される。栄養成分としてはカロテン，ビタミンB₁やC，食物繊維も多く含まれる。近年，市場に出回っているむらさきいもは，アントシアン系の色素を多く含む。

さつまいもを切断すると，表皮の内側の皮層の部分からヤラピンという白色粘液が出る。このヤラピンは，空気に触れると黒くなり，水に不溶のため除きにくい。さつまいもに含まれるクロロゲン酸は，ポリフェノールオキシダーゼによってキノン体を生じ褐変する。クロロゲン酸は，アルカリ性では緑色に変化するので，重曹の入った衣をつけて揚げたり，重曹の入った蒸しパンにさつまいもを入れたりすると，いもの周辺が緑色になる。ゆでるときに，ミョウバンを0.3％程度加えることで，ミョウバンのAl³⁺がさつまいも中のカロテノイド色素を固定するので，鮮やかな黄色にゆでることができる。

13～15℃が貯蔵適温で，低温貯蔵では低温障害を起こすため，冷蔵庫は使用しない。

3）さといも

サトイモ科の植物の地下茎（塊茎）で，東南アジアに多いタロイモと同種である。

ぬめりは，ガラクタンが主成分である。さといもを洗ったり，皮をむくと，手指にかゆみを生じる場合があるが，これは，さといもにシュウ酸カルシウムの結晶が含まれており，この結晶は針状であるため皮膚が刺激されるために起こると考えられている。

4）やまのいも

ヤマイモ科の植物の担根体で，やまといも，いちょういも，ながいもなどの品種がある。ほかのいもと異なり，生食が可能であるが，その要因としては細胞壁がほかのいもよりも薄いこと，強力なアミラーゼが存在することなどがあげられている。ポリフェノールのピロカテコールおよびポリフェノールオキシダーゼを含むので，空気に触れることで褐変する。さといも同様にシュウ酸カルシウムを含む。

（2）いも類の調理特性

1）じゃがいも

① **煮熟**　じゃがいもは，加熱することで，細胞間の結合が緩み，煮崩れがしやすい。沸騰水からゆでると，中心部分が昇温するまでに周辺部分の加熱が過度になり煮崩れが生じる。このため，じゃがいもは水からゆでる。

② **組織の硬化**　じゃがいもは，加熱途中で中断すると組織が硬化して，再加熱してもやわらかくならない（ごりいも）。この硬化現象は，細胞壁に多量に存在するK^+が，細胞膜のペクチンメチルエステラーゼを活性化し，ペクチンの脱エステル化反応が起こり，ペクチン鎖のカルボキシ基の間で共存するCa^{2+}やMg^{2+}と新たな架橋結合が形成され，軟化しにくくなるためと考えられている。同様に，牛乳液中で加熱すると，Ca^{2+}がペクチンと結合するために煮崩れしにくくなる。また，「なしもどき」と称する料理に用いられる調理法では，酢酸によりpHが低下した水溶液中（酢30％）で煮るが，この場合，加熱されているにもかかわらず生のようなシャキシャキとした食感が得られる。細胞壁のペクチンのトランスエリミネーション（β-脱離）によるペクチンの分解や加水分解，脱塩が起こらないためである（p.141，図5－27参照）。

③ **マッシュポテト**　マッシュポテトは，いもを十分に煮熟したあと，裏ごしして調製する。加熱されることによって，細胞壁のペクチンが柔軟になり，細胞内のでん粉が糊化して膨張し細胞いっぱいに広がると同時に，細胞は内側から押し広げられるようになり丸く変形する。このときに，細胞間隙がゆるみ，いもを裏ごししたり，つぶしたりすると細胞単位で分離する。温度が低下すると，細胞壁のペクチンが流動性を失い，細胞間隙が締まるので分離しにくくなり，無理に裏ごしたり，つぶすと細胞膜が破壊され，中のでん粉が流出して粘りを出すためマッシュポテトには適さない（図5－19）。北海道の古くから伝わるじゃがいも料理である「いももち」は，この粘りを利用して，もちのような食感を有するように調理される。

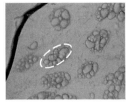

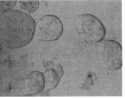
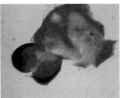

| じゃがいもの組織
（生） | じゃがいもの組織
（加熱後） | 裏ごし（熱いとき） | 裏ごし（冷却後） |

図5－19　じゃがいも組織の顕微鏡観察

2）さつまいも

さつまいもは，強力な β-アミラーゼを含んでおり，加熱すると活性が高まり，でん粉をマルトース単位に分解する。でん粉のような多糖類は甘味を呈さないが，分解されたマルトースは甘味を呈する。焼きいもは加熱されることで，活性化した β-アミラーゼがでん粉を分解し，マルトースが多量にできることから甘味の強い味となる。 β-アミラーゼは，至適温度が $60 \sim 65℃$ で，$75℃$ まで失活しない。さつまいもを加熱調理するときには，内部温度の上昇を緩慢にし，至適温度帯を時間をかけて通過するようにし，失活温度に達する時間を遅くすることで，マルターゼの生成が増加する。電子レンジのような短時間で内部温度が上昇する調理では，早期に失活し，マルトースの生成が少量となる（図5－20）。

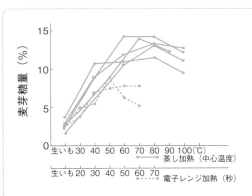

図5－20　電子レンジと蒸し加熱の加熱程度
と麦芽糖量

出典）松元文子：電子レンジによる甘藷の加熱について，日家政誌，16，pp.284-287（1965）

3）さといも

さといものぬめり成分である糖たんぱく質は，煮熟の初期に溶出して煮汁の粘度が上昇し，吹きこぼれの原因となる。また，これにより調味料の浸透が妨げられるので，煮る前に水でゆでこぼしを行うか，食塩あるいは食酢を添加して下ゆでする。

4）やまのいも

やまのいもは，生ですりおろすと，ねばりのあるとろろとなる。この粘りは，攪拌することで空気を抱き込む起泡性を有する。この性質を利用して，はんぺんやかるかんおよび薯蕷まんじゅうなどの膨化調理に用いられる。また，日本そばなどのつなぎにも利用される。

2.3　豆類・種実類

（1）豆　　　類

1）豆類の種類と栄養・機能成分

「日本食品標準成分表 2020 年版（八訂）」で，豆類は種子の完熟したものを指し，グリンピースやえだまめのように未熟なものおよびもやしのように発芽したものは野菜類に分類されている。未熟な豆には，完熟豆には認められないビタミンCが多い。

　完熟豆は，①脂質とたんぱく質が多い豆（脂質：約20％，たんぱく質：約35％）と②糖質が多い豆（脂質：約2％，糖質：約50～55％）に大別できる。①はだいずとらっかせい，②はあずき，えんどう，そらまめなどが，代表的な豆としてあげられる。

　豆の可食部は子葉であり，胚乳を可食部とする穀類と異なる。アミノ酸ではリシンを多く含み，リシンを第1制限アミノ酸とする穀類と合わせて食べることで，栄養上望ましい組合せとなる。カルシウムが多く，食物繊維も多い。

　健康上の注意を要する成分としては，だいずは，消化を阻害するトリプシンインヒビターを含む。加熱により破壊されるため，十分加熱することが必要である。そらまめを食べると急性溶血性貧血を起こす。このそらまめ中毒は，原因物質としてコバイシンおよびバイシンがあげられている。日本では頻度は低く，準主食としていたり，グルコース−6−リン酸デヒドロゲナーゼに発症にかかわる遺伝的な欠陥が存在するのが原因ではないかと考えられている。

2）豆類の調理特性

①　**乾燥豆の吸水**　　乾燥豆は，長期保存が可能であるが，古い豆（夏を越したひね豆）は吸水力が低下し，煮熟後の食味も悪い。十分に吸水させるためには，豆の4～5倍の水に浸漬し，十分に吸水させてから煮熟する。あずきを除くだいずやいんげんまめなどの豆は，浸漬後5～6時間までの初期吸水が早く約20時間で飽和し，元の重量の約2倍となる。

　表5−9に示したように，だいずとあずきの吸水のしくみは異なる。だいずの吸水は，種皮が先に吸水し，子葉がゆっくりと吸水する。あずきは，水に浸漬しても種皮は急激な吸水は起こさず，胚座から少量ずつ侵入した水によって，内部の子葉が種皮よりも早く膨潤する。したがって，種皮は内部の膨潤圧により破れ，胴割れを起こす

表5−9　あずき（上）とだいず（下）の吸水

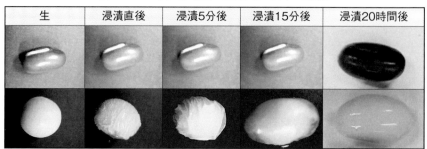

生	浸漬直後	浸漬5分後	浸漬15分後	浸漬20時間後

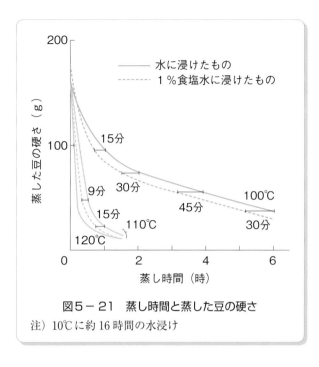

図5－21　蒸し時間と蒸した豆の硬さ

注）10℃に約16時間の水浸け

 こととなる。気温によっては，長時間浸漬すると浸漬液の腐敗をまねいたり煮熟後の豆の形状が悪くなるため，あずきは煮熟前に浸漬を行わない。

② 煮豆　煮豆は，中心までふっくらとやわらかく，外観は皮むけ，しわ，腹切れ，胴割れがないものがよい。煮豆の調理は，① 浸漬，② 煮熟，③ 調味，④ 煮汁に浸漬の4つの過程を経る。だいずの煮熟の過程では，煮汁中にサポニンが溶出するためふきこぼれやすい。

　だいずをやわらかく煮る方法（図5－21）としては，浸透圧相当以下の濃度の食塩水（1～2％）に浸漬してから煮る，だいず重量に対して0.3％程度の重曹を加えた水に浸漬してから煮る，圧力鍋で煮るなどの方法がある。食塩水は，だいずに含まれるたんぱく質の大部分を占めるグリシニンが食塩水に可溶であるため，早期に組織が柔軟になりやすい。重曹を加えたアルカリ性の浸漬液では吸水も早く，煮熟中の軟化も早いが，pHが上昇するとだいず中のビタミンB_1が失われることが知られている。圧力鍋は，内部温度が高温（115～125℃）となり，短時間で軟化する。短時間の加熱のため，煮豆中に糖やペクチンが多く残存しており甘味が強く，ねっとりとした食感になる。

　煮豆の調味では，高い糖濃度で調味されることが多く，煮豆の皮にしわがよることが多い。浸透圧の高い煮汁中では，種皮は影響を受けないが，子葉が収縮するためである。しわをよせないためには，水で十分に加熱して軟化した豆を常温の調味液に浸漬する。または，調味料を一度に加えずに，少量ずつ数回に分けて加えるなどの方法がある。

　黒豆の種皮には，クリサンテミン（アントシアン系色素）が含まれており，Fe^{2+}が結合して錯塩をつくり美しい黒色になる。このため黒豆を煮熟するときには，鉄釘を入れたり鉄鍋を用いたりする。また，黒豆を炊き込んだ飯を酢飯にすると，クリサンテミンが赤く変わり，薄い桃色の酢飯となる。完熟したそらまめは，薄い褐色の種皮にタンニンを含む。鉄製の鍋で煮るとFe^{2+}と反応し，黒色となる。

③ あ ん　でん粉の多い豆（あずき，いんげんまめ，えんどう，そらまめなど）を十分に水で煮熟したあと磨砕して，細胞単位に分離したものである。じゃがいもの調理であるマッシュポテトと同じ原理であるが，細胞壁は豆類のほうが強靭であるため，細胞の破壊が起こりにくい。加熱によって凝固したたんぱく質によって細胞内で糊化

したでん粉が固定されることで，でん粉が溶出しがたいだけでなく，細胞壁を覆うたんぱく質により細胞が破壊されにくいとされている。

　あんの種類は，煮熟して磨砕したのち脱水したものを生あんという。生あんは，つぶしただけで種皮を含むものをつぶしあん，ざるや裏ごしを通して種皮を除いたものをこしあんという。こしあん（生あん）を乾燥して貯蔵性をもたせたものをさらしあんという。生あんあるいはさらしあんに水と砂糖を加えて加熱して練り上げたものを練りあんという。中華まんじゅうに用いられるあんには，ラードなど油脂が添加されている（表5－10）。

　あずきあんは，煮熟の工程で煮汁を捨てて新しい水と交換する「渋きり」を行う。渋きりは，煮汁を捨てることによって種皮や子葉に含まれるタンニン，ゴム質のほか豆の風味を悪くするあくと呼ばれる水溶性成分が廃棄され，出来上がりの味がよくなる。また，水を交換することによって，煮汁の水温が低下するので豆の周辺部のでん粉の糊化が一時的に抑制され，周辺部と中心部の糊化が均等に進行する。

④　**だいず製品**　　煮熟しただいずを磨砕して絞った液を豆乳，絞って残ったものをおからという。豆乳を原料として加工されたものには，湯葉，豆腐があり，豆腐を加工したものに油揚げ，生揚げ，ひろうすなどがある。ほかに微生物を利用した納豆，みそなど，豆を炒って粉砕したきな粉など，さまざまな加工食品がある。

　豆腐は，豆乳に凝固剤（塩化マグネシウム，硫酸カルシウム，グルコノ-δ-ラクトンなど）を加えて凝固させたものである。Ca^{2+}は，17％が豆乳たんぱく質と結合し，残り83％は豆腐の水分中に遊離している。湯豆腐のように豆腐を水中で加熱すると，常温では遊離状態であったCa^{2+}が豆腐中のたんぱく質と結びつき凝固が起こる。さらに豆腐中に混在する気泡が熱膨張することでできた孔を核として水蒸気が集まり，孔が大きくなる。このような状態が起こると口ざわりが悪くなる（すだち現象）。すだちが起こりやすい原因として，高温長時間の加熱および1.5％以上の塩分の添加があげられる。これを防ぐには，加熱温度を低温（80℃）にしたり，加熱時間を短時間（90℃15分程度）で終了する。また，0.5～1％の食塩濃度，でん粉1％の溶液で加熱すると，すが立ちにくい。なお，グルコノ-δ-ラクトンは酸凝固である。

表5－10　あんの分類

分類方法	名　称	方　法
加 工 方 法	生あん さらしあん 練りあん	煮熟後，磨砕して脱水したもの 生あんを乾燥したもの 生あんまたはさらしあんに水と砂糖を加えて練り上げたもの
製 あ ん 法	こしあん つぶしあん 小倉あん	煮熟した豆をざるあるいはうらごしを通して種皮を除いたもの 煮熟した豆をつぶして種皮を残したもの 煮熟した大粒の大納言をこしあんに混ぜたもの
砂糖添加量※	並あん 中割りあん	こし生あん100，上白糖70，水あめ7 こし生あん100，砂糖85，水あめ7

注）※　文部科学省：『日本食品標準成分表2020年版（八訂）』（2020）

（2）種 実 類

1）種実類の種類と栄養・機能成分

　穀類，豆類，香辛料を除く種実の総称である。木の実は，堅果種子類で肥大した種子の胚や仁（胚乳）を食用とする。植物の種実（ごま，らっかせいなど）と，果実類に属する堅果類（くり，くるみなど）がある。

　成分では，糖質が比較的多いもの（くり，ぎんなん）とたんぱく質や脂質が多いもの（アーモンド，ごま）がある。

　コレステロールを低下させる働きをもつ不飽和脂肪酸（オレイン酸，リノール酸）が多く含まれる。カルシウム，鉄などの無機質や，ビタミンB_1，ビタミンB_2，ナイアシン，ビタミンEも比較的多い。ごまに含まれるリグナン類のセサミノールは，ビタミンEを上回る抗酸化作用をもつ。アーモンド，ピスタチオ，カシューナッツは特に食物繊維が多い。

2）種実類の調理特性

　殻や皮を除き乾燥させたものを，焙煎する。香ばしい味や香りをアクセントとして和洋中の料理や菓子に丸のまま，あるいは粒状で用いたり，粉末を混入する。

　ごま，らっかせい，くるみなど脂質含有量の多い種実は，磨砕することでしっとりとしたペーストとなり，これを利用して野菜の和え衣等に利用される。

　でん粉を多く含むくりは，蒸しぐり，焼きぐりなどにして食べたり，甘露煮やマロングラッセのように甘く煮て食べる。ほかにも，米と一緒に炊き込んだくり飯などに利用する。

2.4 野 菜 類

（1）野菜類の栄養・機能成分

1）野菜類の色

　視覚によるおいしさにかかわる重要な要素として，食品の色がある。野菜の代表的な色素を表5 − 11に示した。

表5 − 11　野菜類に含まれる色素

	色　素	色	野菜例
脂溶性	クロロフィル	緑	ブロッコリー，にら，ほうれんそう，こまつな
	カロテノイド	黄・橙	にんじん，かぼちゃ，赤ピーマン，トマト
水溶性	フラボノイド	無色・白	たまねぎ，れんこん，カリフラワー，ごぼう
	アントシアン	赤・青・紫	なすの皮，ラディッシュ，紫キャベツ，赤しそ

　①　クロロフィル　　緑色植物の緑色色素であるクロロフィルは，細胞内葉緑体の中に含まれている。クロロフィル（葉緑素）は，ほうれんそうやこまつな，にら等の緑黄色野菜や，淡水系藻類のスピルリナ，わかめのような海藻類に多く含まれる成分で，

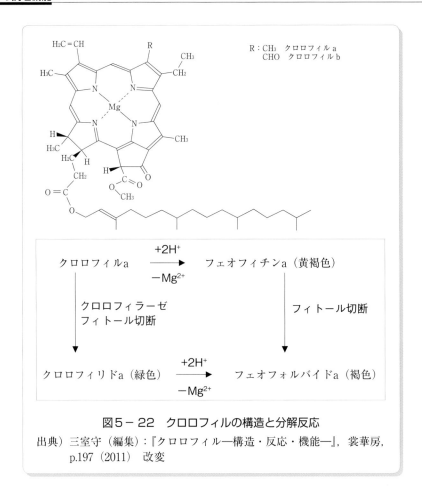

図5－22　クロロフィルの構造と分解反応
出典）三室守（編集）：『クロロフィル―構造・反応・機能―』，裳華房，
　　　p.197（2011）　改変

細胞中で太陽の光エネルギーを利用し，二酸化炭素と水から酸素と炭水化物を合成する色素である。

　クロロフィルの構造は，2価のマグネシウムカチオンと4座の平面型配位子の2価アニオンからなる中性錯体である。ピロール環の内側に4つの窒素原子がマグネシウムイオンの配位座として利用されている。クロロフィルの分解反応を図5－22に示した。分解反応には，ポルフィリン環からの中心金属 Mg^{2+} の脱離，環の開列，酸化的分解などがある。クロロフィルaにクロロフィラーゼが作用してフィトールが切られてクロロフィリドaが生成し，Mgデキラターゼが作用し Mg^{2+} 脱離して，フェオフォルバイドaが生成する。次にフェオフォルバイドaオキシダーゼによってリング構造が開列する。

　酸性やアルカリ性で処理すると同様の反応が起こる。クロロフィルbについても同様である。

②　**カロテノイド**　　　赤や黄色の色素であるカロテノイドは，一般の野菜・果実に約40〜50種類含まれている。炭素数40の基本骨格をもつ化合物で，天然物として約700種以上が報告されている。ビタミンA活性や抗酸化活性をもつ重要な成分である。

カロテノイドを含有する野菜・果実の色は，緑色，黄〜赤色，黄〜橙色の3グループに分類することができる。緑色の野菜・果実に存在するカロテノイドは，エポキシ化カロテノイド（総称してキサントフィル），ルテイン，α-カロテン，β-カロテンが占めている。黄〜赤色のグループは主に，リコペン，ニューロスポレン，γ-カロテン，ζ-カロテン，α-カロテン，β-カロテン，フィトフルエン，フィトエンなどの炭化水素カロテノイドを含んでいる。黄〜橙色の野菜・果実は，ほかの2つのカテゴリーに存在するカロテノイドに加え，カロテノール脂肪酸エステルをはじめとする複合カロテノイドの混合物を含んでいる。しかし，リコペンは，プロビタミンA活性はない。

抗酸化作用はβ-カロテンのみに起因しているのではないことがいわれており，カロテノイドが豊富な野菜・果実の高摂取をがんの発生リスク減少と関連づけた疫学調査も進められている。

③　**フラボノイド**　フラボノイドは野菜に多く，たまねぎやれんこん，カリフラワーなどの白色の色素である。酸性では，無色であるが，アルカリ性で黄・褐色を呈する。また，鉄やアルミニウムの共存で錯体をつくるため，鉄では褐色や青緑色，アルミニウムでは黄色を呈する。

④　**アントシアン**　アントシアンは，フラボノイドの一種であるアントシアニジンに，糖分子が結合して配糖体になったものをいう。なす（ナスニン）や紫キャベツ，いちご，黒豆の皮などの，赤色や紫色を示す色素である。

アントシアンは共役した二重結合があり，共鳴構造となっていることから，pHにより色調が変化する。中性では紫・藍色であるが，酸性で赤色が強くなり，アルカリ性では青色が強くなる。また，熱に不安定であるが，アルミニウムや鉄の共存で錯体をつくり紫色が安定することから，経験的に煮るときにミョウバン（硫酸カリウムアルミニウム：$AlK(SO_4)_2 \cdot 12H_2O$）を加えることや，なすのぬか漬のぬか床に古釘を入れることが行われてきた。

2）ビタミン・無機質

ビタミンは，主としてカロテン，ビタミンCなどである。カロテノイドは，にんじんやかぼちゃの赤色や橙色の色素である。ビタミンAの前駆体（プロビタミンA）であるβ-カロテンは，緑黄色野菜に多く含まれる。「日本食品標準成分表2020年版（八訂）」では野菜類のみになっているが，栄養指導などにおいては緑黄色野菜とその他の野菜に区別されて扱われることがある。緑黄色野菜は，厚生労働省により決められており，原則として可食部100g当たりのカロテン含量が600μg以上のもの，ただし，トマト・ピーマンなどは，可食部100g中のカロテン含有量が実際には600μg未満であるが，食べる回数や量が多いため，緑黄色野菜に分類されている。

ビタミンB_1（チアミン）は，重曹を加えると分解される。チアミナーゼ（アノイリナーゼ）は，ビタミンB_1を分解する酵素で，ぜんまいやわらびなどに含まれる。ビタミンB_1（チアミン）は，酸性では安定であるがアルカリ性では不安定である。

ビタミンE（トコフェロール）は，酸素に不安定である。トコフェロール類のうち，

体内で生理活性が最も高いのは，α-トコフェロールである。モロヘイヤ，赤ピーマン，西洋かぼちゃなどに含まれる。

無機質は，主としてカリウム，カルシウム，鉄，マグネシウムなどである。水に溶出しやすいため，洗浄，浸漬，ゆで加熱での損失を考慮する必要がある。

（2）野菜類の調理
1）生食調理
① **野菜の浸透圧**　生食は，野菜の歯触りを楽しむ調理である。野菜はほとんど水分であるため，放置すると，蒸散によりしんなりする。また，サラダに調味料を早くからかけてしまうと野菜がしんなりしてしまうが，これは野菜の細胞の性質による。

野菜の細胞は，細胞膜の外側に全透性の細胞壁が囲んでいる。細胞膜は，一定以下の大きさの分子のみを透過させる性質である半透性を示す半透膜で，水は自由に透過させるが溶質（食塩や砂糖など）は透過させにくい。半透膜をはさんで濃度の低い溶液と濃度の高い溶液があるとき，溶媒（例えば水）は，半透膜を通って濃度の低いほうから高いほうへ移動し，濃度を等しくさせようとする。この現象を浸透と呼ぶ。浸透の際，濃度の低い溶液から濃度の高い溶液へ溶媒を移動させるように働く圧力が浸透圧である。そのため，野菜を水や濃度の薄い液に浸した場合は，細胞へ水が入っていき，細胞はふくらむが，細胞壁があるため細胞のふくらみが抑えられる。逆に，食塩水や濃度の濃い液に浸した場合は，細胞から水は出ていき，細胞は縮む。細胞が縮むと細胞膜が細胞壁から分離し，これを原形質分離という（p.36，図3-1参照）。

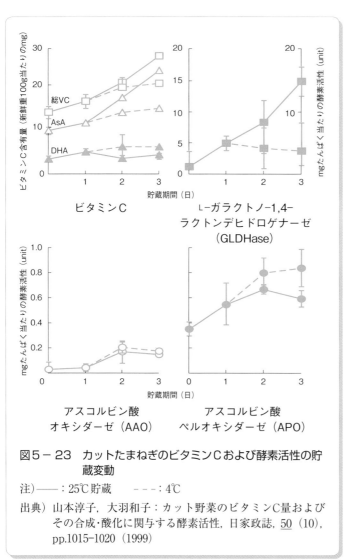

図5-23　カットたまねぎのビタミンCおよび酵素活性の貯蔵変動

注）——：25℃貯蔵　　---：4℃

出典）山本淳子，大羽和子：カット野菜のビタミンC量およびその合成・酸化に関与する酵素活性，日家政誌，50（10），pp.1015-1020（1999）

原形質分離を起こした野菜を水に浸すと，分離が元に戻りシャキッとなる。

これらを利用した調理に，野菜を千切りにした際に冷水に浸けることでパリッとさせる，なます料理の下処理として余分な水分を除くなどがある。

② **カット野菜**　サラダ用，煮物用などさまざまなカット野菜が販売されている。

そこで，市販のカット野菜の総ビタミンC量を測定した結果，カット野菜のビタミンC量は新鮮野菜の値と変わらないかまたは増加することがわかった。しかし，新鮮野菜に比べ酸化型のデヒドロアスコルビン酸（DHA）の占める割合が多く，還元型のアスコルビン酸（AsA）の酸化酵素であるアスコルビン酸オキシダーゼ（EC 1.10.3.3, AAO）活性も高くなっていた。たまねぎの例を図5-23に示した。たまねぎのアスコルビン酸量の増加が，ビタミンC合成酵素であるL-ガラクトノ-1,4-ラクトンデヒドロゲナーゼ（EC 1.3.2.3, GLDHase）活性の増加のパターンと類似していた。また，切断後経日的にビタミンC量，GLDHase活性，AAOおよびアスコルビン酸ペルオキシダーゼ（EC 1.11.1.11, APO）活性の変化を追跡した結果，切断によってGLDHase活性が増加したことによりビタミンC量が増加していた。ビタミンCの酸化に関与する酵素AAOとAPO活性も増加したが，低温ストレスを受ける25℃から4℃への移動において，APO活性が顕著に増加した。ストレスにより発生したH_2O_2消去のためAPO活性が増加したと考えた[5]。このように，収穫された野菜の組織は生きており，活発に変化している。

生食調理をする際には1～2％の食塩やレモン汁をかけることがビタミンCを酸化する酵素AAOの抑制に効果的であることがわかっている（図5-

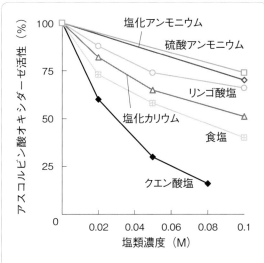

図5-24　アスコルビン酸オキシダーゼの塩類抑制

出典）山本淳子，大羽和子：緑豆もやしアスコルビン酸オキシダーゼの部分精製および塩類による活性阻害の様式，日家政誌，<u>54</u>（2），pp.157-161（2003）

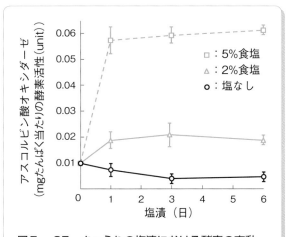

図5-25　きゅうりの塩漬における酵素の変動

出典）山本淳子，大羽和子：塩漬け野菜におけるビタミンC減少のメカニズム，日家政誌，<u>50</u>（14），pp.1133-1138（1999）

24)。このことから，レモン汁中に含まれる6～10％クエン酸や日常使用している1％食塩量が有効的にAAO活性を阻害することが明らかである[6]。また，野菜類を切断などの組織の破壊を行うと，二次的な香気成分が生成される。セロリーの香り成分は，フタリードである。きゅうりの香り成分は，α-リノレン酸およびリノール酸から生体内のリポキシゲナーゼの作用により生成されたスミレ葉アルデヒドとキュウリアルコールである。にんにくは，アリインがアリイナーゼの作用によりジアリルジスルフィドに変化することで独特の香りとなる。たまねぎのにおいは，ジプロピルジスルフィドで，催涙因子はチオプロパナール-S-オキシドである。だいこん，わさびなどの辛味成分は，ミロシナーゼの作用により生成された含硫化合物のイソチオシアネートである。きゅうりの苦味成分は，ククルビタシンで濃緑色部位に多い。

③　**リグニン化反応**　野菜は，貯蔵期間が長いと細胞壁の中にリグニンが蓄積し，木化して硬く，筋っぽくなり，加熱しても軟化しにくい。この現象は，野菜スティックなどのにんじんやだいこん，アスパラガスではっきりとわかる。リグニンは，木質素ともいわれる不溶性食物繊維で，植物の細胞壁を強固にしている化合物であり，植物の老化とともに増加する。

④　**漬　物**　食塩はアスコルビン酸オキシダーゼ（AAO）活性を阻害することがわかっているが，野菜を塩漬貯蔵すると，AAO活性は増加しビタミンC量が減少することがわかった（図5-25）。その原因はアポプラストの膜に結合しているAAOが食塩により可溶性になりアスコルビン酸をより多く酸化するためと考えられた。しかし，食塩に漬けることは，浸透圧上昇により野菜の水分活性が低下することで，腐敗菌などを抑えるため貯蔵することが可能となる。ビタミンB群においては，ぬかみそ漬にすることで，ぬか床よりB$_1$やB$_6$が移行して含量が増加する。

⑤　**酵素的褐変**　野菜を切断や破砕すると褐変する。これは，組織に含まれるポリフェノール類（クロロゲン酸，カテキンなど）が，ポリフェノールオキシダーゼにより酸化され，キノン体ができさらに重合して，褐色物質（メラニン）を生成する（図5-26）。褐変防止法として，① 水（食塩水）に浸ける，② 加熱する（酵素失活），③ pHを下げる（酢れんこんなど），④ 還元剤（アスコルビン酸）を加える，⑤ 低温にする，などがある。ブランチングとは，野菜の冷凍加工の際に行われる短時間加熱処理のことで，酵素の働きを弱めるために行われる。

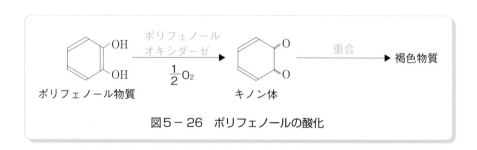

図5-26　ポリフェノールの酸化

2）加熱調理

① **野菜の軟化**　野菜の細胞壁の構成主成分であるペクチン質はグリコシド結合したポリガラクツロン酸が基本骨格となっており，ヘミセルロース類，セルロース，リグニンなどとも複雑に結合または相互に作用して最外層の植物組織を構成している。ペクチン質のペクチンは，ガラクツロン酸の一部がメチルエステル化しているものである。野菜類は，ゆでる，煮る，炒める，揚げる，焼く，蒸すなどの調理操作をすることで，軟化して食べやすくなる。これは，ペクチンが分解し，可溶化して細胞間の接着力がなくなるためと考えられている。

　ペクチンの分解は，pHの影響により切断される部位が異なる（図5－27）。酸性の場合は，主鎖であるポリガラクツロン酸のα-1,4グリコシド結合が加水分解により切断されて軟化する。中性やアルカリ性の場合は，ペクチンのメチルエステルのカルボニル基の電子吸引効果が大きいため，C-5の水素が活性化され，β-位にあるグリコシドが切断され軟化する。C-4とC-5の間に二重結合が生成し，C-4のORとC-5のHはトランスの位置にあり，これらは　R-OHとして脱離（eliminate）されるので，この分解のしかたをトランスエリミネーション，あるいはβ-脱離と呼んでいる。

　これらの反応により，不味成分が除去され，調味料の浸透が起き，味とともに消化を即している。

　（1）**pHの影響**：野菜を中性およびアルカリ性で加熱すると，β-脱離により分解され，酸性（pH3以下）では加水分解が起こり，軟化する。しかし，pH4付近ではペクチン質の分解が起こりにくい。シャキシャキとした歯ごたえに仕上げる場合には，食酢を加えてpH4付近にして調理することが行われる（酢レンコン）。豆類を煮るとき重曹を入れると軟化が促進するのは，アルカリ性でβ-脱離が促進されるためである。

　（2）**加熱温度の影響**：野菜は，沸騰水中で加熱すると軟化する。しかし，60～99.5℃における硬さの変化は，いったん生よりも硬くなり，温度が低いほど硬化の影響が大きい。60℃ではペクチンメチルエステラーゼが活性化し，エステル結合が切れることでペクチンがCa^{2+}と結合し硬化する。また，ペクチンのメチルエステル化度が低下しているため，β-脱離が起きにくい。そのため，60～70℃の一定温度で加熱すると，40分後でも生より硬いままであり，

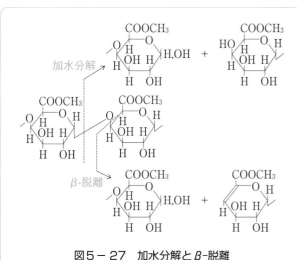

図5－27　加水分解とβ-脱離
出典）渕上倫子：野菜の加熱とペクチン質，調理科学誌，40，pp.1-9（2007）

99.5℃という高い温度では加熱初期の硬化の影響が小さい。

②　**栄養成分の変化**　　はくさいに牛乳を加えて長時間加熱すると，はくさいに含まれる有機酸により，煮汁のpHが牛乳のカゼインの等電点に近づけるため，凝固する。水溶性のビタミンや無機質はゆで汁や煮汁に溶出することが考えられる。ゆで加熱は，ゆで汁を調理に用いないため，栄養成分の損失が大きいと考えられる。新鮮野菜および市販惣菜のビタミンC量を比較した結果，市販惣菜のビタミンC量は生の野菜のビタミンC量の約30%となった[7]。

　（1）**不味成分の除去**：あくの成分は，アルカロイドやポリフェノール，有機酸，無機塩類などで，多くは水溶性のため，ゆでることで除去することができる（表5-12）。あくの種類には，たけのこやふき，さといもなどのえぐ味成分であるホモゲンチジン酸がある。米ぬかの汁でゆでることで，あくの成分が吸着するので，取り除くことができる。ほうれんそうのえぐ味は遊離シュウ酸類である。苦味・渋味成分は，茶やかきに代表されるタンニン類などである。うど，ごぼう，れんこんなどの褐変にも影響するポリフェノール物質の代表がクロロゲン酸である。

表5-12　あくの抜き方

方　法	食　品
水に浸漬	ごぼう
酢水に浸漬	れんこん，なす
熱湯でゆでる	ほうれんそう
米ぬかでゆでる	たけのこ
木灰や重曹でゆでる	山菜類
熱湯に卵白を加える	スープのあくとり

2.5　果　実　類

　果実類の分類は，種子のまわりにある果肉（外果皮・中果皮・内果皮）がどのような形態をとるかにより，分けられる（図5-28）。りんごやなしは中心に種子があり中果皮が肥大した仁果類で，柑橘類や柿は中心に種子があるが内果皮が肥大した準仁果類，ぶどうやいちごは漿果類であり，うめやももは内果皮が堅い核になった核果類である。

（1）果実類の栄養・機能成分

　果実類は，ビタミン，無機質，食物繊維の供給源となる。主成分は，水分80～90%である。主栄養素は，糖質とビタミンC，無機質では，カリウムが圧倒的に多く，次いでカルシウム，マグネシウムなどを含むが，野菜に比べて少ない。食物繊維の給源にもなる。糖質は，グルコース（ブドウ糖），フルクトース（果糖），スクロース（ショ糖）が多く，成熟すると甘味が増す。ビタミンは，柑橘類，いちご，かきにビタミンCが多く，*β*-カ

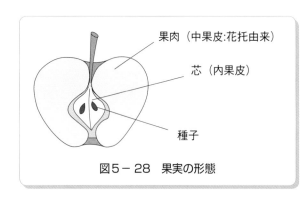

図5-28　果実の形態

果肉（中果皮:花托由来）

芯（内果皮）

種子

ロテン（カロテン・キサントフィル，黄色・橙色）は，みかん，かき，すいかなどに多く含まれる。また，アントシアン（赤・紫色）は，りんご，いちご，ぶどうなどに多く，リコペン（赤色）は，すいか，かきに含まれる。しかし，カロテン・キサントフィルはビタミンA効力があるが，リコペンにはない。リコペンはすぐれた抗酸化作用があることが知られている。

　有機酸は，リンゴ酸とクエン酸が主である。ぶどうの酸は酒石酸が主となっている。

（2）果実類の調理
1）ペクチンとゲル化

　果実の加工品として，ジャムがある。砂糖を加えて煮詰めていくとドロッとしたとろみがついてくる。これは，果物に含まれるペクチンの作用によるものである。ペクチンは，植物体に広く含まれ，細胞壁の主要構成成分である。構造は，ガラクツロン酸を主体とし，$\alpha-1,4$結合により重合した多糖類で，ガラクツロン酸のカルボキシ基（COOH）が各々の割合でメチルエステル化している一群をいう（p.141, 図5 − 27参照）。メチルエステル化（メトキシ基）の比率により，ゲル化機構が異なる。未熟な果物では，セルロースなどと結合したプロトペクチンとして存在し，成熟とともに酵素作用によって軟化する。プロトペクチンを分解するポリガラクツロナーゼ，ペクチンのメチルエステルを分解するペクチンメチルエステラーゼ，β−脱離により主鎖を分解するペクチンリアーゼなどによる（図5 − 29）。これらにより，プロトペクチンは，水溶性のペクチン（ペクチニン酸）となる。メトキシ基の比率が7％以上のものは高メトキシペクチン，7％未満のものは低メトキシペクチンに分類される（p.180, 表5 − 28参照）。過熟になりペクチン酸になると，メトキシ基の比率が低くなり，ゲル化機構が異なる。プロトペクチンやペクチン酸は糖を加えてもゲル化しない。しかし，ペクチン酸は2価の金属イオン（Ca^{2+}, Mg^{2+}など）の存在下でゲル化する（表5 − 13）。

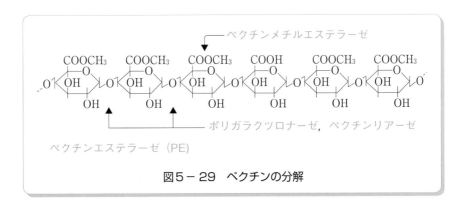

図5− 29　ペクチンの分解

表5－13　ペクチンのゲル化

高メトキシペクチン	ペクチン酸がメチルエステル化されてできるメトキシ基が多い（7％以上）	酸と糖（50％以上）で加熱によりゲル化する。
低メトキシペクチン	メトキシ基が7％未満	Ca^{2+}など2価の金属イオンの存在でゲル化する。

2）生　　食

　果実は，生で食べることが多く，主に冷やして供される。果実中のフルクトース（果糖）は低温で甘味の強い β 型（β-フルクトース）が増加し，果実は冷やしたほうが甘くなるためである。しかし，低温で貯蔵すると表面が褐色となるなどの品質低下となる低温障害を起こす果実もある。

　生で食べる果実は，食感が重要となる。日本なしの特有なシャキシャキとした食感は，リグニンとペントサンからなる厚い膜をもった石細胞による。

　渋がきは，渋味（柿タンニン）があるために，渋抜きの操作が必要である。柿タンニンは，水溶性のポリフェノール化合物である。

3）プロテアーゼ

　果実類には，たんぱく質分解酵素（プロテアーゼ）が含まれているため，肉類をやわらかく調理することができる（p.153参照）。パインアップルが酢豚や肉の付け合わせに用いられるのも，そのためである。パインアップルにはブロメリン，パパイアにはパパイン，キウイフルーツにはアクチニジン，いちじくにはフィシンがプロテアーゼとして含まれる。しかし，ゼラチンにこれらの果実を使用する場合は，固まらないので，加熱して酵素を失活させてから用いる，あるいは缶詰を使うなどの注意が必要である。

4）クライマクテリック型と非クライマクテリック型

　果実には，クライマクテリック型と非クライマクテリック型がある。クライマクテリックとは，果実が成熟期後半や収穫後に呼吸が上昇する現象で，植物内部でエチレンが発生し，成熟を促進する。バナナ，キウイフルーツなどがある。そのため，バナナやキウイフルーツは，未熟なうちに収穫し，エチレンを与えることで成熟を調節することができる。非クライマクテリック型の果実は，柑橘類，ぶどう，いちじくなどがある。

2.6　海　藻　類

（1）海藻類の栄養・機能成分

　一般に乾燥品であり，水分は20％以下である。海藻類（藻類）の分類は色素の色で分けられている（表5－14）。栄養成分は，炭水化物で，たんぱく質の多いあまのり類を除き60％近く含まれ，有用な多糖類であるアルギン酸，フコイダンなど，海藻特有なものも多い。褐藻類に多く含まれるアルギン酸は，食品添加物（保水剤・ゲル

表5－14　海藻の種類と食物繊維の分類

	種類	食物繊維成分	主な構成単位
紅藻	あまのり類（あさくさのり），てんぐさ類(まくさ)，ふのり，おごのり 色素 フィコエリスリン（赤色） フィコシアニン（青色）	セルロース マンナン キシラン 寒天 カラギーナン フノラン ポルフィラン	グルコース マンノース キシロース ガラクトース，アンヒドロガラクトース，グルクロン酸 ガラクトース，アンヒドロガラクトース，硫酸基 ガラクトース，アンヒドロガラクトース，硫酸基 ガラクトース，アンヒドロガラクトース，硫酸基
褐藻	こんぶ類（こんぶ，わかめ），もずく，ひじき，ほんだわら 色素 フコキサンチン （茶～オリーブ色）	セルロース アルギン酸 フコイダン ラミナラン	グルコース マンヌロン酸，グルクロン酸 フコース，ガラクトース，キシロース，硫酸基 グルコース
緑藻	あおのり ひとえぐさ あなあおさ クロレラ 色素 クロロフィル	セルロース マンナン キシラン	グルコース マンノース キシロース

出典）山田信夫：『海藻利用の科学〈改訂版〉』，成山堂書店，p.138（2004）　より作成

表5－15　食品のヨウ素含量

（μg/100g）

まこんぶ（素干し　乾）	200,000	まだい（天然　生）	－
ほしひじき（乾）	45,000	無発酵バター（有塩）	2
カットわかめ（乾）	10,000	鶏卵（全卵　生）	33
あおさ（素干し）	2,200	普通牛乳	16
あまのり（ほしのり）	1,400	にんじん（皮つき　生）	－
あさり（生）	55	たまねぎ（生）	1
くるまえび（養殖　生）	4	和牛肉(かた　赤肉　生)	－
たら（まだら　生）	350	りんご（皮つき　生）	0

出典）文部科学省科学技術・学術審議会：日本食品標準成分表2020年版（八訂）

化剤・増粘安定剤など）として広く使われている。アルギン酸の生理作用としては，コレステロール低下作用，高血圧低下作用のほか，摂取することで腸内活性を高め，整腸作用に効果がある。フコイダンは，もずく，わかめなどに含まれ，わかめ由来のフコイダンに，鳥インフルエンザの感染予防効果や沖縄産フコイダンのがん細胞への抑制効果などが報告されている。また，こんぶなどの褐藻類には，他の食品に比べてヨウ素が多く含まれる（表5－15）。ヨウ素は，甲状腺ホルモン合成など体の代謝調節に重要で，欠乏すると甲状腺腫や甲状腺機能低下症の発症があり，精神活動が鈍くなり，疲れやすくなる。子どもは身体や知能の発育の遅れ，妊娠時には流産や死産の危険性もある。しかし，反対にヨウ素の過剰摂取は甲状腺機能を亢進させることも知

られており，留意が必要である。

　以下に代表的な海藻類の特徴をあげる。

1）こんぶ

　こんぶのうま味成分は，グルタミン酸，アスパラギン酸，アラニンなどのアミノ酸類である。こんぶの表面に生じる白い粉は，糖アルコールのマンニトール（マンニット）であり，甘味を呈する。味が最もよいのは，まこんぶといわれ，煮昆布，だしこんぶが市販されている。

2）わ か め

　市販品は，生よりも乾燥，塩蔵のものが多い。カルシウムとリンの含量比がすぐれている。吸水膨潤比は，乾燥品は約12倍，塩蔵品は約1.5倍である。

3）ひ じ き

　ひじきは，カルシウムと鉄の補給源としてすぐれている。コレステロール低下作用も報告されている。乾燥品で市販されているため，水戻しをして用いる。吸水膨潤比は，20分で約5〜6倍である。

4）あまのり（干しのり）

　紅藻類であるアマノリ属のあさくさのりなどが原料である。干しのりは黒色をしているが，干しのりを火であぶると赤色のフィコエリスリンとフィコシアニン（青）は変性するが，クロロフィル（緑）は変化しないので緑色が濃くなる。

（2）海藻類の調理

　こんぶだしの取り方は，煮出し法と水出し法がある。煮出し法は，鍋に水とこんぶを入れて火にかけ，沸騰直前に取り出す。沸騰させると，だしに粘度ができることやこんぶ臭が強くなるためである。水出し法は，密閉容器に水とこんぶを入れ，2時間以上浸漬した後，こんぶを取り出す。

　こんぶを煮るときに酢を加えるが，その効果は軟化を促進させることである。これは，煮汁に有機酸や食塩を加えてこんぶを加熱した結果，細胞壁が膨潤しアルギン酸の水和性が増すことで溶出が進み，網目構造が粗くなるためと考えられている[8]。

2.7　き の こ 類

（1）きのこ類の栄養・機能成分

　日常食材として用いられるきのこ類を示した（表5 - 16）。生では変質しやすいため，乾物として用いられることが多い。栄養成分としては，食物繊維とビタミンである。特に，きのこ類はカルシウムの骨への沈着に必要なビタミンDの供給源となる。食用きのこ類の多くはビタミンD_2の元になる物質エルゴステロールを多く含む。日光をあてるとエルゴステロールはビタミンD_2に変わる。食品成分表2020年版（八訂）では，ビタミンD含量の多いきのこは，乾燥のきくらげで100 g中に85.0 μg含まれる。しかし，まいたけ，マッシュルームのビタミンD含量は，きくらげ（乾）に比べると

表5－16　きのこの特徴

名　称	特　徴	調　理
ま　つ　た　け	傘が中開きで軸が太く太ったものが良品。天然。	焼きまつたけ，土瓶蒸し
し　い　た　け	シイ，ナラ，クリ，カシの枯れ木に2回自生する。ほとんどが人工栽培。	多くの料理に使用。焼きしいたけ，五目御飯
え　の　き　た　け	野生は黄褐色か茶褐色。栽培物は暗所で生育させるため白い。	鍋物，和え物，椀だね
し　め　じ	味，歯切れがよく，色形もよい。「匂いまつたけ，味しめじ」といわれる。	すまし汁，焼き物，揚げ物
な　め　こ	独特のぬめりと口当たりがある。	みそ汁，おろし和え
マッシュルーム	香りはないが味がよい。グルタミン酸の含量が多く，うま味がある。	スープ，炒め物，サラダ
き　く　ら　げ	黒褐色，無味無臭，歯触りがよい。	酢の物，和え物，茶碗蒸し
ト　リ　ュ　フ	フランス，イタリアの雑木林で採取。黒と白で，地下で育つ，香りが強い。	肉料理の付け合わせ，ソース
エ　リ　ン　ギ	歯切れ，香りがよく日持ちする。ビタミンB_1，食物繊維が豊富。	網焼き，バターソテー

図5－30　レンチオニンの生成

非常に少ない。干ししいたけは，100 g 当たり 17.0 μg であり，きくらげのビタミンD含量は，干ししいたけよりも多い。しかし，干ししいたけを日光にあてることで増加させることができる。最近は機械乾燥も多いことから，日光にあてることも必要である。増加したビタミンD_2はすぐには分解しないので，保存も可能である。

　きのこの味は，うま味や香り成分の種類，肉質などにより左右される。しいたけなど多くのきのこ類のうま味はグアニル酸で，グアニル酸はこんぶのグルタミン酸，かつお節のイノシン酸と並ぶ三大うま味成分のひとつである。

　香りが強いのはまつたけで，その成分はケイ皮酸メチルとマツタケオール［1-オクテン-3-オール］である。干ししいたけも香りが強く，その成分はレンチオニンである。レンチオニンは生しいたけを乾燥するときの加温や干ししいたけの水戻し時に，2種類の酵素が関与して生成される（図5－30）。

　食感に関しては，干ししいたけは，肉厚の冬菇と肉薄の香信とに分けられ，肉厚の冬菇が味もよく好まれている。しいたけの血中コレステロール低下作用は，エリタデニンによる。

　ほんしめじの名称で市販されていたものはぶなしめじの栽培品で，天然の本しめじ

とは異なる。また，しめじ（味しめじ）として市販されているものは，多くがひらたけであった。JAS法の改正により，それぞれぶなしめじ，ひらたけと表示されている。

（2）きのこ類の調理

　きのこ類は，味・香り・テクスチャーなどの嗜好特性から，料理に多用される。きのこ類では，乾物での使用が多いため水戻しが行われる。特に干ししいたけの利用は日本料理において多い。

　しいたけのうま味成分であるグアニル酸は，グルタミン酸と混合することで，単独の場合と比較して数倍ものうま味の強さになる相乗効果があることはよく知られている。しいたけとこんぶでだしをとる精進料理がおいしい理由でもある。

　しいたけのうま味成分であるグアニル酸は，生しいたけや干ししいたけには多く含まれていない。グアニル酸はしいたけの調理の過程で生成されることが報告されている。調理過程におけるグアニル酸の生成量は，グアニル酸の生成や分解に関与する酵素活性のバランスによって変化する。図5－31にグアニル酸の生成酵素であるヌクレアーゼと分解酵素であるホスホモノエステラーゼ（ホスファターゼ）の関係を示す。

　干ししいたけの水戻しでは，リボ核酸とヌクレアーゼの活性を保ちつつ，行うことが必要である。具体的には，水戻しの水温は4〜5℃の冷水で，傘の薄い干ししいたけでは4〜5時間，肉厚の冬菇では12時間程度をかける。次いで煮出す場合には，低温（45〜60℃）での加熱や熱湯での急激な高温加熱をさけて，70℃前後で加熱するとグアニル酸が多く生成するとされている。

図5－31　グアニル酸の生成と分解

3．動物性食品

3.1　食　肉　類

　食肉類は，うし，ぶた，ひつじなどの家畜やにわとり，かも，あひるなどの家禽の骨格筋，また鯨肉も含めそれらを食用に加工したものを主とするが，舌，尾やもつなどの内臓類も含まれる。

（1）食肉の組織

　食用となる肉の大部分は骨格筋であり，その組織は筋線維，結合組織，脂肪組織から構成される。骨格筋は，両端が腱で骨格に結合している。この筋は，図5－32に

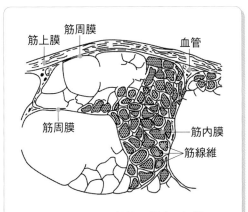

図5－32　骨格筋の構造と組織

資料）藤沢和恵，南廣子（編）：『現代調理
　　　学』，医歯薬出版，p.89（2001）を
　　　一部改変
　　　中江利孝（編著）：『乳・肉・卵の科
　　　学―特性と機能』，アイ・ケイコー
　　　ポレーション，p.57（1986）を一
　　　部改変

示すように筋線維束の集合体が外筋周膜（結合
組織）によって包まれたものである。筋線維束
は，直径10～100μmの円筒形で細長い筋線
維が多数集まり筋鞘といわれる膜（筋内膜）で
包まれている。筋線維は，数十本の筋原線維と
筋漿からなっている。

（2）食肉の種類と栄養・機能成分

　食肉類としては牛肉，豚肉，鶏肉が主であり，
それらの構成成分は，たんぱく質12～21％，
脂質5～47％，水分40～75％，その他微量の
無機質からなる。これらの成分含量は，食用動
物の種類，性別，生育度，部位，飼育環境によっ
て違いがある。

1）たんぱく質

　食肉たんぱく質は，筋原線維たんぱく質，筋
漿たんぱく質および肉基質たんぱく質に大別さ
れ，これらが全筋肉たんぱく質に占める割合は各々約60％，30％および10％である。
筋原線維たんぱく質は，筋肉の状態，保水性，結着性等に関与する。筋漿たんぱく質
は筋原線維間の筋漿中に溶けている球状たんぱく質であり，肉基質たんぱく質は筋内

表5－17　食肉たんぱく質の種類および性質

種　類 （全たんぱく質中％）	名　称	特　徴	熱による変化
筋原線維たんぱく質 （60％）	ミオシン アクチン トロポミオシン	線維状 水に難溶，食塩水に可溶 アクトミオシンを形成 筋肉の収縮と弛緩に関与	45～52℃で凝固・ 収縮
筋漿たんぱく質 （30％）	ミオグロビン グロブリン アルブミン ヘモグロビン	球状 水，食塩水に可溶 肉の死後変化，肉色に関係 糖の解糖系酵素を含む	56～62℃で凝固
肉基質たんぱく質 （10％）	コラーゲン	規則性三重らせん構造 水・食塩水・希酸・希アル カリに難溶 肉の硬さに影響	60℃前後から凝固 加熱により収縮 長時間の水中加熱で ゼラチン化
	エラスチン	網の目構造のゴム状 コラーゲンの支持	加熱しても不溶

資料）金谷昭子（編）：『食べものと健康　調理学』，医歯薬出版，p.122（2005）を一部改変
　　　下村道子，橋本慶子（編）：『調理科学講座　動物性食品』，朝倉書店，p.46（1993）を一部改変

膜，筋周膜など結合組織内に存在し，肉の硬さに影響を与える（表5－17）。

　食肉たんぱく質は栄養価にすぐれ，十分な摂取は動脈硬化予防につながり，免疫機能や疲労回復の効果を高めることが明らかにされている。筋肉組織中には，抗酸化作用や緩衝作用をもつジペプチド（カルノシン，アンセリンなど）が含まれている。カルノシンはβ－アラニンとヒスチジンが結合したジペプチドであり，アンセリンはヒスチジンがメチル化されてβ－アラニンと結合したものである。特に，鶏肉の胸部の肉に多く含まれ，加熱調理後でも残存率が高い。牛肉，羊肉に多く含まれるカルニチンは脂肪燃焼促進効果がある。牛肉や豚肉に含まれるカルノシンおよび鶏肉に含まれるアンセリンは，生体内で生じる過酸化物の消去に重要な役割を果たしていることが見出されている[9)－11)]。また，タウリンは血圧降下作用，コレステロール低下作用をもち，トリプトファンは精神の安定に重要なセロトニンの生成に必要な成分である。

2）脂　　質

　食肉の脂質を構成する脂肪酸は，主としてオレイン酸，ステアリン酸，パルミチン酸，リノール酸などからなる（表5－18）。一般に豚肉，鶏肉はオレイン酸やリノール酸などの不飽和脂肪酸が多く含まれ，融点が低い。牛肉，羊肉にはパルミチン酸やステアリン酸などの飽和脂肪酸を多く含むため融点は高く，加熱後温度が下がると脂肪が凝固し不味となる。

　食肉に多く含まれるオレイン酸は，コレステロール低下作用をもち動脈硬化予防に役立つことや，これまで血小板凝集促進作用があるとされていたアラキドン酸が，アナンダマイド（至福物質）の生成にかかわる物質であることがわかっている。アナンダマイドは満足感や至福感を与える物質であり，血管収縮抑制作用があることが注目されている。

表5－18　食肉脂肪の脂肪酸組成と融点

脂肪酸		脂肪酸含量（脂肪に対する%）			
		牛脂[※1]	羊脂[※2]	豚脂[※1]	鶏脂[※2]
飽和脂肪酸	ラウリン酸　（C $_{12:0}$）	0.1	—	0.2	—
	ミリスチン酸　（C $_{14:0}$）	2.5	2〜4	1.7	1〜0
	パルミチン酸　（C $_{16:0}$）	26.1	25〜27	25.1	24〜27
	ステアリン酸　（C $_{18:0}$）	15.7	25〜30	14.4	4〜7
不飽和脂肪酸	オレイン酸　（C $_{18:1}$）	45.5	36〜43	43.2	37〜43
	リノール酸　（C $_{18:2}$）	3.7	3〜4	9.6	18〜23
	リノレン酸　（C $_{18:3}$）	0.2	—	0.5	—
	アラキドン酸　（C $_{20:4}$）	0	—	0.1	—
融　点（℃）		40〜50[※3]	44〜55	33〜46[※3]	30〜32

出典）※1　文部科学省科学技術・学術審議会資源調査分科会：『日本食品標準成分表
　　　　　　2020年版（八訂）脂肪酸成分表編』（2020）
　　　※2　清水亘，清水潮：『食肉の科学』，地球出版，p.123（1964）
　　　※3　日本油化学協会（編）：『油脂化学便覧』，丸善出版，pp.101-102（1990）

3）その他の機能成分

食肉の筋線維には赤色を呈する色素が含まれ，この部分は鉄が豊富で，赤肉ももの部位で比較すると牛肉，羊肉，豚肉，鶏肉の順に多い。食肉類に含まれる鉄は，ヘム鉄といわれ，野菜類や豆類に含まれる非ヘム鉄に比べ，吸収率が高い。また還元性のあるビタミンCを含む野菜類と一緒に摂取することによって，吸収率はさらに高まる。豚肉は，ビタミンB群が豊富に含まれ，特にビタミンB_1が多い。にんにくやたまねぎなどに含まれるアリシンと一緒に摂取することによって，ビタミンB_1の吸収が高まり，糖質代謝が活発になる。

（3）食肉の熟成

肉の熟成中，筋肉内たんぱく質は，内在するカテプシン群やカルパインなどのたんぱく質分解酵素によってペプチドやアミノ酸に分解され，また核酸成分のATP（アデノシン三リン酸）も分解されIMP（イノシン一リン酸）を生成し，肉特有のうま味が増し，同時に保水性，結着性も増加する。熟成の完了は，貯蔵温度によっても異なるが，1℃では牛肉は10日，豚肉は5日，鶏肉は半日程度である。

（4）食肉の調理特性

1）食肉の色

食肉の色は，筋肉中に存在する色素たんぱく質のミオグロビンと血色素のヘモグロビンである。いずれも鉄を中核とするポルフィリン環のヘム色素とたんぱく質グロブリンが結合したものである。その割合はミオグロビンが1：1，ヘモグロビンが4：1で構成されている。食肉中のミオグロビン含量は，食用動物の種類，年齢，部位によって異なり，馬肉や牛肉，また加齢であるほど赤色が濃い。

新鮮生肉のミオグロビンは，還元型の2価鉄（Fe^{2+}）を含む紫赤色を呈しているが，空気に触れると酸素と結合し鮮赤色のオキシミオグロビンに変化する。さらに長時間空気中に放置するとヘム色素中の鉄が酸化され暗赤褐色のメトミオグロビン（Fe^{3+}）を生じる。生肉を加熱すると，たんぱく質グロビンが熱変性してメトミオクロモーゲン（Fe^{3+}）に変化し灰褐色になる。加熱による変色は60～65℃程度の範囲で起こる。ハム，ソーセージなどの肉製品は，この肉色の変化を防ぐために亜硝酸などの発色剤が加工過程で添加される。この操作によって，ミオグロビンと一酸化窒素（–NO）が強く結合してニトロソミオグロビンとなり，熱や塩に安定で酸化されにくくなって，赤色が保たれる。したがって，加熱してたんぱく質グロビンが変性しニトロソミオクロモーゲンとなっても変色しない（図5－33）。

2）重量および保水性の減少

生肉は70％程度の水分を含み，肉組織内のたんぱく質と結合して保水性が高い。加熱すると肉の重量は，約20～40％減少する。これは，水分の蒸発とともに，筋原線維の収縮により肉汁が放出されるためである。また，加熱により結合組織中のコラー

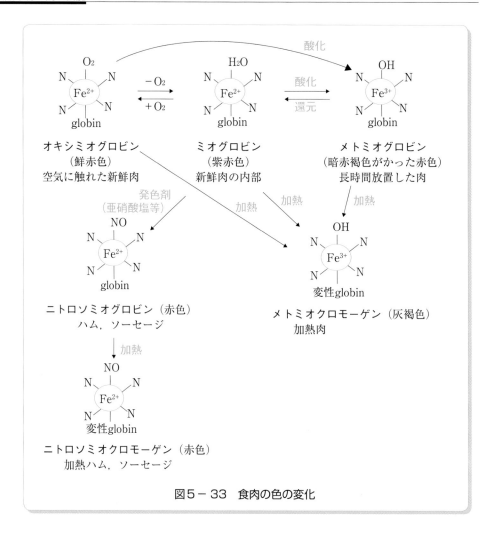

図5-33　食肉の色の変化

ゲンが熱変性して水溶化して溶出し，脂肪細胞膜が熱溶解して，脂肪が溶解し流出することなどの現象も生じる。

3）硬さの変化

　短時間の加熱調理によって，肉は硬さを増す。肉の硬さの変化は，筋原線維たんぱく質と肉基質たんぱく質（結合組織）の収縮が影響し，特に結合組織の多い肉は硬くなる。筋原線維たんぱく質は，45〜52℃で熱変性を開始し，60℃付近で線維状に収縮・凝固し，それ以上に加熱するとさらに収縮硬化する。筋漿たんぱく質は，筋原線維たんぱく質よりやや高温で豆腐状に凝固するが，肉の硬さにはそれほど寄与していない。結合組織を構成している肉基質たんぱく質のコラーゲンは，加熱により収縮し，60℃前後から収縮が始まり，加熱前の長さの1/3〜1/4程度にゴム状に収縮する。このため，肉は加熱により重量や保水性は減少し，硬く噛み切りにくくなる。したがって，高温短時間の加熱にはやわらかい部位の肉が適する。しかし，結合組織の多い部位の肉は水とともに長時間煮込むことによってコラーゲンは徐々に変性してゼラチン化

し，肉はほぐれやすくなり，やわらかく感じるようになる。

4）香りと味

肉を加熱すると，種類によって特有の香気を生じ，風味が増す。これは，赤身肉に含まれるアミノ酸やペプチド，糖類などの水溶性成分のアミノカルボニル反応と脂質の酸化分解反応によるためである。この香気は，アルデヒド，アルコール，ケトン，脂肪酸，有機酸などの揮発性成分によるものである。水煮して溶出してくる成分をエキス成分といい，食肉には 2 〜 4.5％含まれる。肉の加熱速度によって溶出量が異なり，急速加熱より緩慢加熱のほうが煮汁への溶出量が多い。

（5）肉の軟化方法

肉は，加熱すると筋線維や結合組織の収縮によって硬くなる。肉を軟化させる操作として以下の方法があげられる。

1）機械的方法

肉をひき肉にする，筋線維方向に対して直角に切る，筋切りする，肉たたきでたたき筋細胞をほぐすなどの操作は，肉の線維や結合組織の切断，破壊によって急激な収縮を抑制する方法である。

2）たんぱく質分解酵素の利用による方法

肉にたんぱく質分解酵素，あるいはこれを含むものを用いる方法である。たんぱく質分解酵素を含む食品としてパインアップル（ブロメリン），キウイフルーツ（アクチニジン），パパイア（パパイン），いちじく（フィシン），なし（ナシプロテアーゼ），しょうが（ショウガプロテアーゼ）などがある。これらの果汁を肉重量の 20 〜 50％用い，10 〜 20 分間浸漬すると，ミオシンやコラーゲンが分解されて，肉は軟化する。しょうがは肉の軟化効果をもたらすだけでなく，芳香・消臭，脂肪の抗酸化性，胃での消化促進作用等にも役立つ。

3）調味料による方法

1 〜 3 ％の食塩の添加は，筋原線維たんぱく質のミオシンを融解し，アクチンと結合してアクトミオシンとなり，結着性や保水性を高める。肉の保水性は pH によっても影響を受け，たんぱく質の等電点付近で最も低下し，肉は硬くなる。pH を酸性側あるいはアルカリ性側に調整すると保水性は向上し，肉はやわらかくなる。加熱前にワイン（pH 3.5 付近），あるいはみそ，しょうゆ，酒などの発酵調味料（pH 4.2 〜 4.5）に漬ける，マリネ（酢 pH 4.5 付近）にする [12]，等の操作により pH は低下し，保水性は増す。さらに，低い pH では酸性プロテアーゼが作用して筋原線維たんぱく質が分解され，肉は軟化する。砂糖はたんぱく質の変性を遅らせるため，やわらかい仕上がりとなる [13]。その他，肉を 0.2 〜 0.4 mol の重曹水に浸漬させると，焼き上がりの色は多少好ましくないが，保水性が高まりやわらかくなる [14]。中国料理では，肉塊にかん水（アルカリ塩水溶液）を混ぜて揚げる操作が伝統的に行われてきている。

（6）食肉類の調理

　肉類の調理では，加熱調理により食用とされることが多い。加熱によって，肉たんぱく質は変性を起こして，色や硬さ，重量などが変化し，肉独特の風味が向上して，衛生的にも安全となる。動物の種類や部位によってたんぱく質の組成や脂肪含量などが異なり，調理後のテクスチャーや風味などに違いがある。したがって，肉の特徴をとらえそれぞれに適した調理法を選ぶ（表5−19）。以下に代表的な肉の調理を示した。

表5−19　食肉の主な部位・特色

部位の名称		部　位
牛肉		かたロース：脂肪が霜降り状に入り風味がよくやわらかい リブロース：非常にやわらかく，霜降りで風味がよい サーロイン：脂肪が少なく，やわらかく，霜降りで風味がよい ヒ　レ：脂肪が少なく，最もやわらかい部位 ランプ：風味にすぐれ，やわらかい も　も：肉塊が比較的大きく，赤身が多い そともも：うちももより筋線維が粗くかたい ば　ら：脂肪組織，結合組織や膜が多く，濃厚な風味 す　ね：大部分は赤身肉，結合組織が多い
豚肉		かたロース：うま味成分を多く含み風味は良好 ロース：表面は脂肪に覆われ，肉質はやわらかい ヒ　レ：きめが細かく，最高の肉質，味は淡泊 そともも：きめは粗いが，やわらかい赤身肉 も　も：赤身で味は良好 ば　ら：筋肉と脂肪が層状で，肉のきめはやや粗い
鶏肉		手　羽：手羽元，手羽先，手羽なか（手羽元は脂肪が少なく，やわらかで淡泊．手羽先はゼラチン質や脂肪が多く，うま味が強い） む　ね：脂肪が少なく，淡泊でやわらかい も　も：肉色は濃く，脂肪があり，味にこくがある ささ身：白身で最もやわらかく，味も淡泊

1）間接焼きの調理

　間接焼きの調理では，牛肉調理を代表とするステーキがある。ステーキには，ヒレやロースなどの結合組織の少ないやわらかい部位が適する。まず，強火で短時間加熱して表面のたんぱく質を凝固させ，内部のうま味成分を含んだ肉汁（筋漿たんぱく質）を流出させないようにする。加熱程度には，表面をさっと熱変性させ内部は鮮赤色で多汁性に富むレア（rare, 内部温度約60℃），内部のたんぱく質が一部未変性のミディアム（medium, 内部温度65〜70℃），内部たんぱく質を加熱変性させたウエルダン（well-done, 内部温度70〜80℃）の3段階がある。

2）ひき肉の調理

ひき肉の特徴は，硬い肉の筋線維を切断して細かくすることによって，加熱しても硬く結着せず，肉のうま味成分が溶出しやすい点にある。ただし，肉の表面積を大きくすることで脂肪の酸化が促進されやすく，細菌が繁殖しやすいので長期の保存や温度に注意する。ひき肉に食塩を加えてよく混ぜると，筋原線維たんぱく質のアクチンとミオシンが溶出してアクトミオシンを形成し粘性が増す。そのため，ハンバーグステーキ，肉団子，ミートローフなどのひき肉料理においては，副材料と混ぜて結着，成形させることができる。

3）煮込みの調理

結合組織，いわゆる筋小束を包んでいる筋内膜や筋上膜などをつくっているコラーゲン分子は長時間の加熱によって分解しゼラチンとなる。さらに，結合組織によって包まれていた筋細胞はほぐれやすくなり肉はやわらかくなる。この性質を利用して，すね肉やばら肉などの結合組織の多い肉は，シチューやポトフ，豚角煮などの長時間煮込み料理に用いられる。

3.2 魚 介 類

わが国での魚介類の消費量は減少し続けている。魚介類は魚類，貝類，いかやたこなどの軟体類，えびやかになどの甲殻類，うにやなまこなどの棘皮類（きょくひ）などに分類され，種類が豊富である。また，生息場所の違いによって海水魚，淡水魚，回遊魚，近海魚，深海魚などに分類される。

（1）魚介類の構造

魚類で食用とされる筋肉は横紋筋で，背側と腹側の両側にあり，脊椎骨につながっている。筋線維の束が集まって筋節を形成し，筋節は薄い筋隔膜によって接合し，同心円状に配列している。筋節を構成する筋線維の長さは畜肉よりも短い。筋隔膜と筋節とを構成するたんぱく質は異なるため，加熱すると筋隔膜は可溶化し，筋節をはがすことができる。側線の真下にある赤褐色の筋肉を血合肉という。たいやひらめなどの

図5－34　魚の形態と血合肉の発達

出典）鴻巣章二（監修）：『魚の科学』，朝倉書店，p.3（2011）を一部改変

白身魚では表層血合肉が少ないが，いわし，あじなどでは発達しており，全筋肉の25％を占める。まぐろ，かつおなどの外洋性の赤身魚では，表層血合肉と真正（深部）血合肉がよく発達している（図5－34）。

いかの可食部となる胴は平滑筋から形成される。筋線維は体軸に直角に並び，胴をとりまくように走っている。胴の表皮は4層からなり，第1層と第2層の間に色素細胞が存在する。第4層の結合組織は体軸方向に走り，線維は細いが，強靭である。貝類には，あさり，はまぐりなどの二枚貝やあわび，さざえなどの巻き貝がある。

（2）魚介類の栄養・機能成分

魚肉の成分は，種類，部位，漁獲場所，養殖と天然，季節によって異なる。およそ水分55～75％，たんぱく質20％，脂質1～25％である。いか類は水分約80％，たんぱく質12～18％，脂質0.3～3.5％であり，貝類は水分80～90％，たんぱく質6～13％，脂質0.3～1.4％とどちらも魚肉より水分が多い。無機質含量のうち小魚類や殻ごと食すえびやおきあみなどはカルシウムが豊富でカルシウムのよい供給源となる。うなぎ，あなご，ほたるいかなどは視覚，細胞分化などに重要なビタミンA含量が高い。さば，さんまなどはカルシウムの吸収を促進するビタミンD含量が多い。また，えびやかになどの甲殻類の殻には，多糖類のキチン質が存在し，細菌に対する抗菌作用，コレステロール低下作用などがある[15)16)]。

1）たんぱく質

魚類のたんぱく質は，畜肉と同様に必須アミノ酸を含む良質たんぱく質である。魚類のアミノ酸スコアは100であるが，軟体動物や甲殻類においては，第1制限アミノ酸はバリンであるものが多く，アミノ酸スコアは81～98である。

魚肉たんぱく質は，筋原線維たんぱく質，筋形質たんぱく質（筋漿），肉基質たんぱく質の3種に大別される（表5－20）。肉基質たんぱく質は畜肉に比べて極めて少ない。魚肉の種類によって筋線維の太さや筋原線維たんぱく質と筋形質たんぱく質の割合に差がある。

魚介類に含まれるアミノ酸の一種であるタウリンは，肝臓の働きをうながし，胆汁酸の分泌を円滑にして脂質代謝に関与する。また，酸化物質等によってダメージを受けた細胞膜を安定化させるなどの機能をもつ。その他，タウリンはコレステロール上昇抑制効果，血

表5－20　魚介類と畜肉の筋肉のたんぱく質組成の比較（％）

	筋原線維 たんぱく質	筋形質 たんぱく質	肉基質 たんぱく質
かつお	55	42	4
さ　ば	67	30	3
た　ら	70	21	3
こ　い	70～72	23～25	5
い　か	77～85	10～20	2～3
う　し	51	24	25
ぶ　た	51	20	29

出典）須山三千三，鴻巣章二（編）：『水産食品学』，恒星社厚生閣，p.18
(1993)を一部改変

圧低下作用，脳および視覚機能維持作用などを有することが明らかにされている。ペプチド類のカルノシン，アンセリンは，生体内のpHを一定に保つ緩衝作用や抗酸化作用がある。アスタキサンチンは，きちじ（きんき）の魚皮，さけ・ますの魚肉，えびやかにの殻などに含まれ，強い抗酸化作用，動脈硬化予防，抗がん作用などを有することが知られている。

2）脂　　質

魚肉の脂質含量は季節による変動が大きく，特に産卵期前の脂ののった旬といわれる時期に多く，産卵後は減少する。一般に脂質は天然魚よりは養殖魚に，白身魚よりは赤身魚に，背肉より腹肉に，普通肉より血合肉に多く含まれる。

魚肉の脂質を構成する脂肪酸には，イコサペンタエン酸（IPA，$C_{20:5}$，エイコサペンタエン酸：EPAともいう），ドコサヘキサエン酸（DHA，$C_{22:6}$）などのn-3系の長鎖の多価不飽和脂肪酸が多く含まれる。多価不飽和脂肪酸は，血中脂質低下作用をもつことが知られており，さらにDHAは乳幼児の脳の発達や加齢による脳の機能維持向上に役立つ可能性が高いともいわれている[17]。しかし，多価不飽和脂肪酸は酸化されやすいため，干物や加工品などでは品質の低下を招く。

3）うま味成分

魚介類のうま味成分として，遊離アミノ酸，ペプチド，核酸関連化合物などの含窒素化合物と有機酸，糖類などの無窒素化合物がある。魚介類の代表的な遊離アミノ酸は，グルタミン酸，リシン，アラニン，グリシン，タウリンである。かつお，さば，あじなどの赤身魚にはヒスチジンが著しく多い。海産魚には非たんぱく態含窒素化合物のトリメチルアミンオキシドがうま味成分として多く含まれる。貝類ではグリコーゲンの含量が高く，その解糖系代謝産物のコハク酸がうま味成分として，独特な味を形成している。

4）においの成分

魚介類の中には，特徴的な香臭をもつものがあり，香魚といわれる川魚のあゆや二枚貝のかきは，さわやかな特有の香りをもつ。

魚介類は，鮮度が低下すると生臭いにおい，いわゆる魚臭が発生する。海産魚の魚臭の主体はトリメチルアミンである。トリメチルアミンは，トリメチルアミンオキシドが細菌によって還元されて生じる。この他，メチルメルカプタン，アンモニア，硫化水素なども不快臭の原因となる。淡水魚の魚臭は，ピペリジン系の化合物などである。

5）魚介類の色

魚肉には白身と赤身がある。魚肉の赤色は主にミオグロビンとヘモグロビンで，赤身魚に多く含まれる。まぐろ，かつおなどでは血合肉が発達しており，ミオグロビンが多く存在する（p.155，図5－34参照）。

さけ，ますの肉色はカロテノイド系色素のアスタキサンチンで，水に不溶で熱に安定であるため，加熱しても変色しない。えびやかになどの甲殻類にもアスタキサンチ

ンが含まれる。たんぱく質と結合して他の色を呈するが，加熱するとたんぱく質が変
性してアスタキサンチンが分離し，本来の赤色となる。アスタキサンチンは抗酸化性
にすぐれ，免疫機能の増強や抗がん作用があることが見出されている。

（3）魚介類の死後硬直と鮮度
1）死後硬直と自己消化
　魚類は死後，嫌気的代謝が起こり，魚肉のpHが低下し，数十分から数時間のうち
に魚体は硬くなった後，再びやわらかくなる。これを自己消化といい，自己消化の速
度は畜肉に比べ速やかである。魚類の場合は鮮度が重要視され，硬直状態あるいは自
己消化初期までの「生きのよい」ところで食用とされる。
2）鮮度判定法
①　化学的判定法　　魚類では死後，図5－35に示すように筋肉中のATP（アデノ
シン三リン酸）が急速に分解し，ADP（アデノシン二リン酸），AMP（アデノシン一リン酸）
を経てIMP（イノシン一リン酸）が生成され蓄積する。IMPは，魚肉の代表的な核酸
系のうま味成分である。このIMPまでは速やかに分解されるが，その後はゆるやか
にHxR（イノシン），Hx（ヒポキサンチン）へと代謝され，うま味は減少する。
　魚肉の化学的鮮度判定で用いられるK値は，ATP関連物質総量に対するHxRとHx
生成量の割合である。この値が低いほど，鮮度（生き）がよいことを示す。即殺魚で
10％以下，生鮮魚で20％以下，市販魚は40％程度で，40％以上のものは加熱調理し
たほうがよいとされる。魚種によって酵素活性の度合いが異なるため，K値の変化に
違いがある。たい類は鮮度が落ちにくく，たらやさばは落ちやすい。

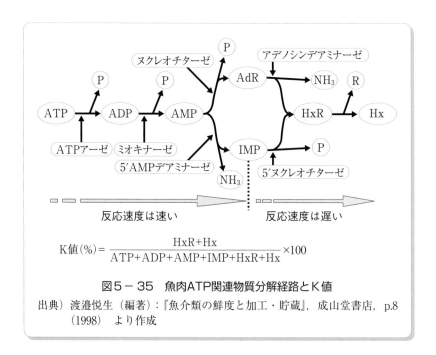

$$K値(\%) = \frac{HxR+Hx}{ATP+ADP+AMP+IMP+HxR+Hx} \times 100$$

図5－35　魚肉ATP関連物質分解経路とK値

出典）渡邉悦生（編著）：『魚介類の鮮度と加工・貯蔵』，成山堂書店，p.8
（1998）より作成

② **五感による判定法**　生鮮魚を外観から一般的に判定するには，次のことを基準にする。ⅰ）目がきれいに澄んで濁っていない，ⅱ）肉質が硬く弾力がある，ⅲ）えらは鮮紅色でにおいがない，ⅳ）体表につやがあり色鮮やかである，ⅴ）腹部が締まっている，ⅵ）生臭さがない，などである。

（4）魚介類の調理特性
1）生 食 調 理
① **さしみ**　鮮度の高い生魚肉のテクスチャーや，うま味を味わう調理である。生食として用いられる魚肉は，死後硬直前あるいは硬直中のものが主であるが，まぐろやぶりなどは，硬直期間中は硬すぎるとされ，うま味成分が増す自己消化の初期のものが美味とされる。また，赤身魚肉は，白身魚肉より結合組織の割合が少なく肉質はやわらかい。

　肉質のやわらかい赤身魚は，角造り，平造り，引き造りなどにして厚めに切る。肉質が硬く，身幅の狭い白身魚やいかなどはそぎ造り，糸造りにする。魚の表皮はコラーゲンが多く硬いので皮引きをして除くが，見た目や味に変化をもたせるために，皮をつけたまま熱湯をかけたり（霜造り），皮表面をさっと焼いたり（焼き霜造り）した後お造りにする。

② **あらい**　あらいはさしみの一種で，活魚をそぎ造りまたは糸造りにし，氷水，冷水あるいは湯（49℃）中で振り洗いしたもので，たい，すずき，こい，えびなどが用いられる。あらい処理によって生臭みや脂肪が除かれると同時に，ATPやグリコーゲンを流出させると，肉は著しく収縮し弾力のある歯ざわりが出る。また，IMPが蓄積されてうま味も増す。カルシウムを含んだ水で処理すると収縮が大きい[18]。

③ **塩じめ・酢じめ**　おろした魚を2〜10％の食塩でしめた後，食酢に浸漬すると魚臭がやわらぎ，肉質が硬くなって，歯切れのよいテクスチャーに変化する。魚肉に食塩を添加することによって，塩溶性のアクチンとミオシンが結合して粘弾性を生じ，同時に浸透圧作用によって水分が脱水されて，身がしまる。食塩でしめた魚肉をpH4程度の食酢に浸漬すると，肉は酸変性して表面が白くなる。食塩濃度が低かったり，しめる時間が短かったりして，塩じめが不十分であると，酢じめの効果は得られない。これは，ミオシンが酸性側で溶解するため，食塩が存在しないと魚肉が膨潤し軟化するためである。しかし，食塩が存在するとミオシンは酸性側で不溶性となり，たんぱく質は凝集して肉が硬くなる。

　酢漬にした魚肉では，酸性プロテアーゼ（主にカテプシンD）が作用し，筋原線維を分解すると同時に遊離アミノ酸が増加し，うま味が向上して酸味がまろやかになる。

2）加熱調理による魚肉の変化
① **凝固・脱水・収縮**　魚肉たんぱく質の熱変性の温度は筋肉組織の種類によって異なり，肉基質たんぱく質は40℃付近，筋原線維たんぱく質は40〜45℃，筋形質たんぱく質は62〜65℃である。加熱初期の段階で，肉基質たんぱく質のコラーゲンや

筋原線維たんぱく質が熱凝固し肉が収縮するので，保水性が低下し，筋形質たんぱく質は押し出される。しかし，65℃以上になると筋形質たんぱく質は筋線維間に凝固する。魚種によって加熱温度により硬さは異なる。

　切り身を煮る場合には，低温から加熱すると液汁の溶出量が多くなるので，煮汁を沸騰させてから魚を入れ，表面を凝固させて魚肉内部の液汁の溶出を防ぐ。いかは，加熱すると表皮の3, 4層が収縮するため，表皮側を中にして体軸方向に丸まる。いかの加熱による脱水率は30%以上で魚肉より大きい。

②　**魚肉の硬化**　　加熱後の魚肉のテクスチャーは，魚肉の水分と脂質含量，筋線維の太さや長さ，筋肉組織を構成しているたんぱく質組成比，結合組織中のコラーゲン量に由来する。これらは魚種によって異なり，魚肉の水分量の多いかれいやきちじ，脂質含量の多いあじ，いわしなどでは身がやわらかい。かつおやまぐろなどの赤身魚は筋線維が細くて短く，筋形質たんぱく質の割合が多く，加熱すると身がしまって硬くなる。筋形質たんぱく質は，筋線維間を満たし，加熱凝固して結着する役割をもつ。一方，たら，たいなどの白身魚は筋線維が太くて長く，筋形質たんぱく質が比較的少ないので，身がほぐれやすく，やわらかい。このような特徴の違いから，前者は角煮に，後者はそぼろに適する。

③　**コラーゲンの収縮・ゼラチン化**　　生魚肉では，結合組織に含まれるコラーゲン量が多いほど硬いとされるが，コラーゲン量は加熱後の硬さには影響しない。これは，加熱によりコラーゲンが変性し，溶出するためである。魚肉のコラーゲンは，畜肉よりも熱に対して脆弱であり，ゼラチン化が短時間で生じる。煮魚では冷却すると，ゼラチンがゲル化して煮こごりができる。

④　**魚肉のゲル形成**　　魚肉に2〜3%の食塩を添加してすりつぶすと，アクチンとミオシンが溶解してアクトミオシンとなり，粘りのあるペーストとなる。これを放置するとゲルへと変化する。この現象をすわりという。さらに，加熱すると網目構造が固定され，弾力のある足を形成する。この現象を利用して，つみれ，しんじょ，かまぼこなどができる。

⑤　**魚臭抑制と焼き色**　　白身魚の煮魚では，味を薄くして短時間で煮あげ，魚のもち味を生かす。赤身魚では，味を濃くして加熱時間を長くし，魚臭を抑える。また，みそ，酒，ワインなどの発酵調味料，あるいはしょうが，ねぎ，しそなどを加え，アルコール分や香気成分で魚臭をマスキングすることが行われる。

　焼き魚では，強火の遠火で放射熱を利用した直火焼きと，中間体からの伝導伝熱による間接焼きがある。加熱された魚は，表皮に適度な焼き色がつき，アミノカルボニル反応による好ましい香りが加わり，魚臭は消失する。しかし，この反応により，ヘテロサイクリックアミン類（Trp-P-1, Trp-P-2, Glu-p-1, Glu-p-2など）が生成される。この生成量は，加熱時間が長いほど，焼き温度が高いほど増加すると報告されている[19]。

3.3 卵　　類

　食用の卵類では鶏卵が多いが，他にうずら，あひる，がちょう，だちょう，かもなどの卵も食用とされる。以下は，主に鶏卵について説明する。

（1）卵の構造と栄養・機能成分

1）構　　造

　一般に流通している殻付き鶏卵の重量は 40 〜 76g（表5－21）であり，鶏卵の構造は卵殻部，卵白部，卵黄部に大別され（図5－36），重量の割合はおよそ，卵殻部10%，卵白部60%，卵黄部30%である。

　卵殻部は，クチクラ，卵殻，卵殻膜からなる。卵殻の約94%は炭酸カルシウムで，厚さは 0.25 〜 0.38mm，表面は多孔質であり，クチクラに覆われている。クチクラは，産卵時に親鶏からの分泌液が固着した被膜であり，産卵直後の微生物の侵入を阻止する働きがあるが，洗浄過程で失われやすい。卵殻膜は内外の2層からなり，産卵後，卵温が下がると2層の膜が分かれて鈍端部に気室ができ，水分の蒸発により気室の体積は大きくなる。

　卵白部は，卵白層，カラザ層からなり，卵白層は外水様卵白，濃厚卵白，内水様卵白に区分される。カラザ層は卵黄を包み込んでひも状に結束し（カラザ），卵黄は卵の中心部に維持されている。

　卵黄部は，卵黄膜，胚，ラテブラ，ラテブラの首，卵黄からなり，卵黄は黄色卵黄と白色卵黄が同心円状の層をなしている。

2）栄養・機能成分

　鶏卵において，可食部は卵白と卵黄に分けられ，それぞれの組成は異なる。また卵白，卵黄ともに複数のたんぱく質を含む。

　卵白は，100g 当たり水分88.3g，たんぱく質10.1g で，炭水化物と脂質をわずかに含む。無機質として，ナトリウム，カリウムなどを含む。卵白のたんぱく質は，オボアルブ

表5－21　鶏卵のサイズと重量

サイズ	卵重（g）
LL	70（以上）〜 76（未満）
L	64　　 〜 70
M	58　　 〜 64
MS	52　　 〜 58
S	46　　 〜 52
SS	40　　 〜 46

資料）農林水産省

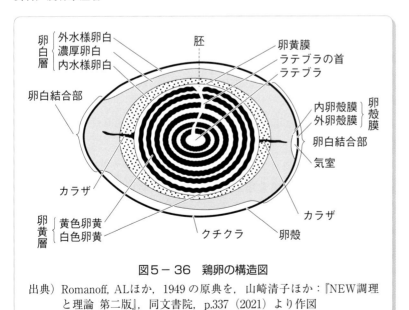

図5－36　鶏卵の構造図

出典）Romanoff, ALほか，1949 の原典を，山崎清子ほか：『NEW調理と理論 第二版』，同文書院，p.337（2021）より作図

ミン54%，オボトランスフェリン（コンアルブミン）12 ～ 13%，オボムコイド11%，オボグロブリン8%，リゾチーム3.4 ～ 3.5%，オボムチン3.5%などであり，リゾチーム以外は糖たんぱく質である。オボアルブミンは卵白の熱凝固性に大きく関与し，オボトランスフェリンは，鉄結合能と細菌成長防止作用をもつ。オボムコイドは，卵アレルギーの主要なアレルゲン（抗原）で，トリプシン阻害活性をもち，耐熱性が高い。そのため，オボムコイドに反応する卵アレルギーの人は，生卵だけでなく，ゆで卵や卵加工食品でも反応しやすい。オボグロブリンは，起泡力に最も関与し，オボムチンは，泡立ちの安定性や濃厚卵白のゲル化性に関与する。また，血清コレステロール低下作用を示す。リゾチームは，グラム陽性菌の溶菌作用をもつ。

　卵黄は，100 g当たり水分49.6 g，脂質34.3 g，たんぱく質16.5 gで，ビタミンC以外のビタミンを含み，特にビタミンA，ビタミンB$_1$，ビタミンB$_2$を豊富に含む。無機質では，リン，鉄を豊富に含む。卵黄の脂質は，トリアシルグリセロール65%，リン脂質約30%，コレステロール約4 %，その他カロテノイドが少量含まれる。脂質は，ほとんど卵黄部に含まれる。リン脂質は，リン酸エステルからなる親水基とアシル基からなる疎水基をもつので，乳化作用をもつ。卵黄中のコレステロールは1,200 mg/100 gで，動物性食品の中ではコレステロール含量が高い食品である。卵黄のたんぱく質の約8割は脂質と結合したリポたんぱく質で，低密度リポたんぱく質（LDL）が65%，高密度リポたんぱく質（HDL）が16%，他にリベチン，ホスビチンなどを含む。全卵，卵白，卵黄，いずれもアミノ酸スコアは100で良質のたんぱく質であるといえる。

　卵殻の色には白，赤，青などあるが，これらは親鶏の品種によるもので，卵の栄養成分組成とは無関係である。また，卵黄の色は，食餌に含まれるカロテノイドに由来するもので，黄色が濃くとも栄養素が多量に含まれているわけではない。

3）鮮　　度

　卵は生命を守るため，卵白たんぱく質およびペプチドには生体防御機能を有しており，長期間の保存が可能な食品である。しかし，サルモネラ属菌保有卵の危険性のため，早めに消費すべきとされている（1999（平成11）年11月1日からサルモネラ属菌による食中毒対策として，「食品衛生法」により賞味期限表示が義務付けられた）。以下に，鶏卵の貯蔵中の変化と鮮度判定を述べる。

① **比重法**　　貯蔵期間が長くなると，気室の体積が増加し比重が低下するため，新鮮卵（比重:1.078 ～ 1.094）は10 ～ 12%食塩水（比重1.074 ～ 1.089）に沈むが，古い卵（比重：1.07 ～ 1.08）は浮く。

② **ハウユニット（HU : haugh unit）**　　殻付き卵重量（W）gと濃厚卵白の高さ（H）mmから次式により求める。国際的な鮮度判定法で，アメリカ合衆国農務省の規格では，HU 72以上が最高級品位，HU 80 ～ 90で新鮮卵，鮮度が悪くなると値は小さくなる。

$$HU = 100 \log (H - 1.7 W^{0.37} + 7.6)$$

③　**卵白のpH**　　産卵直後の卵白の pH は約 7.5 であるが，二酸化炭素の放出により pH は 9.5 程度まで上昇する。

④　**濃厚卵白率**　　全卵白に対する濃厚卵白の割合（%，w/w）で表し，新鮮卵は約 60% であるが，古くなると濃厚卵白は水様化して粘度が低い水様卵白に変化するため，割合が低くなる。

⑤　**卵黄係数**　　卵黄の高さ（mm）を卵黄の直径（mm）で除して求める。貯蔵の卵黄膜が脆弱化すると卵黄が平らに広がるため，卵黄係数は低下する。新鮮卵では 0.36〜0.45，0.25 以下になると卵黄膜は破れやすくなる。

（2）卵の調理特性

1）熱凝固性

卵白は 58℃ から凝固が始まり，約 80℃ で硬く凝固する。卵黄は 65℃ から凝固し始め，70℃ でやや形を保持できる程度，75〜80℃ で凝固する。この卵白と卵黄の凝固温度差を利用したのが温泉卵であり，65〜70℃，約 30 分加熱で作ることができる。

①　**卵黄の暗緑色化**　　固ゆで卵は水から入れ沸騰後約 12 分加熱で出来上がるが，15 分以上加熱を続けると，卵黄の表面が暗緑色に変化することがある。これは，卵黄に含まれる遊離 Fe^{2+} と卵白から発生した硫化水素（H_2S）が結合して，硫化第一鉄（FeS）ができるためである。特に，鮮度が低下している卵は，硫化水素が発生しやすく暗緑色化しやすい。

②　**希釈卵液と加熱速度**　　卵は，だし汁や牛乳などで希釈しても加熱凝固することができる。卵豆腐は卵に対して 1〜2 倍，カスタードプディングは 2〜3 倍，茶碗蒸しは 3〜4 倍に希釈する。緩慢に加熱するとなめらかなゲルになるが，急速に加熱をすると，すだちが生じる。これは，凝固したたんぱく質の構造内の水分が，水蒸気となって逃げるために発生する。

③　**添加物による凝固の影響**　　食塩の Na^+ がアルブミンの負の電荷と結合して中和され，また，牛乳の Ca^{2+} がたんぱく質表面の OH^- と結合して中和され，それぞれ水に不溶化し，凝固が促進される。反対に砂糖は，熱変性を遅らせるため，凝固を阻害し，やわらかいゲルとなる。

2）起泡性

卵の溶液を強く撹拌すると，たんぱく質分子が表面張力の作用を強く受け，表面変性を起こし泡立つ。特に，卵白において高い起泡性を示す。泡は加熱すると，泡沫中の空気が熱膨張して食品を膨化させ，食感に変化を与える。卵白の泡立ちやすさ（起泡性）にはオボグロブリンが，泡の安定性（泡沫安定性）にはオボムチンが働いている。泡立ちやすさには，卵白の種類，鮮度，温度，添加物が影響を与える（表 5 - 22）。

3）乳化性

卵黄に含まれるリン脂質のレシチンやリポたんぱく質は，分子内に親水基と疎水基をもち，乳化剤として働くため，油と水（酢）に卵黄を加えて撹拌するとマヨネーズ

表5－22　起泡性に及ぼす種々の影響

	起泡性に及ぼす影響	泡沫安定性に及ぼす影響	備　考
古 い 卵 の 使 用	○	×	水様性卵白が多く，泡立てやすい
高 い 温 度	○	×	表面張力を下げて泡立てやすくなるが，乾燥しやすく，脆い泡になる
酒石酸・レモン汁	○	○	オボアルブミンの等電点（4.7）に近づける
砂 　 糖	×	○	泡の粘度が高く，乾燥しにくくなる
油	×	×	泡の膜を不安定にする

ができる。マヨネーズは，水（酢）に油滴が分散した 水中油滴（O/W 型）エマルションである。

3.4　乳　　類

　哺乳動物の子どもは，母親の乳を糧として成長する。そのため乳は，あらゆる栄養素をバランスよく含み，消化吸収しやすい状態になっている。乳児の場合は，母乳や人工乳を用いるが，乳児以降は他の哺乳動物の乳を食する。唯一ヒトのみが，大人になっても乳を摂取している。うし，ひつじ，やぎなどの乳が用いられているが，一般にはうしの乳を利用することが多い。

（1）牛乳の栄養・機能成分

　牛乳は，たんぱく質，脂質，カルシウムに富み，ビタミンA，ビタミンB_2を含む（表5－23）。カルシウムは，日本人の摂取量が不足している栄養素であることから，特に育ち盛りの子どもやカルシウムが不足する高齢者に有効である。

表5－23　乳の成分

	エネルギー	水分	たんぱく質	脂質	利用可能炭水化物（単糖当量）	ナトリウム	カリウム	カルシウム	マグネシウム	リン	鉄	亜鉛	銅	レチノール活性当量	ビタミンD	ビタミンK	ビタミンB_1	ビタミンB_2	ビタミンB_{12}	ビタミンC
単　位	kcal		g						mg					μg			mg		μg	mg
普通牛乳	61	87.4	3.3	3.8	4.7	41	150	110	10	93	0.02	0.4	0.01	38	0.3	2	0.04	0.15	0.3	1
脱脂乳	31	91.0	3.4	0.1	4.8	51	150	100	10	97	0.1	0.4	0.01	Tr	Tr	0	0.04	0.15	0.6	2
人　乳	61	88.0	1.1	3.5	(6.7)	15	48	27	3	14	0.04	0.3	0.03	46	0.3	1	0.01	0.03	Tr	5

出典）文部科学省科学技術・学術審議会資源調査分科会：『日本食品標準成分表 2020 年版（八訂）』（2020）

1）たんぱく質

牛乳のたんぱく質は，約 76 ～ 86％のカゼインと約 14 ～ 24％の乳清たんぱく質からなる。カゼインは，サブミセルの形からさらにリン酸カルシウムを介して平均直径 150 nm の巨大なカゼインミセルを形成し，負に荷電して互いに反発し，コロイド状に分散して存在している。カゼインは，等電点（pH 4.6），20℃で凝固沈殿するが，熱に対しては比較的安定している。牛乳に酸（レモン果汁や食酢など）を添加し，カゼインの等電点付近にすると，ミセル表面の荷電の減少によりカゼインが凝集する（カッテージチーズ）。また，チーズを作るときに用いるレンネット（凝乳酵素）によっても凝集する。

乳清たんぱく質は，脱脂乳をpH4.6 で沈殿させたときの上澄み液に含まれるたんぱく質の総称である。乳清たんぱく質には，ラクトグロブリン，ラクトアルブミン，ラクトフェリン，免疫グロブリンなどが含まれ，酸による沈殿は起こさないが，熱により凝固沈殿する。ラクトフェリンは鉄と結合するため，発育に鉄を必要とする細菌に対して静菌活性を示す。

乳幼児の食物アレルギーでは，卵に次いで乳製品のアレルギーが多く，主要なアレルゲンはカゼインとラクトグロブリンである。

2）脂　　質

牛乳には，季節やうしの品種などで異なるが，3.3 ～ 4.7％の脂質が含まれ，直径 0.1 ～ 22 μm の脂肪球となって乳中に存在する。市販牛乳の脂肪球は，ホモジナイズにより直径 1 μm 以下となっている。脂肪球になることで，表面積が拡大し，消化吸収率の向上に寄与している。脂肪酸組成は，短鎖・中鎖脂肪酸の比率が高く，多価不飽和脂肪酸が少ないのが特徴である。揮発性の短鎖脂肪酸が，牛乳の香りに関係している。

3）炭 水 化 物

牛乳中に含まれる炭水化物のほとんどが乳糖（ラクトース）であり，乳糖の甘味度はショ糖（スクロース）の約 16％と低いが，牛乳にほのかな甘味をもたせている。乳糖は消化吸収されやすいが，遺伝的または後天的に乳糖分解酵素が欠損あるいは低下している場合は，加水分解が阻害されて吸収不全となり，下痢，腹痛，腹鳴等が起こる（乳糖不耐症）。そのため，乳糖をあらかじめ分解処理した乳糖分解乳が市販されている。

4）無機質・ビタミン

牛乳は，カルシウム，カリウム，リン，ナトリウムなどの無機質成分を約 0.7％含み，カルシウム（110 mg/100 g）のよい供給源である。また，ほとんどの種類のビタミンが含まれ，特にビタミンA，B$_2$ が豊富である。

（2）牛乳の調理特性

牛乳は調理において，ホワイトソースなどの主材料となることもあるが，下ごしらえや副材料として用いられることも多い。牛乳には以下に示すような調理特性がある。

① **料理の色を白く仕上げる**　牛乳に含まれるカゼイン粒子や脂肪球が，光に乱反射して白く見える。この色を生かして，食品を白くするのに用いられる（ブランマンジェ，ホワイトソースなど）。カゼインのみでも白色に見えるため，脱脂乳でも白い。

② **生臭みの吸着**　牛乳中のカゼイン粒子や脂肪球が魚やレバーなどの生臭みを吸着する作用があるため，牛乳に浸すと生臭みを減らすことができる。

③ **なめらかな口あたり・粘度の付与**　牛乳中のコロイド粒子は食べたときの口あたりをよくする（スープ，シチューなど）。

④ **焼き色と香気の生成**　牛乳中にはアミノ酸と還元糖が含まれるため，加熱するとアミノカルボニル反応が起こり，褐色物質（メラノイジン）が生成される。また，アミノカルボニル反応の副反応として生じるストレッカー分解では香気成分も生成する（ホットケーキ，クッキーなど）。

⑤ **たんぱく質のゲル強度を高める**　牛乳に含まれるカルシウムイオンが，たんぱく質のゲル強度を高める（カスタードプディングなど）。

⑥ **ゲル化を促進する**　低メトキシ（LM）ペクチンは，カルシウムイオンの存在でゲル化する。また，κ-カラギーナンはカルシウムイオンとの反応性が高く，ゲル形成が促進される（ミルクプリンなど）。

⑦ **加熱による皮膜形成（ラムスデン現象）**　牛乳を70℃以上で静置加熱すると表面張力が小さくなり，液面にたんぱく質が集まり，脂質や無機質を吸着して皮膜が形成される。皮膜防止には，加熱中の攪拌が有効である（ホワイトソース，スープなど）。

⑧ **加熱による酸凝固**　牛乳と有機酸を多く含む野菜やコハク酸を含む貝類を一緒に加熱すると，有機酸によりpHが牛乳の等電点に近づき，凝固物を生じることがある（クラムチャウダー，ちんげんさいのクリーム煮など）。凝固を防ぐには，あらかじめ加熱して野菜の有機酸を揮発させたり，牛乳は仕上げの最後に加えるとよい。

⑨ **加熱によるいも類の軟化抑制**　牛乳のカルシウムイオンが，いもの細胞内に存在するペクチンと結合して不溶性ペクチンを形成し，いもの軟化を抑制する（いも類のミルク煮）。

（3）乳製品の調理特性

1）クリーム

牛乳を遠心分離すると，クリームと脱脂乳に分離される。クリームは，脂肪球が分散した水中油滴（O/W）型エマルションである。市販のクリームには，脂肪の種類や脂肪含有率が異なったさまざまなクリームがあり，脂肪の種類別では，乳脂肪のみ，植物性油脂のみ，乳脂肪と植物性油脂を混合したコンパウンドクリームの3種に大別される。脂肪含有率別では，乳脂肪約20％のライトクリーム（コーヒー用クリーム）と乳脂肪約50％のヘビークリーム（ホイップ用クリーム）に分けられる。生クリームは俗称である。

ヘビークリームは，強い攪拌により気泡を抱き込み，その周囲に脂肪球が凝集して

可塑性をもったホイップクリームとなる。攪拌したクリームが空気を含む割合をオーバーランといい，ホイップクリームやアイスクリームの製品特性を表す指標として用いられる。

オーバーラン＝（A−B）／B×100

A：一定容積の気泡前の試料重量　B：同一容積の気泡試料の重量

気泡の安定性は，泡立て温度や時間に影響を受け，クリームを低温（5〜10℃）にすると，脂肪球が凝集し，粘度が上昇して保形性がよい。高温で攪拌すると短時間で泡立つが，泡が粗く保形性が悪い。砂糖は，添加すると起泡性を低下させ，オーバーランを小さくするため，ある程度泡が形成されてから添加するとよい。乳脂肪のみのクリームは，分離が起こりやすいため，ゆっくり攪拌するとよい。攪拌を続けると，脂肪の凝集体が大きくなり液相から分離してバター粒が形成され，水中油滴（O/W）型エマルションから油中水滴（W/O）型エマルションに転相（phase inversion）する。

2）バ タ ー

クリームを激しく攪拌（チャーニング）して乳脂肪を結合させ，練り上げたものである。発酵の有無により，発酵バターと非発酵バター，食塩の有無により，有塩バターと無塩バターに分類される。バターは油中水滴（W/O）型エマルションで，融点（28〜35℃）以下では固体であるが，加熱をすると液体となる。バターを加熱溶解すると乳脂肪と水溶性成分（たんぱく質や糖質など）に分かれ，水溶性成分を除いたものを澄ましバターという。加熱しても焼き色がつかないため，着色を防ぎたい料理に利用される。液体になったバターは，冷却しても油中水滴（W/O）型エマルションには戻らない。バターには以下の調理特性がある。

① **芳香・風味付け**　バターには，他の油脂にはみられない独特の芳香と風味（揮発性の短鎖脂肪酸）がある。

② **可塑性**　バターは，外から加えられた力によって形を自由に変えることができる可塑性をもつため，パンの表面に塗る，パイ生地中に薄く伸ばすことなどができるが，可塑性を示す温度範囲は13〜18℃と比較的狭い。

③ **クリーミング性**　バターは攪拌すると細かい気泡を抱き込む性質（クリーミング性）をもち，また，焼成時の膨張を助けて生地を軽く仕上げる（p.175 参照）。

④ **ショートニング性**　バターを小麦粉生地に練り込むことによって，グルテンの形成を阻止し，もろく砕けやすい性質（ショートネス）を与える（p.175 参照）。

⑤ **水分の浸透防止**　サンドイッチを作る際に，パンの表面にバターを塗り，具材の水分がパンへ浸透するのを防ぐ。

3）チ ー ズ

牛乳（その他の乳やクリーム）に乳酸菌（スターター）を加えて発酵させ，凝乳酵素（レンネット）を加えてカゼインを凝固させ，乳清（ホエイ）を除去してカードを固形状にしたもの，またはさらに熟成したものがナチュラルチーズである。硬さの程度によって，軟質，半硬質，硬質，超硬質チーズに分類される。また，熟成の有無によって，

熟成させないフレッシュタイプと，細菌やかびなどにより熟成させたチーズに分類される（図5-37）。プロセスチーズは，ナチュラルチーズを粉砕し，乳化剤を添加して加熱溶解後，充填成形したもので，加熱によって殺菌や酵素失活されているため，保存性にすぐれる。

　チーズはそのまま食べる，他の材料と混ぜ合わせる，加熱して溶かすなどの方法で食べる。加熱によって曳糸性がみられるが，これはレンネットで凝集したカゼインミセルの構造が弱まり，カゼイン分子がカルシウムを介して架橋し合い，折りたたまれていたたんぱく質が変性してひも状に変化するためである（ピザ，チーズフォンデュ）。

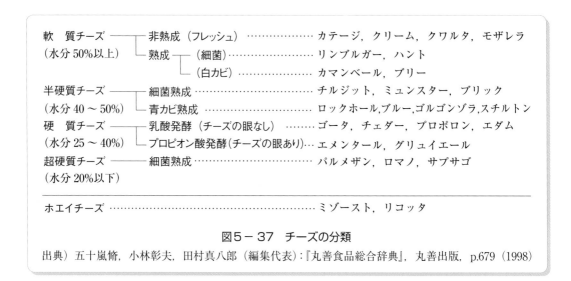

図5-37　チーズの分類

出典）五十嵐脩，小林彰夫，田村真八郎（編集代表）：『丸善食品総合辞典』，丸善出版，p.679（1998）

　なお，その他の乳製品としては，ヨーグルト，練乳，乳酸菌飲料などがある。

4．抽出食品素材

　抽出食品素材とは，動植物性食品から物理的・化学的処理を施して，抽出精製したものである。でん粉，セルロース，動植物油脂類，ペクチン，寒天などの多糖類，ゼラチン等のゲル化用食品素材があり，体内において重要な生理機能をもつ。

4．1　で　ん　粉

（1）でん粉の種類と物性

　でん粉はエネルギー源として重要であり，消化酵素の作用をほとんど受けないので，加水，加熱して消化吸収しやすく調理加工して食する。穀類やいも類の貯蔵でん粉を分離，精製して作られ，米，小麦，とうもろこしなどの種実でん粉と，じゃがいも，さつまいも，くず，タピオカなどの根茎でん粉がある。でん粉によって粒子径，形状，アミロースとアミロペクチンの割合，物性なども異なり，広く調理，加工に利用されている（表5-24）。

表5－24　でん粉の種類と特性

でん粉の種類		平均粒径 （μ）	粒の 形態	アミロー ス含量 （%）	でん粉6%		ゲ　ル	
					糊化開始 （℃）	最高粘度 （BU）	状　態	透明度
種　実 でん粉	米	5	多面形	17	67.0	112	もろく硬い	やや不透明
	小麦	21	比較的 多面形	25	76.7	104	もろくやわ らかい	やや不透明
	とうもろこし	15	多面形	28	73.5	260	もろく硬い	不透明
根　茎 でん粉	じゃがいも	33	卵形	22	63.5	2,200	ややもろく 硬い	透　明
	さつまいも	15	球形, 楕円形	19	68.0	510	ややもろく 硬い	透　明
	くず	10	卵形	23	66.2	450	弾力性	透　明
	タピオカ	20	球形	18	62.8	750	強い粘着性	透　明

出典）川端晶子，畑明美：『Nブックス　調理学』，建帛社，p.115（2008）

1）でん粉の糊化（gelatinization）

でん粉に水を加えて加熱すると60～65℃前後で，でん粉粒が吸水膨潤して粘度を増し，半透明の糊液となる。この現象を糊化という。糊化でん粉はアミラーゼにより消化されやすくなり，これをα-でん粉ともいう。図5－38に各種でん粉糊液の粘度変化をアミログラムで示した。でん粉の種類により異なるが，60℃以降から糊化が起こり，粘度が変化する。でん粉粒の膨潤が最大に達したとき，糊液は最高粘度を示す。加熱攪拌を続けると粒子の崩壊の後，粘度が低下する。最高粘度と最低粘度の差をブレークダウンという。じゃがいもでん粉はブレークダウンが大きいが，種実でん粉は

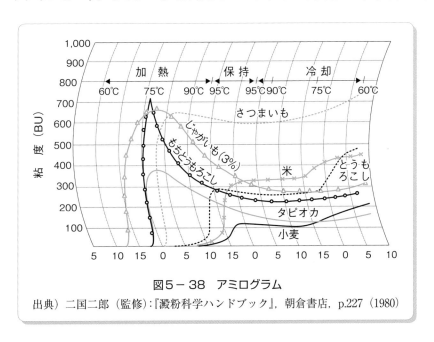

図5－38　アミログラム

出典）二国二郎（監修）：『澱粉科学ハンドブック』，朝倉書店，p.227（1980）

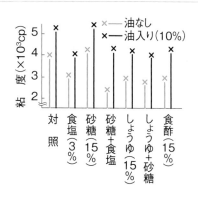

図5−39　調味料によるでん粉糊液の粘度
出典）寺本芳子：澱粉の調理性についての研究（第5報）"溜菜"における澱粉の効用，家政誌，35，p.188（1974）

生でん粉
（β）

糊化でん粉
（α）

老化でん粉
（β′）

アミロース

還元端末

○ 水　● 酵素

図5−40　でん粉の糊化，老化の模式図
出典）松永暁子ほか：澱粉質食品の老化に関する研究—米飯の老化について，家政誌，32，p.653（1981）

最高粘度が低く，ブレークダウンはあまりみられない。一般に根茎でん粉の透明度は，種実でん粉よりも高い。図5−39に調味料によるでん粉糊液の粘度について示した。対照のじゃがいもでん粉糊液に対して食塩，食酢，しょうゆは粘度を低下させ，砂糖は10〜30％の添加では粘度を上昇させるが，50％以上の添加は砂糖の親水性により脱水作用が起こり糊化しにくく，粘度が低下する。どの調味料添加においても油が入ると粘度は高くなる。

2）でん粉の老化（retrogradation）

糊化でん粉は保存中に粘性が低下し，分子の再配列とミセルの形成が始まり不溶性の状態に変化することを老化といい，老化でん粉は構造的に生でん粉とは異なる（図5−40）。老化は水分30〜60％，温度0〜5℃で最も起こりやすい。60℃以上の高温や0℃以下の低温，食品中の水分が15％以下，およびでん粉が極めて低い濃度では老化は起こりにくい。また完全に糊化したでん粉は老化が遅く，高アミロースでん粉は老化しやすい。

（2）でん粉の調理特性

1）でん粉の粘調性

でん粉の調理特性には以下のような特徴がある。①でん粉は糊化により粘度が増加するので，かまぼこなどのつなぎとなる。②吸水性が大きいため，から揚げやしゅうまいの具の水分を吸収する。③舌触りがなめらかになる。④油と混合して使用すると，料理を冷めにくくする。

①　うすくず汁・かき卵汁　　0.8〜1.5％でん粉濃度を使用して，汁に粘稠性をもたせる。調味しただし汁に，水溶きじゃがいもでん粉を入れ，沸騰させた粘稠性のある汁に卵液などを均一に分散させると，対流を抑制するので，汁が冷めにくくなる。でん粉を入れるタイミングがかき卵汁を作るためには重要であり，なめらかな口あたりのよい汁物になる。

②　くずあん・溜菜（リュウツァイ）　　日本料理の煮物にかけるあんや中国料理の溜菜などは3〜6％のでん粉を用いる。まとまりにくい食材に水溶きでん粉で調味液を添加すること

により，材料によく絡まり，料理に光沢を与える。

2）でん粉のゲル化性

でん粉濃度の高い糊液を冷却するとゲル化する。ゲル強度はでん粉糊液が最高粘度の時に冷却すると最も大きい。一般に加熱糊化されたゾルが冷却されてゲルを形成すると，弾力のある粘稠性のあるテクスチャーを有する。種実でん粉は老化しやすく硬いゲルであるが，根茎でん粉は老化しにくく粘着性のあるゲルになる。

① **ブラマンジェ**　「白い食べ物」といわれ，コーンスターチ，砂糖，牛乳で作るのはイギリス風で，ゼラチン，砂糖，生クリームを用いたものがフランス風である。コーンスターチゲルはでん粉ゲルの中で強度が最も高い。コーンスターチと砂糖は同量，約10倍の牛乳を加えて，加熱撹拌すると弾力のあるブラマンジェになる。

② **くずざくら**　くずでん粉に水と砂糖を加えて加熱撹拌し，半糊化状態であんを包み，形を整え，蒸して完全糊化させる。くずでん粉ゲルは透明度の高いテクスチャーを有するので，くずざくらは透明感のある夏の和菓子に適している。

③ **ごま豆腐** [20), 21), 22)]　ごま豆腐は，代表的な精進料理のひとつであり，「箸でちぎっても崩れない弾力と軟らかさ」のある独特のテクスチャーを有する。くずでん粉とごま乳（sesame milk）を加熱しながら練り固めたものである。ごま乳はごま重量の約11倍 [23)] の水を加えてすり，ふるいで濾して得られる。図5－41より，くずでん粉とごま乳を25分間加熱しながら撹拌すると，最も軟らかいごま豆腐が得られ，付着性は撹拌するときの速さによって異なる。また，図5－42から，（1）加熱15分は，練り方が足りないためくずでん粉の塊がみられ，（3）加熱45分は水分の蒸発によりご

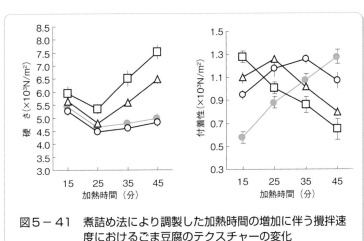

図5－41　煮詰め法により調製した加熱時間の増加に伴う撹拌速度におけるごま豆腐のテクスチャーの変化

注）● ：60 rpm，○ ：150 rpm，△ ：250 rpm，□ ：350 rpm
出典）佐藤恵美子：ごまとうふ，調理科学誌，31(2)，pp.172-176（1988）

  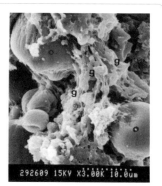

（1）60rpm 15min　　　　　（2）250rpm 25min　　　　　（3）350rpm 45min
　（低速15分練る）　　　　　　（中速25分練る）　　　　　　（高速45分練る）

グルタールアルデヒドとオスミウム酸で固定して得られたごま豆腐（くずでん粉40g，ごま40g，加水量450g
で調製）の調製条件の異なる電子顕微鏡写真（×10,000）

網目構造を形成しないくずでん粉（a印），繊維状の微細構造（f印），ごま油の粒子（o印），
繊維状構造が合体したもの（g印）

図5－42　ごま豆腐のテクスチャーに及ぼす調製条件の影響

出典）佐藤恵美子，井藤龍平，山野善正；ゴマ豆腐のテクスチャーに及ぼす調製条件の影響，
　　　日本食品科学工学会誌，46（10），p.367（1999）

まの油脂が合体して硬くなり「こんにゃく」のような食感となる。おいしいごま豆腐
は，（2）25分間練ると均一で軟らかく，くずでん粉の網目構造にごまの成分が分散
した相分離構造[23]を示す。ごまを炒るときは，「三粒はぜたら火を止める」といわれ，
約170℃[24]に焙煎したごまを用いたごま豆腐は，風味，軟らかさ，弾力の点から好
ましい。軟らかさは$0.5 \sim 3 \times 10^4 \mathrm{N/m^2}$[20]であり，適量の油脂を含む飲み込みやす
い食べ物としてユニバーサルデザインフード（p.27，表2－7参照）の第3区分「舌で
つぶせる形状」に相当し，高齢者にも適している。

④　**タピオカパール**　　キャッサバいものでん粉を少量の水とともに加熱回転ロー
ラーで撹拌すると半糊化した球状のでん粉が得られる。これを乾燥したものがタピオ
カパールでスープの浮き実やゼリーに用いられ，独特の食感が賞味されている。

3）でん粉のデキストリン化

　でん粉に水を加えずに150～160℃に加熱すると分子が切断されてデキストリンを
生じる。この現象をデキストリン化といい，ソースの粘性が低下する。調理への応用
例としてはルーがあげられる（p.124参照）。

4.2 油 脂 類

（1）油脂の種類と栄養・機能性分

　食用油脂は，動植物から精製された植物性油脂と動物性油脂に分類される。さらに原料油脂を加工したものを加工油脂という（表5−25）。油脂は大きなエネルギー源（9 kcal/g）であり，脂溶性ビタミンの吸収を円滑にし，食品の風味の向上や食味改善に役立つ。

　油脂はグリセロールと脂肪酸がエステル結合したものであり，食用油脂の性質は脂肪酸の種類によって異なる。不飽和脂肪酸の多いものは融点が低く，常温（25℃）で液体であるものを油（oil），固体であるものを脂（fat）という。一般に，植物油や魚油は不飽和脂肪酸の割合が多く，植物脂や動物油脂（陸産）は飽和脂肪酸が多い。

　多価不飽和脂肪酸のうちn−3系およびn−6系脂肪酸は体内で合成できないため，食事から摂取する必要がある。n−6系脂肪酸ではリノール酸，γ−リノレン酸およびアラキドン酸，n−3系脂肪酸ではα−リノレン酸，イコサペンタエン酸（IPA）やドコサヘキサエン酸（DHA）がある（広義的に必須脂肪酸）。

　不飽和脂肪酸の二重結合部に水素を添加した固体脂を硬化油という。不飽和脂肪酸の状態で残った部分はトランス型の二重結合に変化するため，トランス脂肪酸またはトランス酸という。トランス脂肪酸の継続的な摂取は，動脈硬化などの循環器系疾患を高めることが指摘され，摂取量は全カロリーの1％未満に推奨されている。

（2）油脂の調理特性

1）高温調理の熱媒体

　高温で調理する炒め物や揚げ物などは，油脂を130～200℃程度に熱して短時間で

表5−25　食用油脂の分類

種　　類			油脂名	主となる脂肪酸
食用油脂	植物油脂	植物油	乾性油※1　サフラワー油，ひまわり油	リノール酸
			半乾性油※2　ごま油，なたね油，コーン油，米ぬか油，綿実油	リノール酸，オレイン酸
			不乾性油※3　らっかせい油，オリーブ油	オレイン酸
		植物脂	やし油，パーム油	ラウリン酸，ミリスチン酸
			カカオ脂	パルミチン酸，ステアリン酸，オレイン酸
	動物油脂	動物油	魚油，肝油	イコサペンタエン酸，ドコサヘキサエン酸
		動物脂	バター，牛脂，豚脂，鶏脂	パルミチン酸，ステアリン酸，オレイン酸
	加工油脂		マーガリン，ショートニング	オレイン酸，パルミチン酸

注）※1：大気中の酸素を吸収し固化する性質をもつ。ヨウ素価130以上。
　　※2：乾性油と不乾性油の中間的性質をもつ。ヨウ素価100～130。
　　※3：大気中で固化しない。ヨウ素価100以下。

表5－26　食用油脂の主な構成脂肪酸と融点

食用油脂		飽和脂肪酸							不飽和脂肪酸					融点・凝固点 (℃)
		ヘキサン酸 $C_{6:0}$	オクタン酸 $C_{8:0}$	デカン酸 $C_{10:0}$	ラウリン酸 $C_{12:0}$	ミリスチン酸 $C_{14:0}$	パルミチン酸 $C_{16:0}$	ステアリン酸 $C_{18:0}$	パルミトレイン酸 $C_{16:1}$ (n-7)	オレイン酸 $C_{18:1}$ (n-9)	リノール酸 $C_{18:2}$ (n-6)	α-リノレン酸 $C_{18:3}$ (n-3)	アラキドン酸 $C_{20:4}$ (n-6)	
動物性油脂	牛　　脂	0	0	0	0.1	2.5	26.1	15.7	3.0	45.5	3.7	0.2	0	40～50
	豚脂（ラード）	—	—	0.1	0.2	1.7	25.1	14.4	2.5	43.2	9.6	0.5	0.1	28～48
	バター（有塩）	2.4	1.4	3.0	3.6	11.7	31.8	10.8	1.6	22.2	2.4	0.4	0.2	28～38
植物性油脂	や　し　油	0.6	8.3	6.1	46.8	17.3	9.3	2.9	0	7.1	1.7	0	0	20～28
	オリーブ油	—	—	0	0	0	10.4	3.1	0.7	77.3	7.0	0.6	0	（0～6）
	綿　実　油	—	—	0	0	0.6	19.2	2.4	0.5	18.2	57.9	0.4	0	（-6～-4）
	ご　ま　油	—	—	0	0	0	9.4	5.8	0.1	39.8	43.6	0.3	0	（-6～-3）
	大　豆　油	—	—	0	0	0.1	10.6	4.3	0.1	23.5	53.5	6.6	0	-8～-7
	な　た　ね　油	—	—	0	0.1	0.1	4.3	2.0	0.2	62.7	19.9	8.1	0	（-12～0）
	とうもろこし油	—	—	0	0	0	11.3	2.0	0.1	29.8	54.9	0.8	0	-18～-10 （-15～-10）
融　　点（℃）		-3.4	16.7	31.6	44.2	54.2	62.9	69.6	45～49	1.5～16.3	-5.2～-5.0	-11.3～-10	-49.5	

注）（　）内は凝固点
出典）成分値は，脂肪酸総量 100 g 当たり脂肪酸量（g），文部科学省科学技術・学術審議会資源調査分科会：『日本食品標準成分表 2020 年版（八訂）脂肪酸成分表編』（2020）
　　　融点・凝固点は，日本油化学協会（編）：『油脂化学便覧』，丸善出版，pp. 101-102（1990）より作成

食品内部まで加熱することができる。高温加熱によってでん粉の糊化，たんぱく質の変性などがすばやく行われ，食品中の栄養成分の損失は少ない。油脂の比熱は 2.0 kJ/kg・K で水（4.2 kJ/kg・K）の約 1/2 であるため温度は容易に変化する。揚げ物では，温度管理が大切となる。

2）風味と食感の付与

　油脂の種類によって風味に違いがあり，ごま油やオリーブ油などは独特な風味を付与するほかに，ドレッシングのように酢や調味料と混濁させて食材を和えることによってまろやかな味が加わる。揚げ物調理では，揚げる食材と揚げ油との間で，脱水，吸油が行われ，香味が加わりテクスチャーに変化を与える。中国料理では炒め物をする際，下処理として「油通し」が行われ，これによって野菜の色や歯ごたえ，肉のやわらかさを保持することができる。

3）疎　水　性

　油脂には水に溶けない性質があり，これを疎水性という。フライパン，天板やケーキ型などに塗って，油の皮膜を作り，食材が容器や調理器具に付着するのを防ぐために利用される。また，スパゲッティにバターをまぶし，めん同士の付着を防止する。サンドイッチを作るときにパンにバターを塗るのは，具材の水分がパンに浸透しない

ようにするためである。

4）クリーミング性

　バターやマーガリン，ショートニングなどの固体脂を撹拌すると，油脂の中に空気を抱き込み，やわらかなクリーム状になる。この性質をクリーミング性という。このクリーミング性によって，ケーキやクッキーの小麦粉生地中に気泡が均一に分散し，気泡の熱膨張によって膨化が増し，テクスチャーが向上する。クリーミング性は，ショートニング＞マーガリン＞バターの順に小さくなる。固形油脂の粒子はクリーミング性に影響し，油脂の粒子が小さいほどクリーミング性は高くなる。

5）ショートニング性

　油脂をクッキーやクラッカー，パイなどの小麦粉生地に添加して製品にすると，サクサクとした砕けやすいテクスチャーとなる。これをショートネスといい，その性質をショートニング性という。油脂が小麦粉の表面に薄い膜を作り，小麦粉と水との接触を妨げて，グルテンの形成やでん粉の膨潤を抑制する。油脂含量が多いほどショートネスは高くなる。また，油脂と小麦粉を混ぜ合わせた後に水を加えると，ショートネスは大きくなる。

6）乳　化　性

　油脂と水を一緒にして激しく撹拌しても，時間が経つと油脂は上部に分離してくる。親水基と親油基の両方をもつ乳化剤を添加して撹拌すると，どちらか一方が細粒状に分散する。この状態をエマルションという。水の中に油の粒子が分散している状態を水中油滴型（O/W型），油の中に水の粒子が分散している状態を油中水滴型（W/O型）という。牛乳，生クリーム，マヨネーズはO/W型であり，バター，マーガリンなどはW/O型である。

（3）油脂の劣化

　油脂は長期保存や加熱調理による酸化や加水分解によって劣化を起こす。油脂の劣化は空気中の酸素，光線，温度，放射線，酵素，金属イオンなどによって促進される。酸化には自動酸化と熱酸化がある。特に，不飽和度の高い脂肪酸では，炭素鎖の二重結合部分が不安定であり，酸化されやすい。油脂の劣化が進むと，油脂は粘度が増加し，着色，発煙しやすくなり，泡が発生する等の現象がみられる。それに伴い，不快臭も発生し，食味は低下する。油脂の保存では，空気との接触面積を小さくし，金属容器を避け，暗所で褐色瓶に入れて保存し，早めに使い切るようにする（p.113参照）。

4.3　ゲル用食品素材

　成分抽出によるゲル用食品素材には，ゼラチン，寒天，カラギーナン，ペクチンなどがある。動物や植物の細胞膜や細胞間質を形成している物質を抽出したもので，水を加えて加熱すると流動性のあるゾルになり，冷却するとゲルになる性質をもっている。表5－27にゼラチン，寒天とカラギーナンの特性を示した。

（1）ゼラチン

1）ゼラチンの栄養・機能成分

　ゼラチンは，動物の皮や骨などの結合組織の主体をなすコラーゲンを，酸またはアルカリで前処理し加熱分解して可溶化した誘導たんぱく質である。ゼラチンには，板状，粉状のものがある。必須アミノ酸のトリプトファンとシスチンに欠けるが，リシンを多く含み，消化吸収がよい。冷たいデザートとしてだけでなく，乳幼児食，病人食，介護食にも用いられている。ゼラチンの分子量は約10万であり基本構造は，アミノ酸が細長い鎖状に並んだもので，ゼラチンの溶けた溶液（ゼラチンゾル）が冷却されると，細かい網目構造を形成し，離水が少なく，やわらかく，独特の粘りをもち，口溶けのよいゼラチンゼリー（ゼラチンゲル）となる。

表5-27　ゼラチン，寒天とカラギーナンの特性

		ゼラチン	寒　天	カラギーナン
原　　　　料		動物の皮や骨（うし，ぶた，魚）	海藻（てんぐさ，おごのりなど）	海藻（すぎのり，つのまたなど）
成　　　　分		誘導たんぱく質アミノ酸が細長い鎖状に並んだもの	多糖類ガラクトースとその誘導体が細長い鎖状に並んだもの	多糖類ガラクトースとその誘導体が細長い鎖状に並んだもの
製 品 の 形 状		板状，粉状	角（棒）状，糸状，粉状	粉状
溶解への下準備		水に浸して膨潤	水に浸して吸水	砂糖とよく混合，膨潤
ゲル化条件	溶 解 温 度	40～50℃	90～100℃	60～100℃
	使 用 濃 度	1.5～4％	0.5～2％	0.5～1.5％
	凝固の温度	要冷蔵（10℃以下）	室温（30～40℃）	室温（37～45℃）
	pH	酸にやや弱い	酸にかなり弱い	酸にやや強い
	そ の 他	たんぱく質分解酵素をもつ食材は，酵素を失活させてから添加する		種類によってはカリウム，カルシウムなどによりゲル化
ゲル化の特性	口 あ た り	やわらかく，独特の粘りをもつ。口の中で溶ける	粘りがなく，もろいゲル	やや粘弾性をもつゲル
	離　　　漿	離漿は少ない	離漿しやすい	やや離漿する
	融 解 温 度（熱安定性）	20～30℃（夏にくずれやすい）	70～80℃（室温で安定）	50～55℃（室温で安定）
	冷 凍 耐 性	冷凍できない	冷凍できない	冷凍保存できる
	消 化 吸 収	消化吸収される	消化吸収されない	消化吸収されない

2）ゼラチンの調理特性

① **吸水，膨潤**　ゼラチンは，6〜10倍の水に，粉状は5分，板状は20〜30分程度浸漬して膨潤させてから使用する。

② **加熱，溶解**　吸水膨潤したゼラチンの溶解温度は40〜50℃であり，湯煎（60℃程度）または直火で溶解させる。直火では過熱になりやすいので，調味した使用液の中に吸水膨潤したゼラチンを加えて溶かすとよい。ゼラチンの使用濃度は，ババロアやゼリーで1.5〜2.5％，マシュマロで4％である。介護食では低濃度で口の中で溶けすぎ飲み込みにくくなることを防ぐため，1.6〜3.0％程度が適当とされている。

③ **冷却，凝固**　ゼラチンゾルの凝固温度は，濃度にもよるが10℃以下であり，冷蔵庫か氷水中で冷却する必要がある。ゼラチンゲルの融解温度は20〜30℃と低く，夏期は室温で融解する。ゲル強度はゼラチンの分子量，濃度の増大，冷却温度の低下により高くなる。ゼラチンゼリーは，寒天ゼリーよりも付着性が強く融解温度も低いので，2層ゼリーなど層を重ねたゼリーを作るのに適している。

3）ゼラチンの副材料の影響

① **砂糖**　ゼラチンに砂糖を添加すると，ゼラチンゾルの凝固温度，ゼラチンゲルの融解温度を高め，透過率，粘稠度を増加させるとともに，ゲル強度を高める。

② **酸**　ゼラチンゾルに酸味の強い果汁を加えると，たんぱく質の加水分解により低分子化するため，ゲル化が妨げられゲル強度が低くなる。果汁を添加する際は，ゼラチンゾルの荒熱をとり，60℃前後で加えるとよい。

③ **たんぱく質分解酵素を含む果実**　ゼラチンゾルに，たんぱく質分解酵素を含むパインアップル，パパイア，キウイフルーツ，いちじくを生のまま使用すると，酵素が働きゼラチンのゲル化を弱めるので，あらかじめこれらの食材は短時間加熱して酵素を失活させてから加えるのがよい。

④ **牛乳**　ゼラチンゾルに牛乳を添加すると，ゲル強度が高くなる。これは牛乳中の塩類による。

（2）寒　　天

1）寒天の栄養・機能成分

寒天は，紅藻類のてんぐさ，おごのりなどの細胞壁成分を熱水で抽出・濃縮して，冷却・凝固・凍結後，融解，乾燥したものである。角（棒）寒天，糸（細）寒天，粉寒天などがある。主成分は多糖類で，アガロース（約70％）とアガロペクチン（約30％）の2成分からなり，アガロースのゲル形成能が大きい。最近は，高強度寒天，高融点寒天，易溶性寒天，介護食用に改良された介護食用寒天などがある。寒天は，消化しにくく，栄養的にはエネルギー源としての価値はないが，食物繊維が豊富であり，腸の蠕動運動を助け整腸作用がある。ゼリー，ようかん，アイスクリームなどに広く利用されている。

2）寒天の調理特性

① **吸水，膨潤**　寒天は，水に浸漬し，吸水膨潤させ加熱溶解させる。吸水膨潤度は，寒天の種類，水温，水質，浸漬時間などにより異なるが，角・糸寒天では，乾燥重量の約20倍，粉状寒天では約10倍の水を吸収する。角・糸寒天では約1時間，粉状寒天では約5分で，最大吸水量の80％を吸収する。

② **加熱，溶解**　吸水膨潤した寒天は，90℃以上の加熱により寒天溶液（寒天ゾル）になる。濃度2％以上は溶けにくいので，1％程度濃度で加熱溶解後，所定濃度まで煮つめるようにする。寒天の使用濃度は，角寒天で出来上がり重量の0.5〜2.0％である。角寒天1に対し，粉寒天は0.5程度で，同程度のゲル強度が得られる。

③ **冷却，凝固**　寒天ゾルを冷却すると粘度を増し，流動性を失いゲル化する。高温では，寒天ゾルはランダムコイルの状態であるが，冷却すると寒天分子鎖間に水素結合により架橋が生じ二重らせんのミセルを形成し，二重らせんが凝集し三次元構造のミセルが形成されるためゲル化すると考えられている。凝固温度は，原料の抽出方法によって5〜10℃の違いがあるが，一般におごのりから抽出された寒天のほうがてんぐさより凝固点は高い。寒天の凝固温度は30〜40℃であり，濃度が増加すると凝固温度は上昇する。寒天ゲルの融解温度は70〜80℃以上である。夏期，室温でも安定しており，扱いやすい。

④ **離漿**　寒天ゲルは，容器に入れて保持しておくと，時間とともに水が放出してくる量がゼラチンゲルに比べて多い。この水が放出する現象を離漿という。寒天濃度が高く，加熱時間が長く，保持温度が低いほど離漿量は少ない。

3）寒天の副材料の影響

① **砂糖**　寒天に砂糖を添加すると寒天ゲルの凝固温度が高くなり，砂糖の添加量が増すほど弾性率，粘性率，破断特性，テクスチャー特性が高くなり，透明感のある硬くて強いゲルが得られる。砂糖が強い脱水効果をもつため，寒天分子の水和水を奪い，寒天分子相互の架橋をつくる機会を増し，架橋が密に均質化しゲルは強くなるので，離漿は少なくなる。一方，砂糖濃度が60％以上になると，砂糖溶液の粘性が急に増大し，寒天溶液中の寒天分子は溶媒の粘性のためブラウン運動が妨げられ，架橋をつくる機会が減り架橋が疎となり，やわらかく弱いゲルとなる。

② **酸**　酸の添加により，pH 3.0以下ではゲルは形成されない。酸の添加により，寒天は加水分解し，低分子化しゲル形成能は失われる。果汁添加の場合は，果汁の緩衝作用のため，有機酸による寒天の分解は緩慢であるが，果汁中の果肉などの細かい粒子がゲル構造を弱めるためゲル強度がやや低くなる。

③ **食塩**　食塩は3〜5％添加でゲル強度が高くなり，さらに増すと弱くなる。

④ **牛乳**　牛乳が添加された寒天ゲルは，添加量が多いとゲル強度は低くなるが，離漿は少なくなる。これは，牛乳中の脂肪やたんぱく質が寒天ゲルの形成を阻害するためである。

⑤　**卵白泡，あん**　　卵白泡，あんなどの比重の異なる食材を混ぜる場合は，凝固開始温度より少し高い温度で加え，攪拌を続け，ただちに型に入れると分離を防ぐことができる。

（3）カラギーナン

1）カラギーナンの栄養・機能成分

　カラギーナンは，紅藻類のすぎのり，つのまたなどの細胞壁成分で，ガラクトースとその誘導体が主成分であり，増粘剤やゲル化剤として利用されている。カラギーナンは硫酸基のついている位置と量により，カッパー（κ），イオタ（ι），ラムダー（λ）に分かれ，異なった性質を示す。κ-カラギーナンは約70℃で溶解し，ゲル形成能をもつ。ι-カラギーナンは冷水に部分的に溶け，完全溶解は40～50℃の加熱が必要であり，ゲル化能は弱い。λ-カラギーナンは，冷水に容易に溶け，ゲル化能はなく増粘性を示す。κ-カラギーナン，ι-カラギーナンは冷却すると凝固し，ゲルを形成する。また，κ-カラギーナンにカリウム，カルシウムなどの陽イオンを添加すると，凝固温度は上昇，ゲル強度が増す。これは，カラギーナンは，硫酸基により強い電気的陰性を帯びているため，陽イオンの高分子電解質と反応し，硫酸基が中和され，水和したイオンが二重らせんをさらに強固にするためである。

2）カラギーナンの調理特性

　カラギーナンは水に浸漬し吸水膨潤したのち，加熱溶解するが，だまになりやすいので，水に少しずつ振り入れるか，砂糖などと混合してから水に溶解する。膨潤時間は5～10分程度で，溶解温度は60℃以上で，使用濃度は0.5～1.5％である。融解温度は50～55℃くらいであり，室温に放置しても融解しない。市販調理用のカラギーナンは3種のカラギーナンが混合されており，ローカストビーンガム，カルシウムなどの塩類などを併用し，望ましいテクスチャーのゲルを調製している。カラギーナンゲルは，寒天ゲルに比べて透明度が高く，やわらかく口触りが滑らかである。

3）カラギーナンの副材料の影響

①　**砂　糖**　　砂糖添加により，粘弾性，ゲル強度が高くなり，離漿率が減少する。

②　**酸**　　酸を添加すると，カラギーナンは加水分解し，ゲル強度は低下する。

③　**ローカストビーンガム**　　ローカストビーンガムを少量混合すると，カラギーナンゲルの破断強度が増し，離漿が抑えられ，ゼラチンゲルのような弾力性をもつ。

（4）ペクチン

　ペクチンは，果実類や野菜類など植物組織の細胞壁の細胞間構成物質である。ペクチンは，ガラクツロン酸とその誘導体が細長い鎖状に並んだものである。ペクチンを構成しているカルボキシ基は一部がメチルエステル化されているが，メトキシ基が7％以上の高メトキシ（HM）ペクチンと，それ以下の低メトキシ（LM）ペクチンに分けられる。表5－28にペクチンの種類と特性を示した。HM ペクチンは，ペクチ

表5−28　ペクチンの種類と特性

		高メトキシ（HM） ペクチン	低メトキシ（LM） ペクチン
原　　料		果実類，野菜（柑橘類，りんごなど）	果実類，野菜（柑橘類，りんごなど）
成　　分		多糖類 ガラクツロン酸とその誘導体が細長い鎖状に並んだもの メトキシ基が多い（7％以上）	多糖類 ガラクツロン酸とその誘導体が細長い鎖状に並んだもの メトキシ基が少ない（7％未満）
溶解への下準備		砂糖とよく混合しておく	砂糖とよく混合しておく
溶　解　温　度		90〜100℃	90〜100℃
ゲル化条件	使用濃度	0.5〜1.5％	0.7〜1.5％
	凝固の温度	室温	室温
	pH	酸にかなり強い（pH 2.5〜3.5）	酸にやや強い（pH 2.5〜4.5）
	そ　の　他	多量の砂糖（60〜65％）	カルシウムなど（ペクチン量の1.5〜3.0％）
ゲル化の特性	使用の例	ジャム，マーマレード，酸味の強いゼリー	ミルクゼリー，ヨーグルト，インスタントプリン，ムース，アイスクリーム
	口あたり	やわらかで弾力のあるゲル	粘り，弾力のあるゲル
	離　漿	やや離漿する	離漿する
	熱安定性	室温で安定	室温で安定
	冷凍耐性	冷凍保存できる	冷凍保存できる
	消化吸収	消化吸収されない	消化吸収されない

ン濃度0.5〜1.5％，pH2.5〜3.5，砂糖濃度60〜65％の条件が満たされると，ゲルを形成する。熱に対して不可逆的なゲルでやや弾力のあるゲルになるが，砂糖濃度が高いので，やわらかめのゼリー状食品としてジャムやマーマレードなどに用いられる。LMペクチンは，カルシウムなどの2価の金属イオンが存在すると，ゲルを形成する。pH 2.5〜4.5の範囲でゲル化するが，0.7〜1.5％のペクチン濃度において，ペクチン量の1.5〜3.0％のカルシウムが必要である。カルシウムを含む液体をLMペクチンに加えて撹拌することで，のどごしのよいムース状のゲルが形成される。

（5）そ　の　他

　その他のゲル用食品素材として，微生物産生多糖類であるジェランガム，カードランがある。

　ジェランガムは，0.4％でもゲル化するという非常に強いゲル形成能をもつ。また，耐酸性であり透明なゲルを形成する。カルシウムイオン存在下では，熱不可逆性のゲルを形成するので，果汁添加ゲルを加熱殺菌しても溶けることなく，透明度の高いゲルとなる。最近では介護食にも用いられている。

カードランは, 水に不溶であるが, その分散液を 60℃ までの加熱では熱可逆性 (ローセットゲル), 80℃ 以上では熱不可逆性のゲル (ハイセットゲル) となるのが特徴である。凍結・解凍による物性の変化が少なく, ゲル化剤としてだけでなく, めん類, 水産練り製品, もちなどの品質改良剤として用いられている。

5. 調味料・香辛料・嗜好品

5.1 調 味 料

(1) 調味料の種類

調味料とは, 食品の味を調えるのに用いる材料をいう。基本味の成分を基本とした調味料には, 塩味料として食塩, 酸味料として食酢, 甘味料として砂糖, 異性化糖, うま味料としてかつお節などのだしやうま味調味料などがあり, 発酵で生じる味を濃縮, いくつかの風味が複合された調味料には, しょうゆ, みそ, みりん, ソース等がある。その他辛味料として, こしょう, からし, わさび等がある。

(2) 甘 味 料

甘味料は, 糖質系甘味料と非糖質系甘味料に大別される。糖質系甘味料には, ① 砂糖, ② でん粉由来のブドウ糖 (グルコース), 果糖 (フルクトース), 異性化糖, ③ 糖誘導体のフルクトオリゴ糖, カップリングシュガー, ④ 還元糖の末端をアルコールに還元した糖アルコールのマルチトール, エリスリトール, キシリトール, ソルビトールなどがある。非糖質系甘味料には, ① 天然甘味料のグリチルリチン, ステビオサイド, ② 人工甘味料のアスパルテーム, サッカリン, アセスルファムカリウム, スクラロースなどがある。

表5-29 甘味物質と甘味度

甘味物質	甘味度
ショ糖 (スクロース)	1
α-グルコース	0.74
β-グルコース	0.49
α-フルクトース	0.6
β-フルクトース	1.8
α-ガラクトース	0.32
β-ガラクトース	0.21
乳糖 (ラクトース)	0.15~0.20
マルトース (麦芽糖)	0.4
キシリトール	1
マンニトール	0.7
ソルビトール	0.6
アスパルテーム	200
ステビオサイド	160~300
アセスルファムカリウム	200
スクラロース	600

1) 砂 糖

① 種類と甘味度 砂糖は, 甘蔗 (さとうきび) の茎やてんさい (ビート) の根を原料として作られ, ショ糖 (スクロース) を主成分とした甘味料で, 精製度の差異により, ① 含蜜糖の黒砂糖, メープルシロップ, ② 分蜜粗糖の和三盆, ③ 精製糖の車糖 (上白糖, 三温糖など), ザラメ糖 (グラニュー糖など), 加工糖 (角砂糖, 粉砂糖など) に大別される。砂糖 (ショ糖) は, 立体異性体がないため, 温度により甘味度が変化せず, また, 甘味の質も高いため, 甘味判定の基準となっている。単糖類のグルコース,

フルクトース，ガラクトースには甘味度が異なる α 型と β 型の立体異性体が存在する（表5－29）。フルクトース（果糖）は低温になると甘味度の強い β 型が増えるため，フルクトースが多く含まれる果実は冷やして食べたほうが甘みを強く感じる。

② **砂糖の調理機能**　　砂糖の添加は，味付け以外にも菓子類などの物性形成に寄与し，嗜好性を高める。主な調理機能を以下に示す（表5－30）。

③ **砂糖の加熱による変化**　　　砂糖溶液を加熱し続けると，濃縮され比重が増し，濃

表5－30　砂糖の調理機能

呈　　　　　味	・塩味，酸味，苦味との相互作用（対比効果，抑制効果）
防 腐 作 用	・微生物の繁殖抑制（例：砂糖漬，シロップ煮）
抗 酸 化 作 用	・共存する油脂の酸化防止（例：バターケーキ，クッキー）
物 性 の 変 化	・つや，粘性の付与（例：飴，きんとん） ・結晶，クリーム状になる（例：氷砂糖，フォンダンクリーム） ・ゼリーのゲル強度，透明度を高める（例：寒天ゼリー，ゼラチンゼリー）
炭水化物への 作　　　　用	・でん粉の糊化を遅延（例：ビスケット，ボーロ） ・でん粉の老化を遅延（例：ぎゅうひ，ようかん） ・ペクチンのゲル化（例：マーマレード，ジャム）
たんぱく質 へ の 作 用	・卵白泡の安定性を増加（例：メレンゲ） ・熱凝固の遅延によりやわらかく固める（例：プディング） ・グルテンの軟弱化
着　色・ 着 香 作 用	・アミノカルボニル反応（例：ケーキ） ・カラメル化（例：カラメルソース）
そ の 他	・イースト菌の発酵の栄養源（例：パン生地）

表5－31　ショ糖の加熱による状態変化と調理例

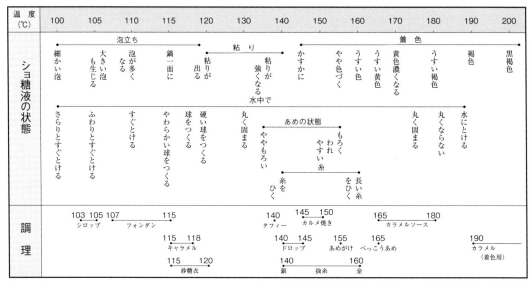

出典）武恒子，木寺博子，右田節子，石川寛子：『食と調理学』，アイ・ケイコーポレーション，p.155（1987）

度上昇に伴い沸点が上昇する。煮詰め温度の違いにより，物性や色，香りなどが変化するが，性状が異なることを種々の砂糖調理に利用している（表5−31）。ショ糖は140℃以上の加熱で加水分解し，グルコースとフルクトースが1：1に混合した糖（転化糖）が生成される。転化糖はショ糖に比べて甘く，吸湿性があり結晶化しにくいため，上白糖には結晶同士の固着を防ぐ目的で転化糖が含まれる。また，上白糖は転化糖の影響で小麦粉や牛乳，卵のアミノ酸存在下での加熱時には，グラニュー糖に比較してアミノカルボニル反応が起こりやすく，着色物質のメラノイジンを生成する。これらの反応が，焼き菓子やパンなどの調理に活かされている。

（3）塩　味　料

　純粋な塩味は，食塩が水溶液中で電離したナトリウムイオンと塩素イオンの2つのイオンが存在することで感じられる。食塩は人体に必要な無機質で，体内では体液の恒常性維持，栄養素の吸収，神経の刺激伝達など，生命維持に不可欠なさまざまな働きをする。塩化カリウムも塩味を感じるが，純粋な塩味とは異なる。食塩のとり過ぎが健康に影響を及ぼすとの考え方から減塩が推奨され，塩化カリウムを用いた減塩調味料も市販されている。食塩以外に有塩発酵調味料として，みそ，しょうゆがある。

1）食　　塩

① **種　類**　海水，岩塩，湖塩から製造されるが，日本では海水由来の食塩が主流である。かつては塩田法がとられていたが，1972（昭和47）年以降はイオン交換膜法で行われている。

② **調理機能**　食塩の分子量は58.43で，調味料の中で最も小さく，水溶液中では解離しているため，食品への浸透速度が大きい。塩味を付与する以外にも，調理の中で重要な役割を果たしている（表5−32）。

2）しょうゆ・みそ

① **種　類**　しょうゆはだいずと小麦にかび，酵母，乳酸菌を加えて発酵させた日本独特の調味料である。また，醸造中に微生物によって分解されて生じたアミノ酸，ペプチド，アルコール，有機酸などを有するため，塩味を主とし，五味すべてを含み，エステル類などの種々の香気成分によって独特の香りを呈する。しょうゆの種類は，濃口しょうゆ，薄口しょうゆのほか，たまりしょうゆ，再仕込みしょうゆ，白しょうゆなどがある。食塩濃度は，濃口しょうゆが14.5g/100g，薄口しょうゆが16.0g/100gである（食品成分表2020年版）。薄口しょうゆは着色抑制のために，食塩の発酵抑制効果を利用し発酵を調整しているため，塩分濃度が濃口しょうゆよりも高い。

　みそはだいず，食塩，麹を原料とし，酵母や乳酸菌により発酵，熟成させた調味料である。麹は大豆たんぱく質を分解してうま味成分のアミノ酸やペプチド，米や麦のでん粉を分解して糖を生成する。みそは原料の種類，食塩濃度，色の濃淡で分類され，麹の原料別では，米みそ，麦みそ，豆みその3種に大別される。しょうゆ，みそは特有の色，香り，味を食品に付与するだけでなく，以下の調理機能も有する。

表5－32　食塩の調理機能

呈　　　味	・塩味の付与（血中の塩分濃度140mM（0.8% NaCl）に近いところで，ちょうどよい塩味を感じる） ・抑制効果（酢に塩を入れると酸味をやわらげる） ・対比効果（おしるこに塩を入れると甘味が引き立つ）
浸透圧による脱水作用	・細胞内の水分放出（細胞内と外部の浸透圧の差により放水）（例：漬物） ・魚の臭みを出す（例：魚のふり塩）
防腐作用	・微生物の繁殖抑制（水分活性を低下させる）（例：塩蔵品）
たんぱく質への作用	・熱凝固を促進（例：卵焼きに塩） ・たんぱく質の溶解（筋形質たんぱく質，筋原線維たんぱく質（アクチン，ミオシン）が溶出し，会合して粘度の高いゾルになる）（例：かまぼこ，すり身） ・小麦粉グルテンの形成促進（グリアジンの粘性を促進し，網目構造を緻密にする）（例：パン，めん）
酵素活性の抑制	・酵素による褐変を抑制（例：野菜，果実の褐変防止） ・ビタミンCの酸化防止
その他の作用	・緑黄色野菜の色素安定 ・野菜を軟化（例：山野草をゆでる） ・粘質物の除去（さといもや貝のぬめりを除く） ・氷点降下（例：アイスクリームの冷却，魚を塩水浸漬後に凍結）

② 調理機能

(1) **加熱による色と香りの生成**：しょうゆやみそのアミノ酸は，砂糖やみりんなどと加熱されるとアミノカルボニル反応を起こしてメラノイジンが生成され，特有の色と香りが生じる。加熱調理においては，長時間の加熱により香りや色の低下が起こるため，出来上がりの段階で加えるなどして風味を残すとよい。

(2) **生臭みの消臭**：大豆たんぱく質のコロイド粒子が魚や肉の生臭みを吸着し，また，生臭みの成分であるトリメチルアミンはpH 4.6～4.8のしょうゆ・みそに抑制され，魚油中に多い不飽和脂肪酸の酸化分解物はしょうゆ・みその抗酸化作用により生成しにくい。

(3) **緩衝能**：料理の味のバランスは急激なpHの変化により崩れるが，しょうゆ・みそは強い緩衝能を有し，pHの変動が少ないため，食材によって味が変わりにくい。

(4) **緑黄色野菜の退色**：しょうゆ・みそはpH 4.6～4.8の酸性であるため，緑黄色野菜に加えて加熱すると，黄褐色（フェオフィチン）になる。

(4) 酸　味　料

酸味を付与する調味料としては食酢が主であり，調味料以外では柑橘系の果汁を用いる。各酸味料に含まれる有機酸は酢酸，クエン酸，酒石酸，コハク酸，乳酸などであり，酸の種類によって酸根（酸の陰イオン）が異なるため酸味の質が異なる。

1）食　　酢

食酢は3～5％の酢酸を主成分とし，糖質やアミノ酸などの成分も含み，さわやかな芳香やうま味を与えるとともに，胃液の分泌促進，疲労回復などの効果がある。食酢は，アルコールを酢酸発酵させて作った醸造酢（穀物酢，米酢，果実酢など）と，酢酸に果汁や調味料を加えた加工酢（ポン酢，すし酢など）に分けられる。食酢は，酸味や風味の付与以外にも，以下の調理機能をもつ（表5 - 33）。

表5 - 33　食酢の調理機能

呈　　　味	・塩味との相互作用（塩分を和らげる，減塩効果もある）
脱 水 作 用	・細胞内の水分放出（細胞内と外部の浸透圧の差により放水）（例：酢の物）
防　腐，殺 菌 作 用	・微生物の繁殖抑制（例：酢漬，ピクルス，マヨネーズ）
たんぱく質への　作　用	・熱凝固を促進（例：ポーチドエッグ） ・硬く身をしめる（例：酢じめ魚） ・骨を軟化させる（例：魚のマリネ，いわしの梅煮）
酵 素 反 応 の抑　　　制	・酸化酵素による褐変を抑制（例：酢れんこん） ・ビタミンCの酸化防止（例：生野菜にレモン果汁）
色 素 の 発 色	・アントシアン系色素を赤色にする（例：梅干し，しょうが甘酢漬） ・フラボノイド系色素を白色にする（例：カリフラワーのゆで物）
その他の作用	・魚臭を除く（香気成分のアミン類が酸と結合することで弱められる）（例：酢あらい） ・粘質物の除去（さといもや貝のぬめりを除く）

（5）うま味調味料・風味調味料

うま味調味料は，うま味を付与する調味料で，単一うまみ調味料と複合うまみ調味料とがある。単一うまみ調味料の成分としては，アミノ酸系のL－グルタミン酸ナトリウム，核酸系の5′－イノシン酸ナトリウム，5′－グアニル酸ナトリウム，5′－リボヌクレオチドナトリウムなどがある。複合うま味調味料は，アミノ酸系のL－グルタミン酸ナトリウムに核酸系うま味物質を数種組み合わせて，相乗効果を利用しうま味を強めている。家庭用では複合うま味調味料が使われている。

風味調味料は，風味原料（かつお節，こんぶ，しいたけなどの抽出濃縮成分）に，アミノ酸，砂糖類，食塩等を加えて乾燥させ，粉末や顆粒状等にしたもので，調理の際，風味原料の香りや味を付与する。

（6）その他の調味料
1）み　り　ん

みりんはもち米，米麹に焼酎（アルコール）を加えて糖化した酒類調味料である。

みりんは糖類約45%，アルコール約14%，その他アミノ酸と有機酸を含み，上品な甘味や香気成分を有する。みりんは，料理にてり・つや，焼き色を付与し，魚臭などをマスキングする調理効果をもつ。非加熱の料理において，みりんのアルコール臭が料理の味を邪魔する場合は加熱して揮発性のアルコール分を除いて使用する（煮きりみりん）。

2）みりん風調味料・発酵調味料

みりんに類似した調味料で，酒類には分類されないみりん風調味料と発酵調味料がある。みりん風調味料は，アルコール分1%未満で，糖類，アミノ酸，有機酸，香料などを混合して製造されたもので，みりんとは原料や製造方法が異なる。また，アルコール由来のみりんとは調理効果の点で異なる。発酵調味料は，みりんとほぼ同程度のアルコール分が含まれ，酒類の不可飲処置による免税措置に基づいて食塩が添加されている。

3）料理酒・ワイン

嗜好品として飲用されるだけでなく，調味料として使われることも多い。特有の味，香りの付与，てり，つやの付与，生臭みを消す，肉をやわらかくするなどの調理機能をもつ。

5.2　香　辛　料

香辛料は，熱帯性の植物の種子，果実，葉，花，蕾，茎，樹皮，根茎を乾燥させた食材で，特有の香気，味，色を食品に付与することで，食嗜好特性を向上させる。また，抗菌性や抗酸化性をもつものが多く，食品の保存に利用されている。食欲増進，消化吸収を助ける働き以外に，近年は生理薬理機能が注目されている。

（1）食嗜好特性

① **香　り**　食品への香りづけ（賦香作用）と食品特有のにおいを消す，和らげる（矯臭作用）効果がある。

② **味**　辛味成分（カプサイシン，ピペリン，ジンゲロン，シニグリン）や収斂味（さんしょう），酸味（タマリンド），苦味（タイム）を呈する。

③ **色**　ターメリックの黄色色素（クルクミン），サフランの黄色色素（クロシン），パプリカの橙赤色素などに，着色効果がある。

（2）食品保存機能

独特の芳香をもつフェノール性化合物（ローズマリー，オレガノ）やジンゲロール類（しょうが）は強い抗

表5－34　香辛料の作用

作　用	香辛料
辛味を与える	こしょう，とうがらし，わさび，からしなど
香りを与える	ゲッケイジュ，チョウジ，オールスパイス，ハッカ，ナツメグ，タイム，キャラウェイ，セージ，シナモン，こしょう，ガーリックなど
着色作用	ウコン，サフラン，パプリカなど

酸化力をもち，アリルイソチオシアネート（わさび），オイゲノール（クローブ）は抗菌力が強い。

（3）生理薬理機能

薬膳の食材には香辛植物が多く使用されており，桂皮は健胃，鎮痛，解熱，フェンネルは鎮痙，利尿，しょうがは健胃，消化促進に用いられている。

5.3　嗜　好　品
（1）茶

茶はツバキ科の茶樹の若葉を加工して飲料用とされるが，生の茶葉には強力な酸化酵素（ポリフェノールオキシダーゼ）が含まれ，製茶工程での酵素作用の働きの違いにより，図5-43のような種類に分類される。茶には渋味成分のタンニン，うま味成分のテアニン，苦味成分のカフェインが含まれ，茶の味はこれらの呈味成分のバランスによって決まる。茶には種々の生理作用が知られ，カフェインの覚醒作用，利尿作用のほかに，カテキン類の抗菌，抗ウイルス作用が明らかとなり，がん予防や糖尿病，動脈硬化予防，血圧降下などのさまざまな機能を有することが知られる。

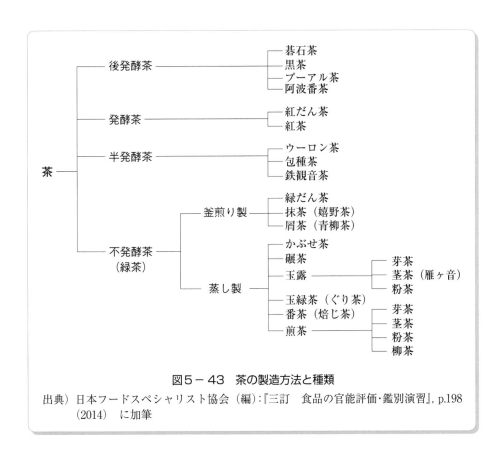

図5-43　茶の製造方法と種類

出典）日本フードスペシャリスト協会（編）：『三訂　食品の官能評価・鑑別演習』，p.198（2014）に加筆

1）不発酵茶

生葉を加熱（蒸気で蒸す日本式と，釜で炒る中国式）して酵素を不活性化し，茶葉の緑色を保持させたもので，緑茶を指す。煎茶，番茶，玉露などがある。煎茶は被覆しない茶樹の若葉を原料とし，わが国の緑茶の80％を占める。番茶は煎茶用の若葉を積んだ後の硬化葉や茎を原料とし，うま味成分であるテアニンは少ない。玉露は被覆したやわらかい若葉を原料とし，煎茶や番茶と比較するとテアニンが多く，渋味成分であるタンニンが少ない。茶の種類によって適した抽出温度と時間があり，香味に相違を与える。玉露は渋味成分の浸出を抑えてうま味成分を浸出させるため，湯温50～60℃で3分程度でいれ，番茶はテアニンが少ないので，100℃30秒でタンニンの渋味を浸出させて賞味する。煎茶は80℃前後1～2分で浸出させる。

2）半発酵茶

発酵の途中で加熱処理して発酵を停止させた茶で，発酵度の違いにより（発酵度15～70％），色や味，香りが異なる。包種茶，鉄観音，ウーロン茶などがあり，中国福建省・広東省や台湾が主な産地である。

3）発酵茶

茶葉を萎凋，揉捻によって酸化酵素を十分に働かせて発酵させた完全発酵茶で，紅茶を指す。茶葉の酸化発酵によってタンニンが重合し，橙紅色のテアフラビンと赤褐色のテアルビジンが生成され，紅茶特有の香りと色を生じる。紅茶の浸出液の温度が低下すると白濁することがあるが，この現象をクリームダウンといい，カフェインとタンニンの化合物が析出・沈殿したものである。クリームダウンは，カフェインやタンニンが多く含まれる良質な紅茶で起こりやすいが，急冷すると防げるため，氷に濃い目の紅茶を注ぐと濁りが妨げられる。

4）後発酵茶

茶葉中の酸化酵素を加熱処理により不活性化した後，微生物を利用して発酵させた茶で，発酵による酸味など独特の風味をもつ。中国茶のプーアル茶や徳島県の阿波番茶，高知県の碁石茶などがある。

（2）コーヒー

コーヒー豆の生豆はほとんど香りがないが，焙煎によりコーヒー豆の糖とアミノ酸が反応し，特有の香りと味を生成する。コーヒーの香気成分はカフェオール，苦味成分はカフェイン，タンニンである。コーヒーの抽出方法には，ドリップ式，サイフォン式，パーコレーター式，ボイル式などがあり，それぞれの抽出方法に合った豆の挽き方，抽出温度，時間に調節するとよい。

（3）ココア

カカオ豆を発酵，乾燥させた後焙煎し，粉砕して外皮を取り除いたものがカカオマスであり，カカオマスから脂肪分（カカオバター）を除き，粉末にしたものがココア

である。苦味成分であるテオブロミンはカフェインの刺激性よりも穏やかでリラックス効果があり，カカオポリフェノールには抗酸化作用などを有する。

（4）酒　　類

酒類は，「酒税法」でアルコール分1％以上の飲料と定義され，一般的には，製造法，原料，アルコール分，エキス分などにより，清酒，合成清酒，焼酎，みりん，ビール，果実酒類，ウイスキー類，スピリッツ類，リキュール類および雑種の10種類に分類される。また，原料中の糖類を酵母によってアルコール発酵して作られる醸造酒（清酒，ビール，ワインなど），醸造酒のアルコール含有液やもろみを蒸留した蒸留酒（焼酎，ウイスキー，ブランデーなど），醸造酒や蒸留酒に果実，草根木皮，香料色素などを加えて作られる混成酒（みりん，合成清酒，リキュール類）に分けられる。

1）清　　酒

清酒は米，米麹，水を原料とした醸造酒であり，原料，製造法の違いにより，吟醸酒，純米酒，本醸造酒，増醸酒，普通酒に分類される。吟醸酒は，精米歩合60％以下の白米，米麹15％以上，醸造アルコール添加が10％以下のもの，本醸造酒は精米歩合70％以下の白米，米麹15％以上，醸造アルコール添加10％以下のもの，純米酒は醸造アルコールを使用しないものとされる。

2）ワ　イ　ン

ワインは，ぶどう果汁を原料としてワイン酵母によりアルコール発酵させた後，熟成されて製造される。色別の分類では，赤，白，ロゼに分けられる。赤ワインは黒，赤紫色系のぶどうを果皮と一緒に発酵させたもので，果皮のアントシアン色素がワインに移行する。また，果皮のタンニンが溶出し，独特の渋味を有する。抗酸化作用のポリフェノールが豊富に含まれ，動脈硬化の予防効果が注目されている。白ワインは黄色，緑色系のぶどう，または赤系のぶどうの果皮を除去して発酵させたもの，ロゼワインは赤系のぶどうを原料として赤ワインと同様の手順で発酵させた後，果汁が適当に着色した時点で果皮などを除去して低温発酵させたものである。また，非発泡性のワインをスティルワイン，発泡性のワインをスパークリングワインといい，シャンパンはスパークリングワインの一種であるが，フランスシャンパーニュ地方で醸造されたものに限りシャンパンという。

3）ビ　ー　ル

ビールは，麦芽，ホップ，水を原料とし，酵母で発酵させた発泡性醸造酒である。麦芽の焙煎程度，ホップや酵母の種類，水の無機質（ミネラル）含有量などでさまざまな味，香り，色のビールができる。一般には大麦麦芽が用いられるが，小麦麦芽を用いたヴァイツェンなどの種類もある。ビールの苦味は，ホップに含まれるフムロンに由来する。ビールを調味料として用いたビール煮などの料理がある。

文　献

●引用文献

1）伏木亨：脂のおいしさはどこで感じているの，『味のなんでも小事典』，日本味と匂学会，講談社，p.82（2012）

2）佐藤恵美子，本間伸夫：味噌を乳化剤としたエマルションの性状，New Food Industry 30（7），pp.58-64（1988），味噌の乳化性に関与する成分，New Food Industry 30（8），pp.39-47（1988）

3）佐藤恵美子：地域資源活用食品加工総覧No7，加工品編（味噌，醤油，調味料，油脂，酒類，菓子，ジャム），農文協，pp.204-210（2000）

4）梶本五郎，調理科学研究会（編）：『調理科学』，光生館，p.505（1987）

5）山本淳子，大羽和子：カット野菜のビタミンC量およびその合成・酸化に関与する酵素活性，日家政誌，50（10），pp. 1015-1020（1999）

6）山本淳子，大羽和子：緑豆もやしアスコルビン酸オキシダーゼの部分精製および塩類による活性阻害の様式，日家政誌，54（2），pp.157-161（2003）

7）大羽和子，山本淳子，藤江歩巳，森山三千江：市販新鮮野菜および惣菜のビタミンC量—HPLCポストカラム誘導体法による定量値—，日家政誌，53（1），pp.57-60（2002）

8）奥田弘枝，中川禎人：乾燥コンブの軟化度に及ぼす調味成分の影響（第2報），調理科学，20（4），pp. 347-354（1987）

9）安藤進：カルニチンの脂質栄養学効果と脳の抗老化作用の研究，脂質栄養学，19（1），pp. 19-23（2010）

10）常石英作：カルニチン，日本食品工業学会誌，53（6），p.361（2006）

11）常石英作：アンセリン，カルノシン，日本食品工業学会誌，53（6），pp.362-363（2006）

12）妻鹿絢子，藤木澄子，細見博子：食肉のマリネに関する研究—筋原繊維蛋白質の分解を中心として—，調理科学，13（3），pp.197-202（1980）

13）松浦基，根岸晴夫，吉川純夫：加熱・乾燥による肉のテクスチャーと筋肉蛋白質の化学的性質の変化に及ぼす糖類の効果，日本食品工業学会誌，38（9），pp.804-810（1991）

14）高橋智子，斎藤あゆみ，川野亜紀，和田淑子，大越ひろ：牛肉，豚肉の硬さおよび官能評価に及ぼす重曹浸漬の影響，日家政誌，53（4），pp.347-354（2002）

15）飯塚豊子，滝口泰之，山口達明：キトサンの抗菌作用機序，キチン＝キトサン研究，11（2），pp.59-63（2005）

16）上蔵浩和：キトサンのコレステロール低下作用と安全性，キチン＝キトサン研究，10（1），pp. 8-12（2004）

17）橋本道男：DHAによる脳・神経機能維持と医療応用，食品と開発，45（1），pp.14-17（2010）

18）山中英明，松本美鈴：スズキの洗いに関する研究，日本調理科学会誌，28（1），pp.20-23（1995）

19）井口由紀，渋川祥子，花井義道：加熱調理方法とTrp-P-1，Trp-P-2生成量の関係，横浜国大環境科学研究紀要，18，pp.33-42（1992）

20）佐藤恵美子，三木英三，合谷祥一，山野善正：ゴマ豆腐の物理的性質と構造に及ぼす調製条件の影響，日本食品科学工学会誌，42（10），p.737（1995）

21）佐藤恵美子：ごま豆腐のあんかけ，『伝え継ぐ日本の家庭料理−野菜のおかず秋から冬』，日本調理科学会企画編集，農文協，pp.100-101（2018）

22）E,Sato:The effect of preparing conditions on the Rheological properties of

Gomatofu（Sesame tofu）, Rheology of Biological Soft Matter, Isamu Kaneda Ed., Springer, Amsterdam, pp.265-292（2017）

23）V.J.Morris：Gums and Stabilisers for the Food Industry 3, G.O.Phillips, D.J.Wedlock&P.A.Williams Ed., pp.87-99（1986）

24）E,Sato, M.Watanabe, S.Noda and K.Nishinari: Roasting Conditions of Sesame Seeds and Their Effect on the Mechanical Properties of *Gomatofu*（Sesame tofu）, Journal of Home Economics of Japan , <u>58</u>（8）, pp.471-483（2007）

・沖谷明紘（編）：『肉の科学』，朝倉書店（2007）

・金谷昭子（編）：『食べ物と健康　調理学』，医歯薬出版（2005）

・下村道子，島田邦子，鈴木多香枝，板橋文代：魚の調理に関する研究―しめさばについて―，家政学雑誌，<u>24</u>（7），pp.516-523（1973）

・下村道子：酢漬け魚肉の調理，調理科学，<u>19</u>（4），pp.276-280（1986）

・菅原龍幸，國崎直道（編）：『食品学Ⅱ』，建帛社（2006）

・須山三千三，鴻巣章二：『水産食品学』，恒星社厚生閣（1987）

・鈴木平光,和田俊,三浦理代：『水産食品栄養学―基礎からヒトへ―』,技報堂出版（2004）

・鴻巣章二（監修），阿部宏喜，福家眞也（編）：『魚の科学』，朝倉書店（2011）

・内山均（編）：『魚の品質』，恒星社厚生閣（1974）

・山野善正，松本幸雄（編）：『食品の物性―第16集―』，食品資材研究会（1991）

・五明紀春,田島眞,三浦理代（編著）：『ネオエスカ　新訂　食品機能論』,同文書院（2006）

・大越ひろ，高橋智子（編著）：『管理栄養士講座　四訂　健康・調理の科学』，建帛社（2020）

・中村良（編）：『卵の科学』朝倉書店（1998）

・文部科学省 スポーツ青少年局学校健康教育課：調理場における衛生管理＆調理技術・マニュアル（2011）

・Harold McGee（著），香西みどり（監訳），北山薫・北山雅彦（訳）：『マギーキッチンサイエンス－食材から食卓まで－』，共立出版（2008）

・文部科学省 科学技術・学術審議会資源調査分科会：日本食品標準成分表2020年版（八訂），同脂肪酸成分表編（2020）

・種谷真一，林弘通，川端晶子：『食品物性用語辞典』，養賢堂（1996）

・㈳全国調理師養成施設協会（編）：『改訂　調理用語辞典』，㈳全国調理師養成施設協会（1999）

・上野川修一：『乳の科学』，朝倉書店（2009）

・五十嵐脩，小林彰夫，田村真八郎（編集代表）『丸善食品総合辞典』，丸善出版（1998）

・高田明和ほか（監修）：『砂糖百科』，社団法人糖業協会（2007）

・福場博保，小林彰夫（編）：『調味料・香辛料の事典』，朝倉書店（2009）

・太田静行：『うま味調味料の知識』，幸書房（1992）

・日本フードスペシャリスト協会（編）：『三訂　食品の官能評価・鑑別演習』，建帛社（2014）

・栗原久：『カフェインの科学』，学会出版センター（2004）

・日本調理科学会（編）：『新版　総合調理科学事典』，光生館（2006）

・川端晶子,大羽和子,森髙初惠（編）：『時代とともに歩む新しい調理学』,学建書院（2012）

・武恒子，木寺博子，右田節子，石川寛子：『食と調理学』，アイ・ケイコーポレーション（1987）

索　引

〔編著者〕　　　　　　　　　　　　　　　　　　　　（執筆分担）

森髙　初惠　昭和女子大学名誉教授　　　　　　　第1章，第2章 1.5，第3章 1.
もりたか　はつえ

佐藤恵美子　新潟県立大学人間生活学部名誉教授　第2章 1.1～1.4，第5章 1.・4.1
さとうえみこ

〔著　者〕（五十音順）

石原　三妃　松本大学大学院健康科学研究科准教授　第2章 2.，第3章 2.，第5章 3.3～3.4・5.
いしはら　みき

岡田希和子　名古屋学芸大学管理栄養学部教授　　第4章 1.・2.
おかだきわこ

楠瀬　千春　九州栄養福祉大学食物栄養学部教授　第3章 3.1～3.2，第5章 2.1～2.3
くすのせ　ちはる

佐川　敦子　昭和女子大学食健康科学部准教授　　第2章 2.，第3章 2.，第5章 3.3～3.4・5.
さがわ　あつこ

髙澤まき子　仙台白百合女子大学人間学部教授　　第5章 3.1～3.2・4.2
たかざわ　まきこ

山本　淳子　愛知学泉短期大学教授　　　　　　　第3章 3.3・4.，第5章 2.4～2.7
やまもと　あつこ

吉村　美紀　兵庫県立大学環境人間学部教授　　　第4章 3.・4.，第5章 4.3
よしむら　みき

Nブックス
調理科学〔第5版〕

2012年（平成24年）　5月25日	初版発行～第8刷
2021年（令和3年）　7月5日	第5版発行
2023年（令和5年）　1月20日	第5版第2刷発行

編著者　　森　髙　初　惠
　　　　　佐　藤　恵　美　子

発行者　　筑　紫　和　男

発行所　　株式会社　建　帛　社
　　　　　KENPAKUSHA

〒112-0011　東京都文京区千石4丁目2番15号
TEL（03）3944－2611
FAX（03）3946－4377
https://www.kenpakusha.co.jp/

ISBN 978-4-7679-0664-5　C3077　　　　　　中和印刷／ブロケード
©森髙初惠，佐藤恵美子ほか，2012，2021.　　Printed in Japan
（定価はカバーに表示してあります。）